1808

LAURENTINO GOMES

1808

Como uma rainha louca, um príncipe medroso e uma corte corrupta enganaram Napoleão e mudaram a história de Portugal e do Brasil

4ª edição

Planeta

Capa: Alexandre Ferreira
Imagem de capa: Retrato de D. João VI. De Jean Baptiste Debret. Museu Paulista/USP
Linha do tempo (p. 12) e mapa (p. 82): Andréia Caires
Pesquisa iconográfica: Etoile Shaw
Preparação e revisão: Tulio Kawata
Diagramação: Nobuca Rachi

Dados Internacionais de Catalogação na Publicação (CIP)
(Câmara Brasileira do Livro, SP, Brasil)

Gomes, Laurentino
1808 : como uma rainha louca, um príncipe medroso e uma corte corrupta enganaram Napoleão e mudaram a história de Portugal e do Brasil / Laurentino Gomes. – São Paulo : Editora Planeta do Brasil, 2007.

Bibliografia.
ISBN 978-85-4220-331-8

1. Brasil - História - D. João VI, 1808-1821 2. Brasil - História - Período da Independência 3. Carlota Joaquina, Rainha, consorte de João VI, Rei de Portugal, 1775-1830 4. Corte portuguesa 5. D. João VI, Rei de Portugal, 1767-1826 I. Título.

07-6276 CDD-981.033

Índices para catálogo sistemático:
1. Família Real no Brasil : História 981.033

2014

EDITORA PLANETA DO BRASIL LTDA.
Rua Padre João Manoel, 100 - 21º andar - Conjuntos 2101 e 2102
Edifício Horsa II
01411-901 - Cerqueira César - São Paulo - SP
atendimento@editoraplaneta.com.br

"As pessoas fazem a História, mas raramente se dão conta do que estão fazendo."

Christopher Lee,
This Sceptred Isle — Empire

SUMÁRIO

Da Revolução Francesa à Independência do Brasil

1789
- Revolucionários franceses tomam a Bastilha, prisão de Paris considerada símbolo da monarquia absoluta
- **George Washington** é eleito primeiro presidente dos Estados Unidos

1790
- A França adota o sistema decimal de pesos e medidas

1791
- Rebelião de escravos massacra fazendeiros brancos na colônia de São Domingos, no Caribe
- **Wolfgang Amadeus Mozart** morre em Viena, de febre, aos 35 anos

1793
- O rei Luís XVI e a rainha Maria Antonieta são executados na guilhotina, em Paris

1795
- Aos 25 anos, **Napoleão Bonaparte** derrota as tropas austríacas na Itália

1797
- O físico francês André Jacques Garnerin demonstra o seu invento, o pára-quedas, saltando de um balão a 1 000 metros de altura, em Paris

1798
- As tropas de Napoleão conquistam o Egito

1799
- Médicos portugueses começam a aplicar em Lisboa a vacina contra a varíola, descoberta pelo inglês **Edward Jenner**

1800
- O governo dos Estados Unidos é transferido para a nova capital, Washington

1801
- Napoleão é eleito cônsul perpétuo da França. A Espanha, sua aliada, derrota Portugal na "Guerra das Laranjas"

1802
- O presidente **Thomas Jefferson** compra da França o território da Luisiana e dobra o tamanho dos Estados Unidos

1803
- Na catedral de Notre Dame, Napoleão coroa a si mesmo imperador da França
- O médico japonês Hanaoka Seishu faz a primeira cirurgia com uso de anestesia para extirpar um câncer de seio da sua própria mulher

1805
- Sob comando de Lord Nelson, a Marinha britânica derrota a França e a Espanha na **Batalha de Trafalgar** e assume o controle absoluto dos oceanos
- Em Austerlitz, Napoleão massacra as tropas aliadas da Rússia e da Áustria

1806
- A Inglaterra proíbe o tráfico de escravos em todos os seus domínios

1807
- Napoleão declara o bloqueio continental na Europa contra a Inglaterra e invade Portugal. A família real portuguesa foge para o Brasil
- Richard Trevithick, o inventor da locomotiva a vapor, demonstra sua máquina em Londres

Alguns dos acontecimentos que marcaram a época da fuga da família real portuguesa ao Brasil

1808
- O príncipe D. João e a família real chegam ao Brasil. Forças britânicas e portuguesas derrotam Napoleão na Batalha de Vimeiro
- **Goethe** publica na Alemanha a primeira parte de sua obra-prima, *Fausto*
- **Ludwig Von Beethoven** faz, no Teatro de Viena, a primeira apresentação da *Quinta sinfonia*

1809
- Robert Fulton patenteia nos Estados Unidos o barco movido a vapor

1811
- Os **irmãos Grimm** publicam na Alemanha seu primeiro livro de contos de fadas

1812
- Napoleão fracassa ao tentar invadir a Rússia. Os ingleses capturam Madri

1813
- Tropas aliadas derrotam Napoleão na Batalha de Leipzig

1814
- Donatien-Alphonse-François, o marquês de Sade, morre aos 74 anos no asilo de Charenton, na França
- O México declara sua independência da Espanha. "O Libertador" **Simon Bolívar** ocupa Caracas, capital da Venezuela

1815
- Tropas britânicas, sob o comando do duque de Wellington, derrotam Napoleão na Batalha de Waterloo
- O Congresso de Viena redesenha o mapa político da Europa

1816
- D. João VI torna-se rei de Brasil e Portugal depois da morte de sua mãe, **D. Maria I**, a "Rainha Louca". A coroação só ocorreu dois anos mais tarde
- A Argentina declara sua independência da Espanha

1817
- Revolução republicana é sufocada por tropas de D. João VI em Pernambuco

1818
- Em Londres, **Mary Shelley** publica *Frankenstein*

1819
- O *Savannah*, primeiro navio a vapor a cruzar o Atlântico, parte dos Estados Unidos e chega a Liverpool, na Inglaterra, em 26 dias

1820
- Revolucionários liberais portugueses tomam o poder na cidade do Porto e exigem a volta de D. João VI a Lisboa

1821
- O inglês Michael Faraday constrói o primeiro motor elétrico
- Napoleão morre na Ilha de Santa Helena. Suspeita-se que tenha sido envenenado
- D. João VI e a família real retornam a Portugal

1822
- Às margens do riacho Ipiranga, em São Paulo, **D. Pedro** proclama a Independência do Brasil

INTRODUÇÃO

Em 1784, cinco anos antes da Revolução Francesa, o menino Bernadino da Motta Botelho pastoreava o gado em Monte Santo, uma das regiões mais áridas do sertão da Bahia, quando uma pedra de superfície lisa e escura, diferente de todas as demais, chamou sua atenção no meio da pastagem. Era uma descoberta que ficaria famosa. Em 1810, um grupo de cientistas da Sociedade Real de Londres atestaria que se tratava de um meteorito, uma rocha espacial que se havia chocado com a superfície da Terra depois de viajar milhões de quilômetros pela escuridão do universo. Com dois metros de diâmetro e mais de cinco toneladas de peso, o Meteorito de Bendegó é o maior já encontrado na América do Sul. Está hoje exposto no saguão do Museu Nacional do Rio de Janeiro.

Situado na Quinta da Boa Vista, a algumas centenas de metros do Estádio do Maracanã, com vista para o morro da Mangueira, este é um dos museus mais estranhos do Brasil. Seu acervo reúne, além do meteorito, aves e animais empalhados e vestimentas de tribos indígenas abrigadas em caixas de vidro que lembram vitrinas de lojas das cidades do interior. As peças estão distribuídas ao acaso, sem critério de organização ou identificação. O Museu Nacional é ainda mais esquisito pelo que esconde do que pelo que exibe. O prédio que o abriga, o Palácio de São Cristóvão, foi o cenário de um dos eventos mais extraordinários da história brasileira.

Ali viveu e reinou o único soberano europeu a colocar os pés em terras americanas em mais de quatro séculos. Ali, D. João VI, rei do Brasil e de Portugal, recebeu seus súditos, ministros, diplomatas e visitantes estrangeiros durante mais de uma década. Ali, aconteceu a transformação do Brasil colônia num país independente. Apesar de sua importância histórica, quase nada no Palácio São Cristóvão lembra a corte de Portugal no Rio de Janeiro. A construção retangular de três andares, que D. João ganhou de presente de um grande traficante de escravos ao chegar ao Brasil, em 1808, é hoje um prédio descuidado e sem memória. Nenhuma placa indica onde eram os dormitórios, a cozinha, as cavalariças e as demais dependências usadas pela família real. É como se nesse local a História tivesse sido apagada de propósito.

A mesma sensação de descaso se repete no centro do Rio de Janeiro, onde outro prédio deveria guardar lembranças importantes desse período. Localizado na Praça 15 de Novembro, em frente à estação das barcas que fazem a travessia da Baía da Guanabara em direção a Niterói, o antigo Paço Imperial é um casarão de dois andares do século XVII. Foi a sede oficial do governo de D. João no Brasil, entre 1808 e 1821, mas hoje um turista desavisado poderia passar por ele sem tomar conhecimento dessa informação. Com exceção de uma carruagem antiga, de madeira e sem identificação, exposta junto à janela direita da entrada principal, nada ali faz referência a seu passado histórico. Na parede ao lado da carruagem, um mapa em alto-relevo mostra os prédios e arranha-céus do centro do Rio de Janeiro atual. É uma curiosidade fora de contexto. Em se tratando do Paço Imperial, seria mais razoável que se ten-

tasse reproduzir a cidade colonial da época em que a corte portuguesa chegou ao Brasil.

Os aposentos vazios são usados de forma esporádica para eventos que, na maioria das vezes, são deslocados do contexto. No começo de novembro de 2005, a sala do trono, no andar superior, onde D. João VI despachava com seus ministros, estava ocupada por uma exposição de artes plásticas em que rosários católicos espalhados pelo chão reproduziam o formato da genitália masculina. Ainda que seja da natureza da arte surpreender e desafiar o senso comum, a exibição desses objetos naquele local, que por tantos anos abrigou uma das cortes mais religiosas e carolas da Europa, se resumia a uma provocação de mau gosto.

O desprezo pela conservação dos monumentos históricos nunca foi novidade no Brasil. No caso de D. João VI, porém, há um aspecto adicional que acentua a sensação de esquecimento forçado que o cerca. É a forma caricata com que o rei e sua corte costumam ser tratados nos livros, no cinema, no teatro e na televisão. Um exemplo é o filme *Carlota Joaquina — a princesa do Brasil*, da atriz e diretora Carla Camurati. A rainha, que dá nome à obra, é apresentada como uma mulher histérica, pérfida e ninfomaníaca. D. João, como um monarca abobalhado e glutão, incapaz de tomar uma só decisão. Enquanto escrevia este livro, perguntei a Camurati, num almoço em São Paulo, por que havia construído os personagens dessa forma. "Porque não pude evitar", ela me respondeu. "Quando comecei a pesquisar, fui me deparando com tipos cada vez mais hilários e absurdos, a tal ponto que se tornou irresistível retratá-los assim."

O propósito deste livro é resgatar a história da corte portuguesa no Brasil do relativo esquecimento a que foi confinada e tentar devolver seus protagonistas à dimensão mais correta possível dos papéis que desempenharam duzentos anos atrás. Como se verá nos capítulos adiante, esses personagens podem ser, sim, inacreditavel-

mente caricatos, algo que se poderia dizer de todos os governantes que os seguiram, inclusive alguns muito atuais. Obviamente, o Brasil de D. João VI não se resume a graçolas. A fuga da família real para o Rio de Janeiro ocorreu num dos momentos mais apaixonantes e revolucionários do Brasil e de Portugal, em que grupos de interesses tão diversos, como monarquistas, republicanos, federalistas, separatistas, abolicionistas, traficantes e senhores de escravos, se opunham numa luta pelo poder que haveria de mudar radicalmente a história desses dois países. É natural, portanto, que a visão que se tem de D. João VI, Carlota Joaquina e sua corte permaneça ainda hoje contaminada pelas disputas políticas em que se envolveram. Isso explica tanto a sensação de abandono que cerca os lugares frequentados pela realeza como a carga de preconceito que ainda a acompanha nas obras que inspirou.

Um segundo objetivo deste livro, tão importante quanto o primeiro, é tornar esse pedaço da história brasileira mais acessível para leitores que se interessam pelos acontecimentos do passado, mas não estão habituados nem dispostos a decifrar a rebuscada linguagem acadêmica que permeia toda a bibliografia sobre 1808 e seus desdobramentos. A obra mais importante sobre o período é o livro *D. João VI no Brasil*, do diplomata e historiador Manuel de Oliveira Lima. Lançada em 1908, com duas reedições, é um estudo inigualável na profundidade do seu conteúdo, erudito e fundamental para todos os pesquisadores. O estilo árido do texto de Oliveira Lima, porém, torna-o cansativo até para leitores mais familiarizados com o idioma peculiar das teses de pós-graduação. Curiosamente, os dois livros de leitura acessível mais recentes sobre o tema foram publicadas originalmente em inglês: *Empire adrift*, do jornalista australiano Patrick Wilcken, e *Tropical Versailles*, da historiadora americana Kirsten Schultz.[1]

Além da linguagem excessivamente acadêmica, os livros de História que tratam desse período apresentam uma intrigante ques-

tão semântica. A corte portuguesa mudou ou fugiu para o Brasil? Qual seria o termo adequado para definir o que aconteceu entre novembro de 1807 e julho de 1821, datas da partida e do retorno de D. João VI a Portugal? Os historiadores nunca chegaram a um acordo. Oliveira Lima se refere à "transladação da corte". Luiz Norton chama de "transferência voluntária" ou de "transposição da sede portuguesa". Ângelo Pereira fala em "retirada da família real para o Brasil". Tobias Monteiro trata de "transplantação". Outros usam expressões como "transmigração" ou "mudança". Este livro chama o evento de fuga, substantivo adotado igualmente pelos historiadores Pereira da Silva, Jurandir Malerba e Lilia Moritz Schwarcz, entre outros.

A mudança da corte para o Brasil era um plano muito antigo em Portugal, mas em 1807 o príncipe regente não tinha escolha: ou fugia ou muito provavelmente seria preso e deposto por Napoleão Bonaparte, como aconteceu alguns meses mais tarde com a monarquia espanhola. Se não havia alternativa, também não se justifica o uso de malabarismos semânticos para amenizar ou disfarçar o que de fato ocorreu: uma fuga pura e simples, apressada, atabalhoada, sujeita a erros e improvisações. A pressa foi tanta que, na confusão da partida, centenas de caixas repletas de prata das igrejas e milhares de volumes da preciosa Biblioteca Real, entre outras coisas, ficaram esquecidos no cais de Belém, em Lisboa. A prata seria derretida pelos invasores franceses e recuperada pelos ingleses alguns meses mais tarde. Os livros só chegariam ao Brasil em 1811.

Os acontecimentos do passado são imutáveis, mas a sua interpretação depende do incansável trabalho de investigação dos pesquisadores e também do julgamento dos leitores dos livros de História. Em 1864, ao apresentar sua monumental obra *História da fundação do império brasileiro*, em sete volumes, J. M. Pereira da Silva escreveu a seguinte observação a respeito do caráter transitório das verdades históricas:

> *Pesquisei, estudei, meditei, e comparei impressos e manuscritos, tradições orais e papéis do Estado. Esforcei-me para tirar a limpo a verdade, separando-a do que pudesse obscurecê-la. Com o andar dos tempos e o encontro de novos subsídios, haverá de certo o que modificar e depurar ainda nesta história. Na atualidade, porém, e auxiliando-me com as luzes que pude colher, julgo que a devo publicar como a senti, compreendi e imaginei.*[2]

Quase um século e meio mais tarde, a ressalva de Pereira da Silva continua atual e pertinente. No caso de D. João VI e da fuga da corte, mesmo decorridos dois séculos, fatos novos têm mudado de forma significativa a forma como até então se via e se interpretava esse período. Entre as contribuições importantes registradas nos últimos anos, destaca-se a transcrição integral dos diários de bordo dos navios britânicos que acompanharam a família real na viagem ao Brasil. Feito em 1995 pelo historiador Kenneth L. Light, o estudo ajudou a resolver alguns pontos até então nebulosos da travessia do Atlântico. Igualmente relevantes são as interpretações do historiador paranaense e professor Jurandir Malerba, autor do livro *A corte no exílio*, que mostram como a pompa e o ritual da corte portuguesa no Rio serviram de instrumento de legitimação do seu poder nos trópicos.

Cabe destacar ainda a contribuição decisiva de historiadores como Mary Karasch, Leila Mezan Algranti, Manolo Garcia Florentino e João Luis Ribeiro Fragoso em temas mais específicos como o tráfico de escravos e a acumulação de riquezas no Brasil de D. João VI. Nessa mesma linha, têm sido importantes as pesquisas do arquiteto Nireu Cavalcanti e do historiador Jean Marcel Carvalho França sobre o Rio de Janeiro colonial. São todos estudiosos que se dedicam ao difícil e paciente trabalho de pesquisa em fontes primárias, como documentos oficiais, cartas e diários pessoais, correspondências diplomáticas e inventários *post-mortem* guardados no Arquivo Nacional, no Rio de

Janeiro, na Torre do Tombo, em Lisboa, e em outras instituições. Essa garimpagem do passado tem sido decisiva para aprimorar a compreensão dos fatos ou corrigir interpretações incorretas que prevaleciam até então.

Este livro-reportagem se vale do trabalho desses e de inúmeros outros pesquisadores para descrever o que aconteceu no Brasil dois séculos atrás. Embora não tenha a pretensão de ser um livro acadêmico, todas as suas informações são baseadas em relatos e documentos históricos, exaustivamente apurados e checados. Mesmo assim, não está isento de eventuais erros, factuais ou de interpretação, que necessitem ser corrigidos no futuro. Com o objetivo de facilitar a leitura e a compreensão, os textos de cartas, documentos e registros pessoais da época foram editados e adaptados às regras atuais da língua portuguesa.

Além da preciosa bibliografia existente sobre o assunto, usei algumas fontes de pesquisa não convencionais, ainda não reconhecidas pela historiografia oficial, mas que se revelaram de extrema utilidade pela facilidade de acesso e pelo volume de informações que oferecem. São todas fontes digitais, disponíveis na Internet, a rede mundial de computadores. É o caso da Wikipedia, enciclopédia *on-line* produzida em regime de mutirão por internautas do mundo inteiro. Ao contrário dos livros e das fontes impressas tradicionais, essas fontes precisam ser consultadas com cautela. Elas oferecem pistas para o trabalho de pesquisa, mas nem sempre são inteiramente seguras. Ainda assim, não podem mais ser desprezadas, desde que suas informações sejam devidamente checadas nas fontes autorizadas. A Wikipedia tem quase tudo a respeito dos personagens e acontecimentos relatados neste livro, mas pode errar em coisas básicas, como, por exemplo, a data da partida da família real portuguesa de Lisboa para o Brasil. Numa consulta feita em meados de 2006, a enciclopédia *on-line* afirmava ter sido no dia 7 de novembro de 1807. A data correta é 29 de novembro de 1807 — como a própria

Wikipedia já registrava no começo de 2007, graças à intervenção dos internautas responsáveis pela sua edição e atualização.

Entre as fontes não convencionais, usei também um excelente serviço de audiolivros em inglês, o www.audible.com, que oferece mais de 30 000 títulos. Trata-se, nesse caso, de uma fonte bem mais confiável que a Wikipedia, uma vez que suas obras são apenas a versão sonora dos livros publicados em papel por algumas das mais renomadas editoras americanas e inglesas. As audições estão relacionadas na seção Bibliografia, ao lado dos livros em papel utilizados como fontes de consulta nesta obra. Usei, por fim, alguns serviços de *podcast* no *site* iTunes, da Apple. Ali estão disponíveis desde 2006, por exemplo, todas as aulas de graduação da Universidade da Califórnia em Berkeley. A lista inclui o curso completo de história da civilização europeia, do Renascimento aos dias atuais, ministrado pelo professor Thomas Laqueur, num total de 26 aulas, cada uma com, em média, 1h 20 de duração.

Algumas das melhores informações sobre Napoleão Bonaparte — todas depois devidamente checadas nos livros — vieram do *The Podcast Network*, também no iTunes, onde um grupo de especialistas criou um programa completo, chamado *Napoleão 101*, com mais de dez horas de gravações e entrevistas sobre a história do imperador francês, incluindo a descrição detalhada de cada uma de suas batalhas mais memoráveis. A Internet é uma ferramenta de trabalho que, obviamente, não existia quando Manuel de Oliveira Lima escreveu o seu magistral *D. João VI no Brasil*, em 1908. Cem anos depois, pode ser indispensável para os historiadores que a souberem usar com critério e sabedoria. Só com a ajuda da Internet foi possível encontrar fatos novos e surpreendentes a respeito de alguns dos personagens deste livro. Um exemplo é a informação de que no dia 15 de junho de 1814 nasceu no Rio de Janeiro uma criança com o nome de Joaquinna dos Santos Marrocos. Segundo as evidências reunidas no último capítulo desta obra, foi uma filha que o arquivista real Luiz

Joaquim dos Santos Marrocos, um dos protagonistas centrais da história da corte portuguesa no Brasil, teve antes do casamento e cuja existência era até agora ignorada pelos historiadores.

Como última ressalva, vale adiantar que, ao longo deste livro, arrisquei-me algumas poucas vezes a fazer atualização monetária de preços e valores de duzentos anos atrás. Como todo pesquisador sério sabe, esse é sempre um exercício perigoso. Tentar atualizar valores monetários num período tão longo e num país de moeda tão instável quanto o Brasil é arriscar-se à imprecisão. Nesse caso, porém, o objetivo é apenas dar aos leitores uma noção, ainda que aproximada, de preços e valores praticados na época — como, por exemplo, quanto custava um escravo ou uma casa no Rio de Janeiro em 1807. Para quem se interessa por esse tipo de curiosidade, o Parlamento britânico e as universidades de Miami e Illinois oferecem pela Internet serviços de atualização monetária com razoável precisão. Ambos estão relacionados nas fontes eletrônicas citadas na Bibliografia, ao final desta obra.[3]

São Paulo, julho de 2007

"Foi o único que me enganou."

Napoleão Bonaparte, nas suas memórias escritas pouco antes de morrer no exílio da Ilha de Santa Helena, referindo-se a D. João VI, rei do Brasil e de Portugal

1

A FUGA

Imagine que, num dia qualquer, os brasileiros acordassem com a notícia de que o presidente da República havia fugido para a Austrália, sob a proteção de aviões da Força Aérea dos Estados Unidos. Com ele, teriam partido, sem aviso prévio, todos os ministros, os integrantes dos tribunais superiores de Justiça, os deputados e senadores e alguns dos maiores líderes empresariais. E mais: a esta altura, tropas da Argentina já estariam marchando sobre Uberlândia, no Triângulo Mineiro, a caminho de Brasília. Abandonado pelo governo e todos os seus dirigentes, o Brasil estaria à mercê dos invasores, dispostos a saquear toda e qualquer propriedade que encontrassem pela frente e assumir o controle do país por tempo indeterminado.

Provavelmente, a primeira sensação dos brasileiros diante de uma notícia tão inesperada seria de desamparo e traição. Depois, de medo e revolta.

E foi assim que os portugueses reagiram na manhã de 29 de novembro de 1807, quando circulou a informação de que a rainha, o príncipe regente e toda a corte estavam fugindo para o Brasil sob a proteção da Marinha britânica. Nunca algo semelhante tinha acontecido na história de qualquer outro país europeu. Em tempos de guerra, reis e rainhas haviam sido destronados ou obrigados a se refugiar em territórios alheios, mas nenhum deles tinha ido tão longe a ponto de cruzar um oceano para viver e reinar do outro lado do mundo. Embora os europeus dominassem colônias imensas em diversos continentes, até aquele momento nenhum rei havia colocado os pés em seus territórios ultramarinos para uma simples visita — muito menos para ali morar e governar. Era, portanto, um acontecimento sem precedentes tanto para os portugueses, que se achavam na condição de órfãos de sua monarquia da noite para o dia, como para os brasileiros, habituados até então a ser tratados como uma simples colônia extrativista de Portugal.

No caso dos portugueses, além da surpresa da notícia, havia um fator que agravava a sensação de abandono. Duzentos anos atrás, a noção de Estado, governo e identidade nacional era bem diferente da que se tem hoje. Ainda não existia em Portugal a ideia de que todo poder emana do povo e em seu nome é exercido — o princípio fundamental da democracia. No Brasil de hoje, se, por uma circunstância inesperada, todos os governantes fugissem do país, o povo ainda teria a prerrogativa de se reunir e eleger um novo presidente, deputados e senadores, de modo a recompor imediatamente o Estado e seu governo. As próprias empresas, depois de um período de incerteza pela ausência de seus donos ou dirigentes, poderiam se reorganizar e continuar funcionando. Em Portugal de 1807 não era assim. Sem o rei, o país ficava à míngua e sem rumo. Dele dependiam toda a atividade econômica, a sobrevivência das pessoas, o governo, a independência nacional e a própria razão de ser do Estado português.

Para complicar ainda mais a situação, Portugal era um dos países mais atrasados da Europa no que diz respeito às ideias e reformas políticas. Ao contrário da Inglaterra e da Holanda, em que a realeza ia gradativamente perdendo espaço para os grupos representados no Parlamento, em Portugal ainda vigorava o regime de monarquia absoluta. Ou seja, o rei tinha o poder total.[1] Cabia a ele não só criar as leis, mas também executá-las e interpretá-las da forma que julgasse mais adequada. Os juízes e as câmaras municipais existentes funcionavam como meros braços auxiliares do monarca, que podia desautorizar suas opiniões e decisões a qualquer momento.

Essa noção ajuda a explicar a sensação de desamparo e perda irreparável que os portugueses sentiram nas ruas de Lisboa naquela manhã fria do final do outono. Com a fuga do rei, Portugal deixava de ser Portugal, um país independente, com governo próprio. Passava a ser um território vazio e sem identidade. Seus habitantes ficavam entregues aos interesses e à cobiça de qualquer aventureiro que tivesse força para invadir suas cidades e assumir o trono.

Por que o rei fugia?

Antes de explicar a fuga, é importante esclarecer que, nessa época, o trono de Portugal não era ocupado por um rei, mas por um príncipe regente. D. João reinava em nome de sua mãe, D. Maria I. Declarada insana e incapaz de governar, a rainha vivia trancafiada no Palácio de Queluz, a cerca de dez quilômetros de Lisboa. Segundo filho da rainha louca, D. João não tinha sido educado para dirigir os destinos do país. Seu irmão mais velho e herdeiro natural do trono, D. José, havia morrido de varíola em 1788, aos 27 anos.[2] Além de despreparado para reinar, D. João era um homem solitário às voltas com sérios problemas conjugais. Em 1807, fazia três anos que vivia separado da mulher, a princesa Carlota Joaquina, uma espanhola geniosa e mandona com quem tivera nove filhos, um dos quais havia morrido antes de completar um ano. O casal, que se odiava profundamente, dormia não apenas em camas separadas, mas em palácios diferentes e distantes um do outro. Carlota morava em Queluz, com a rainha louca. D. João, em

Mafra, na companhia de centenas de frades e monges que viviam à custa da monarquia portuguesa.

Situado a cerca de trinta quilômetros de Lisboa, o Palácio de Mafra era um dos ícones dos tempos de glória e abundância do império colonial português. Mistura de palácio, igreja e convento, tinha 264 metros de fachada, 5200 portas e janelas e 114 sinos. O refeitório media cem metros de comprimento. Sua construção levou 34 anos e chegou a mobilizar 45 000 homens. O mármore tinha vindo da Itália. A madeira, do Brasil. Ficou pronto em 1750, no auge da produção de ouro e diamantes em Minas Gerais.[3] Além dos aposentos da corte e de seus serviçais, havia trezentas celas usadas para alojar centenas de frades. Era nesse edifício gigantesco e sombrio que D. João passava seus dias longe da família, entre reuniões com os ministros do governo e missas, orações e cânticos religiosos.

O príncipe regente era tímido, supersticioso e feio. O principal traço de sua personalidade e que se refletia no trabalho, no entanto, era a indecisão. Espremido entre grupos com opiniões conflitantes, relutava até o último momento a fazer escolhas. As providências mais elementares do governo o atormentavam e angustiavam para além dos limites. Por isso, costumava delegar tudo aos ministros que o rodeavam. Em novembro de 1807, porém, D. João foi colocado contra a parede e obrigado a tomar a decisão mais importante da sua vida. A fuga para o Brasil foi resultado da pressão irresistível exercida sobre ele pelo maior gênio militar que o mundo havia conhecido desde os tempos dos césares do Império Romano: Napoleão Bonaparte.

Em 1807, o imperador francês era o senhor absoluto da Europa. Seus exércitos haviam colocado de joelhos todos os reis e rainhas do continente, numa sucessão de vitórias surpreendentes e brilhantes. Só não haviam conseguido subjugar a Inglaterra. Protegidos pelo Canal da Mancha, os ingleses tinham evitado o confronto direto em terra com as forças de Napoleão. Ao mesmo tempo, haviam se consolidado como os senhores dos mares na Batalha de Trafalgar, em 1805, quando sua Marinha de guerra, sob o comando de Lord Nelson, destruiu, na entrada do Mediterrâneo, as esquadras combinadas da França e da Espanha.[4] Napoleão reagiu decretando o bloqueio continental, medida que previa o fechamento dos portos europeus ao comércio de produtos britânicos. Suas ordens foram imediatamente obedecidas por todos os países, com uma única exceção: o pequeno e desprotegido Portugal. Pressionado pela Inglaterra, sua tradicional aliada, D. João ainda relutava em ceder às exigências do imperador. Por essa razão, em novembro de 1807 tropas francesas marchavam em direção à fronteira de Portugal, prontas para invadir o país e destronar seu príncipe regente.

Encurralado entre as duas maiores potências econômicas e militares de sua época, D. João tinha pela frente duas alternativas amargas e excludentes. A primeira era ceder às pressões de Napoleão e aderir ao bloqueio continental. A segunda, aceitar a oferta dos aliados ingleses e embarcar para o Brasil levando junto a família real, a maior parte da nobreza, seus tesouros e todo o aparato do Estado. Aparentemente, era uma oferta generosa. Na prática, tratava-se de uma chantagem. Se D. João optasse pela primeira escolha e se curvasse às exigências de Napoleão, a Inglaterra repetiria em Portugal o que já havia feito, meses antes, na também relutante Dinamarca. Na manhã de 1º de setembro de 1807, os habitantes de Copenhague, a capital dinamarquesa, acordaram sob uma barragem de fogo despejada pelos canhões dos navios britânicos ancorados diante do seu porto. O bombardeio durou quatro dias e quatro noites. Ao final, 2000 pessoas estavam mortas. No dia 7, Copenhague capitulou. Os ingleses se apoderaram de todos os navios, materiais e munições, deixando a cidade sem defesas.[5]

No caso de Portugal, as consequências poderiam ser ainda piores. Se o príncipe regente aderisse a Napoleão, os ingleses não só bombardeariam Lisboa e sequestrariam a frota portuguesa como muito provavelmente tomariam suas colônias ultramarinas, das quais o país dependia para sobreviver. Com o apoio dos ingleses, o Brasil, a maior e mais rica dessas colônias, provavelmente declararia sua independência mais cedo do que se esperava, seguindo o exemplo dos Estados Unidos e de seus vizinhos territórios espanhóis. E, sem o Brasil, Portugal não seria nada.

Havia, obviamente, uma terceira alternativa, que nem sequer foi considerada por D. João. Seria permanecer em Portugal, enfrentar Napoleão e lutar ao lado dos ingleses na defesa do país, mesmo correndo o risco de perder o Trono e a Coroa. Os fatos mostrariam mais tarde que as chances de sucesso nesse caso eram grandes, mas, em 1807, essa opção não estava ao alcance do inseguro e medroso príncipe regente. Incapaz de resistir e enfrentar um inimigo que julgava muito mais poderoso, decidiu fugir. "Preferindo abandonar a Europa, D. João procedeu com exato conhecimento de si mesmo", escreveu o historiador Tobias Monteiro. "Sabendo-se incapaz de heroísmo, escolheu a solução pacífica de encabeçar o êxodo e procurar no morno torpor dos trópicos a tranquilidade ou o ócio para que nasceu."[6]

2

OS REIS ENLOUQUECIDOS

O começo do século XIX foi um tempo de pesadelos e sobressaltos para reis e rainhas. Dois deles enlouqueceram. Na Inglaterra, o rei George III era visto de camisolas nos corredores do palácio, com a cabeça envolvida numa fronha e um travesseiro nos braços enrolado na forma de um bebê recém-nascido, que afirmava ser um príncipe chamado Octavius. Em Portugal, a rainha Maria I era perseguida por demônios. Seus gritos de terror ecoavam nas madrugadas frias e enevoadas do Palácio de Queluz. Nos seus acessos de loucura, dizia ver a imagem do pai, D. José I, morto em 1777, como "uma massa calcinada de cinzas, sobre um pedestal de ferro derretido, negro e horrível, que uma legião fantasmagórica tentava derrubar", segundo a descrição de um de seus ministros, o marquês de Angeja.[1]

Há duas explicações para comportamentos tão bizarros. A primeira, mais óbvia, é a de que os dois soberanos sofriam de transtornos mentais cuja natureza até hoje médicos e cientistas tentam decifrar. Pesquisas recentes sugerem que ambos eram vítimas de um mal chamado *porfíria variegata*, doença hereditária de sintomas semelhantes aos da esquizofrenia e da psicose maníaco-depressiva, atualmente conhecida como transtorno bipolar do humor. As descrições do comportamento dos dois soberanos se encaixam nesse diagnóstico.

Os sessenta anos em que George III reinou na Inglaterra foram entrecortados por surtos psicóticos. Num deles, passou 72 horas acordado, sessenta das quais falou sem parar. Em outra ocasião, reuniu a corte para anunciar ter concebido uma nova doutrina da trindade divina, composta segundo ele por Deus, seu médico particular e a condessa de Penbroke, dama de honra de sua mulher, a rainha Charlotte. "Nosso rei está louco", declarou o médico Richard Warren, em 1788. Nos estágios finais de sua doença, George III foi entregue aos cuidados do médico e padre Francis Willis, que o submeteu a um tratamento de choque com o uso de camisa de força e uma cadeira para imobilizá-lo nos seus acessos de loucura.

Formado pela Universidade de Oxford e pioneiro em uma ciência até então desconhecida — a Psiquiatria —, Willis também foi chamado a Portugal, em 1792, para cuidar de D. Maria I, mediante o pagamento de honorários no valor de 20 000 libras esterlinas — o equivalente hoje a 1,1 milhão de libras ou 4 milhões de reais.[2] Tudo em vão. George III passou os últimos anos de sua vida prisioneiro numa ala isolada do palácio, em Londres, em meio a acessos de demência cada vez mais profundos. Maria I foi igualmente considerada incapaz de tomar decisões a partir de 1799, quando o governo de Portugal passou ao seu segundo filho, o príncipe regente e futuro rei D. João VI.[3]

A segunda explicação para a loucura dos reis é simbólica. Além de dementes e aliados políticos, George III e Maria I tinham outra peculiaridade em comum. Ambos pertenciam a uma espécie que parecia condenada à extinção na Europa de 1807 — a dos reis com trono. Nunca, em toda a história da humanidade, as monarquias europeias tinham vivido tempos tão turbulentos e atormentados. Foi o período em que reis e rainhas eram perseguidos, destituídos, aprisionados, exilados, deportados ou mesmo executados em praça pública. Em resumo, era uma época em que os monarcas literalmente perdiam a cabeça.

Em 1807, Napoleão Bonaparte estava no auge do seu poder. Fazia três anos que tinha se autodeclarado imperador dos franceses. "Eu não sou herdeiro de Luís XIV", escreveu ao seu ministro das Relações Exteriores, Charles Maurice de Talleyrand, em maio de 1806. "Sou herdeiro de Carlos Magno."[4] A comparação é reveladora de suas pretensões. Luís XIV foi um dos mais poderosos reis da França. Carlos Magno, o fundador do Sacro Império Romano, cujos domínios abrangiam a maior parte do continente europeu. Ou seja, para Napoleão não bastava governar a França. Seu plano era ser o imperador de toda a Europa. Na prática, esse título já lhe pertencia. Um ano mais tarde, em 1808, com a virtual anexação da Espanha e de Portugal, ele praticamente dobrou o tamanho do território original da França. Seus domínios agora incluíam a Bélgica, a Holanda, a Alemanha e a Itália.

Ao longo de uma década, Napoleão travou inúmeras batalhas contra os mais poderosos exércitos da Europa sem conhecer nenhuma derrota. Uma dinastia de reis até então considerada imbatível, a dos Habsburgos do Império Austro-Húngaro, fora batida repetidas vezes nos campos de batalha. Russos e alemães tinham sido subjugados em Austerlitz e Jena, duas das mais memoráveis batalhas das chamadas guerras napoleônicas. Reis, rainhas, príncipes, duques e nobres foram expulsos de seus tronos e substituídos por membros da própria família Bonaparte.

"Se lançarmos os olhos para a Europa de 1807, veremos um extraordinário espetáculo", escreveu o historiador pernambucano Manoel de Oliveira Lima. "O rei da Espanha mendigando em solo francês a proteção de Napoleão; o rei da Prússia foragido de sua capital ocupada pelos soldados franceses; o [...] quase rei da Holanda, refugiado em Londres; o rei das Duas Sicílias exilado de sua linda Nápoles; as dinastias da Toscana e Parma, errantes; [...] o czar em Petersburgo; a Escandinávia prestes a implorar um herdeiro dentro dos marechais de Bonaparte; o imperador do Sacro Império e o próprio Pontífice Romano obrigados de quando em vez a desamparar seus tronos que se diziam eternos e intangíveis."[5]

O triunfo de Napoleão representava o fim de uma etapa na história europeia, conhecida como Velho Regime, em que reis dominaram os seus países com mão de ferro e poder absoluto. A França fora o paradigma desse sistema. Luís XIV, o Rei Sol, era o mais exuberante de todos os monarcas da época. Governou por mais de sessenta anos e ficou conhecido pela frase "O Estado sou eu". Envolveu-se em guerras intermináveis e, ao final de seu governo, a monarquia francesa estava quebrada. A dívida do Estado equivalia a dezessete vezes todo o orçamento do governo francês. A corte de Versailles sustentava mais de 200 000 pessoas.[6]

Esses problemas agravaram-se mais tarde, já sob o governo de Luís XVI, com o envolvimento da França na guerra da independência americana. O fornecimento de armas e dinheiro para os exércitos do general e primeiro presidente americano George Washington foram fundamentais para a expulsão dos ingleses dos Estados Unidos, mas deixaram a França financeiramente arruinada. Para cobrir suas despesas, a monarquia teve de aumentar impostos, gerando descontentamento da burguesia, como era conhecida a emergente classe dos comerciantes e profissionais autônomos que se enriqueciam sem depender diretamente dos benefícios do rei.

O resultado da combinação de má gestão das finanças públicas com falta de liberdades individuais tinha sido a Revolução Francesa de 1789. O povo, incitado pela burguesia, ocupou as ruas, destronou a realeza e implantou um novo regime, até então desconhecido na História da humanidade, que pregava justiça e a participação popular no governo sob o lema "Liberdade, Igualdade, Fraternidade". O que ninguém podia imaginar era que, para implementar essas ideias, seria preciso ainda derramar muito sangue. Em pouco tempo, a Revolução fugia do controle dos seus líderes e o terror se espalhava pela França. Em 1793, o rei Luís XVI e a rainha Maria Antonieta foram decapitados na guilhotina. O caos tomou conta do país. Em 1796, o jovem oficial Napoleão assumiu o comando do exército com dois objetivos: botar ordem na casa e enfrentar a aliança das demais monarquias europeias em guerra com a França revolucionária.

A partir daí, uma inacreditável sequência de eventos alteraria radicalmente o mapa da Europa. Napoleão criou a mais poderosa máquina de guerra que o mundo conhecera até então e conseguiu vitórias devastadoras contra inimigos muito mais numerosos e poderosos. Os velhos e sólidos regimes monárquicos, que durante séculos mantiveram o poder relativamente estável, caíram um após o outro. Direitos adquiridos de nobreza e longamente respeitados deixavam de existir. As guerras napoleônicas, que durariam duas décadas e meia, deixariam milhares de mortos espalhados pelos campos de batalha e mudariam os rumos da história do mundo.

Nos últimos duzentos anos, mais livros foram escritos sobre Napoleão do que sobre qualquer outra pessoa na História, com exceção apenas de Jesus Cristo. Mais de 600 000 obras fazem referência direta ou indireta a ele.[7] Homem de ambição e vaidade desmedidas, inversamente proporcionais a sua baixa estatura, de 1,67 metro, Napoleão gostava de chamar a si mesmo de "Filho da Revolução". Era um gênio militar por natureza, mas foi a Revolução que lhe deu a oportunidade de demonstrar seus talentos nos campos de batalha. Era, portanto, o homem certo, no lugar certo e na hora certa. Nascera em 1769, filho de uma família da pequena nobreza da Córsega. Aos dezesseis anos, ainda na adolescência, já era tenente do exército francês. Na escola militar ganhou reputação como republicano e estabeleceu ligações com as futuras lideranças revolucionárias.

Foram essas conexões que o puseram à frente da artilharia na Batalha de Toulon, cidade rebelde defendida pelos ingleses, em 1793. Sua participação foi tão decisiva que nas oito semanas seguintes seria promovido de capitão a general. Tinha só 24 anos. Três anos mais tarde, era comandante do exército na Itália, onde se destacou pela bravura e pela ousadia das manobras militares. Mais três anos, era o primeiro cônsul da França, cargo que lhe dava poderes irrestritos. Em 1804, se autoproclamou imperador, aos 35 anos de idade.

Napoleão promoveu uma transformação na arte da guerra. Seus exércitos se moviam com mais rapidez e agilidade do que qualquer outro. Sempre tomavam a ofensiva e assumiam as posições mais vantajosas no campo de batalha, surpreendendo o inimigo que, muitas vezes, se retirava ou se rendia sem trocar um só tiro. Em dezembro de 1805, na véspera da Batalha de Austerlitz, a mais memorável de suas vitórias, parte das tropas que comandou percorreu mais de cem quilômetros em apenas dois dias — isso numa época em que não havia caminhões, tanques motorizados, aviões ou helicópteros para transportar homens e equipamentos. A grande mobilidade de homens, cavalos e canhões permitia que seus exércitos surpreendessem o inimigo com manobras inesperadas em batalhas que, às vezes, já pareciam perdidas. Essas táticas inesperadas foram devastadoras para os inimigos, habituados a manobras lentas e convencionais.

Outra novidade foi a rápida mobilização em massa de todos os recursos nacionais, humanos e materiais, para a guerra na França revolucionária.[8] Antes de Napoleão, demorava-se meses ou até anos para recrutar, treinar e mobilizar tropas para uma batalha. "No século anterior à Revolução Francesa, as guerras tinham se tornado um negócio formal, perseguido com recursos limitados, com objetivos também limitados por exércitos profissionais altamente treinados e disciplinados, comandados por aristocratas", escreveu o historiador Gunther Rothenberg, especialista militar do Smithsonian Institute e autor do livro *The Napoleonic Wars*. "As batalhas eram evitadas porque as perdas humanas, agravadas pela deserção, se mostravam muito caras para os países. As guerras terminavam mais pela exaustão de recursos financeiros e humanos do que pelas vitórias decisivas em campo de batalha."

Dois fatores contribuíram para mudar esse cenário. O primeiro foi a introdução de novas técnicas agrícolas que aumentaram a oferta de alimentos no final do século XVIII e produziram uma drástica mudança demográfica na Europa. Em poucas décadas, a população do continente quase dobrou. A França, que tinha 18 milhões de habitantes em meados do século XVIII, chegou a 26 milhões em 1792. Era o segundo país mais populoso da Europa, atrás da Rússia, com 44 milhões de habitantes. Mais população significava mais soldados para os exércitos envolvidos nas guerras napoleônicas. O segundo fator foi a Revolução Industrial, cuja produção em massa aumentou a oferta de ferro para os canhões e fuzis, de têxteis para os uniformes e todos os equipamentos necessários para as campanhas militares.

Napoleão gabava-se de conseguir repor as perdas nos campos de batalha ao ritmo de 30 000 soldados por mês. Em 1794, a França contava com 750 000 homens treinados, equipados e altamente motivados para a defesa das ideias difundidas pela Revolução. Isso lhe deu um exército em escala nunca vista desde o Império Romano. O imperador era um general prático, frio e metódico. O que importava para ele era o resultado do conjunto de suas forças e não o destino individual dos soldados que tombavam pelo caminho. Suas batalhas eram planejadas de forma meticulosa. Não dividia o comando com ninguém. "Na guerra, um general ruim é melhor do que dois bons", dizia.[9] Era carismático e capaz de inflar rapidamente o ânimo de seus oficiais e soldados. "O moral e a opinião do exército são meia batalha ganha", afirmava.

Reformador incansável, seu governo foi marcado por realizações importantes em várias frentes, incluindo o saneamento das finanças públicas e a adoção do sistema métrico decimal, de uma nova Constituição e do Código Napoleônico, até hoje a base do sistema jurídico da França e de muitos outros países. Também mudou a paisagem urbana de Paris, abrindo novas e largas avenidas e inaugurando parques, praças e monumentos.[10] Em 1814, preso na Ilha de Elba e isolado do continente pelo Mar Mediterrâneo depois da fracassada invasão da Rússia, ainda fazia planos para melhorar a educação, a produção agrícola, a pesca e as condições de vida do lugar.

No auge do seu poder, Napoleão despertava medo e admiração tanto nos seus inimigos quanto nos seus admiradores. Lord Wellington, que em 1815 o derrotou definitivamente em Waterloo, dizia que, no campo de batalha, Napoleão sozinho valia por 50 000 soldados. O escritor François René de Chateaubriand, que era seu adversário, o definiu como "o mais poderoso sopro de vida humana que já tinha passado pela face da Terra".

Foi esse homem que o indeciso e medroso D. João, príncipe regente de Portugal, teve de enfrentar em 1807.

3

O PLANO

A invasão iminente de Portugal pelas tropas de Napoleão Bonaparte obrigou o príncipe regente D. João a optar pela fuga, mas os planos de mudança para o Brasil eram uma ideia quase tão antiga quanto o próprio império português. Ressurgia sempre que a independência do país estava ameaçada pelos vizinhos e tinha uma forte razão geopolítica. Apesar de ter inaugurado a era das grandes descobertas e navegações marítimas, Portugal não passava de um país pequeno e sem recursos. Espremido pelos interesses de seus vizinhos mais poderosos e constantemente ameaçado por eles, não tinha braços nem exércitos para se defender na Europa e muito menos para colonizar e proteger seus territórios além-mar. A fuga para o Brasil, onde haveria mais riquezas naturais, mão de obra e, em especial, maiores chances de defesa contra os invasores do reino, foi, portanto, uma opção natural e bem avaliada. "Era um alvitre amadurecido, porquanto invariavelmente lembrado em todos os momentos difíceis", observou o historiador Manuel de Oliveira Lima.[1]

No começo do século XIX, Portugal tinha uma total dependência em relação ao Brasil. O ouro, o fumo e a cana de açúcar produzidos na colônia constituíam o eixo de suas relações comerciais. O volume de bens e mercadorias importados da colônia chegou a ser quase duas vezes superior às exportações. A balança comercial era, portanto, favorável aos brasileiros na proporção de dois para um.[2] Sessenta e um por cento das exportações portuguesas para a Inglaterra, seu principal parceiro comercial na época, saíam do Brasil.[3] Dos trezentos navios lusitanos que atracavam por ano no porto de Lisboa, um terço estava diretamente dedicado ao comércio com o Brasil. Depois de observar a pujança da economia colonial, o viajante inglês Arthur William Costigan escreveu que a própria existência dos portugueses como povo, "e seu apoio direto ao trono", dependiam do Brasil.[4]

A dependência tinha crescido gradativamente desde que Vasco da Gama havia aberto o caminho para as Índias e Pedro Álvares Cabral aportado sua esquadra na Bahia. No mesmo ritmo aumentavam as ameaças à riqueza e à autonomia do reino. Em 1580, menos de um século depois do descobrimento do Brasil, o rei Felipe II, da Espanha, assumiu também o trono português, vago com o desaparecimento do rei D. Sebastião numa cruzada contra os mouros no Marrocos, dois anos antes. Durante os sessenta anos seguintes, Portugal foi governado pela Espanha, num período que ficou conhecido como União Ibérica. São dessa época os primeiros registros de proposta de mudança da corte para a América.[5]

Algumas décadas mais tarde, em 1736, o então embaixador português em Paris, Luiz da Cunha, escrevia num memorando secreto a D. João V que Portugal não passava de "uma orelha de terra", onde o rei "jamais poderia dormir em paz e em segurança". A solução sugerida por Cunha era mudar a corte para o Brasil, onde João V assumiria o título de "Imperador do Ocidente" e indicaria um vice-rei para governar Portugal.[6] Foi ainda mais longe, sugerindo que a eventual perda de Portugal e Algarves para a Espanha poderia ser compensada com a anexação de parte do território da Argentina e do Chile ao Brasil. Em 1762, diante de mais uma ameaça de invasão, o então marquês de Pombal propôs que o rei D. José I tomasse "as medidas necessárias para sua passagem para o Brasil".

Em 1801, com a Europa ocupada por Napoleão Bonaparte, esse antigo plano ganhou senso de urgência. Nesse ano, Portugal foi invadido e derrotado por tropas espanholas apoiadas pela França num episódio conhecido como "A Guerra das Laranjas". Assustado com a fragilidade do reino, D. Pedro de Almeida Portugal, terceiro marquês de Alorna, escreveu a seguinte recomendação ao príncipe regente D. João: "Vossa Alteza Real tem um grande império no Brasil. [...] É preciso que mande armar com toda a pressa todos os seus navios de guerra e todos os de transporte que se acharem na Praça de Lisboa — e que meta neles a princesa, os seus filhos, e os seus tesouros".[7] Dois anos depois, em 1803, o então chefe do Tesouro Real, D. Rodrigo de Sousa Coutinho, futuro conde de Linhares, fez ao príncipe regente D. João um relatório da situação política na Europa. Na sua avaliação, o futuro da monarquia portuguesa corria perigo. Seria impossível manter por muito tempo a política de neutralidade entre Inglaterra e França. A solução? Ir embora para o Brasil.

"Portugal não é a melhor parte da monarquia, nem a mais essencial", escreveu D. Rodrigo. "Depois de devastado por uma longa e sanguinolenta guerra, ainda resta ao seu Soberano, e aos seus povos, irem criar um poderoso império no Brasil." O novo império americano poderia servir de alicerce para que, mais tarde, D. João pudesse recuperar "tudo que tinha perdido na Europa" e ainda punir o "cruel inimigo". Segundo D. Rodrigo, "quaisquer que sejam os perigos que acompanhem uma tão nobre e resoluta determinação, são sempre muito inferiores aos que certamente hão de seguir-se à entrada dos franceses nos portos do Reino".[8] A proposta de D. Rodrigo foi rejeitada em 1803, mas quatro anos mais tarde, com as tropas de Napoleão na fronteira, o extraordinário plano de mudança foi colocado em ação. A corte portuguesa estava, finalmente, a caminho do Brasil.

A existência de tantos planos, e tão antigos, explica por que a mudança da corte para o Brasil deu certo em 1807. Foi uma fuga, mas não tão apressada nem tão improvisada como geralmente se imagina. A decisão já havia sido tomada e analisada diversas vezes por diferentes reis, ministros e conselheiros ao longo de quase três séculos. "De outra forma não se explica que tivesse havido tempo, numa terra clássica da imprevidência e morosidade, para depois do anúncio da entrada das tropas francesas no território nacional, embarcar [...] uma corte inteira, com suas alfaias, baixelas, quadros, livros e joias", observou o historiador Oliveira Lima.[9]

Os meses que antecederam a partida foram tensos e agitados. Em 1807, dois grupos tentavam influenciar as decisões do indeciso príncipe regente. O "partido francês", liderado pelo ministro das Relações Exteriores, Antônio de Araújo e Azevedo, primeiro conde da Barca, dizia-se favorável a uma composição com Napoleão e seus aliados espanhóis. O "partido inglês", que acabaria triunfando, tinha como seu principal defensor D. Rodrigo de Sousa Coutinho. Afilhado do marquês de Pombal, ministro dos Negócios da Marinha e Domínios Ultramarinos, D. Rodrigo era um estadista com visão de longo prazo. Tinha planos ambiciosos em relação ao Brasil. Achava que o futuro e a sobrevivência da monarquia portuguesa dependiam de sua colônia americana. Em 1790, quando era ministro dos Negócios Estrangeiros, havia se aproximado da elite brasileira e patrocinado a ida de estudantes para a Universidade de Coimbra, então o principal centro de estudos do império português. Entre esses estudantes estava José Bonifácio de Andrada e Silva, o futuro Patriarca da Independência brasileira.

No dia 19 de agosto de 1807, o Conselho de Estado se reuniu no Palácio de Mafra para discutir a crise política. Composto pelos nove auxiliares mais próximos do príncipe regente, incluindo seu roupeiro e seu médico particular, o conselho era o mais importante órgão de assessoria da monarquia, encarregado de propor, em tempos de guerra e de paz, as grandes medidas do governo.[10] D. João leu os termos da intimação de Bonaparte: Portugal deveria aderir ao bloqueio continental, declarar guerra à Inglaterra, retirar seu embaixador em Londres (D. Domingos de Sousa Coutinho, irmão de D. Rodrigo), expulsar o embaixador inglês de Lisboa e fechar os portos portugueses aos navios britânicos. Por fim, teria que prender todos os ingleses em Portugal e confiscar suas propriedades. Amedrontado, o conselho aprovou imediatamente as condições impostas por Napoleão, com duas ressalvas: os ingleses não seriam presos, nem suas propriedades confiscadas. Uma segunda reunião foi realizada, também no Palácio de Mafra, no dia 26 de agosto, na qual os termos da resposta a Napoleão foram aprovados e a correspondência imediatamente despachada para Paris.[11]

Era tudo um jogo de faz de conta, uma partida perigosa, na qual Portugal tentava blefar simultaneamente com Napoleão e com a Inglaterra. Enquanto fingia aceitar o ultimato da França, negociava com a Inglaterra uma solução diferente para o impasse. "Na guerra entre a França e a Inglaterra, Portugal fazia o papel do marisco na luta entre o rochedo e o mar", assinalou o historiador brasileiro Tobias Monteiro.[12] Logo depois de encerrada a reunião, o representante inglês em Lisboa, Percy Clinton Sidney, visconde de Strangford, escreveu ao seu ministro dos Negócios Estrangeiros, George Canning, dando uma versão dos acontecimentos bem diferente do que relatava a carta enviada a Napoleão. Segundo Strangford, Portugal tentava apenas ganhar tempo com "um aparente sistema de hostilidades". A guerra com a Inglaterra seria oficialmente declarada, mas era apenas uma dissimulação. Enquanto isso, o governo português pedia que os britânicos não invadissem suas colônias nem atacassem os seus navios mercantes.

Espremido entre as duas potências rivais, Portugal tinha a seu favor a precariedade das comunicações e dos transportes. Em 1807, o envio de uma carta de Lisboa para Paris demorava cerca de duas semanas. Os correios viajavam por estradas de terra esburacadas, que ficavam praticamente intransitáveis em dias de chuva. Para ir e voltar, gastava-se um mês ou até mais. De Lisboa a Londres, por mar, levava-se pelo menos sete dias.[13] A lentidão permitia aos portugueses ganhar tempo enquanto tentavam, com a Inglaterra e com a França, uma saída mais honrosa ou aceitável para o seu frágil reino colonial. Ao receber os termos da contraproposta portuguesa, Napoleão reagiu como se previa: mandou avisar que, se D. João não concordasse com suas exigências, Portugal seria invadido e a dinastia de Bragança, sobrenome da família real portuguesa, seria destronada.

No dia 30 de setembro, reunido no Palácio da Ajuda, em Lisboa, o Conselho de Estado finalmente recomendou que o príncipe regente preparasse seus navios para partir.[14] No começo, pensou-se em enviar para o Brasil somente o príncipe da Beira, como era chamado o filho mais velho de D. João. Aos oito anos, o futuro imperador Pedro I do Brasil era o herdeiro natural do trono português. D. João chegou a assinar, em 2 de outubro de 1807, uma proclamação ao povo brasileiro, pedindo que recebesse e defendesse o príncipe.[15] Rapidamente, no entanto, o plano evoluiu para algo mais ambicioso: transferir a corte inteira com o governo, os funcionários e o aparato do Estado. Em resumo, toda a elite portuguesa.

Em meados de outubro, a decisão de transferir a corte para o Brasil já estava tomada de forma definitiva. Por intermédio de seu embaixador em Londres, D. João tinha assinado um acordo secreto com a Inglaterra pelo qual, em troca da proteção naval durante a viagem para o Rio de Janeiro, abriria os portos do Brasil ao comércio com as nações estrangeiras. Até então, só navios portugueses tinham autorização para comprar ou vender mercadorias na colônia.

Enquanto fechava acordos secretos com a aliada Inglaterra, D. João persistia naquele seu jogo de faz de conta com os franceses. Nas vésperas da partida, chegou a anunciar a proibição da entrada de navios britânicos nos portos portugueses, a prisão e o confisco de todos os bens de cidadãos britânicos residentes em Lisboa. Ao mesmo tempo, enviou um embaixador a Paris, o marquês de Marialva, prometendo total capitulação aos franceses. Para adoçar Napoleão, o diplomata levou de presente uma caixa de diamantes. Também sugeriu que D. Pedro, o filho mais velho de D. João, se casasse com alguma princesa da família de Napoleão. Marialva teve seu passaporte confiscado e ficou preso em Paris, mas, ao agir dessa forma, D. João conseguiu enganar Napoleão, fazendo-o crer, até as vésperas da partida, que Portugal se sujeitaria às suas ordens.

No dia 1º de novembro, o correio de Paris chegou a Lisboa com mais um recado assustador de Napoleão: "Se Portugal não fizer o que quero, a Casa de Bragança não reinará mais na Europa dentro de dois meses". A essa altura, o exército francês já estava cruzando os Pirineus, a cadeia montanhosa na fronteira da França com a Espanha, em direção a Portugal. No dia 5 de novembro, o governo português ordenou finalmente a prisão dos ingleses residentes em Lisboa e o sequestro de seus bens. Antes, fiel ao seu jogo duplo, preveniu Lord Strangford para se proteger. Como parte da política de fingimento, o próprio conde da Barca, líder do "partido francês" na corte portuguesa, propunha o sequestro dos bens ingleses em Portugal, mas às escondidas negociava com os britânicos a indenização das eventuais vítimas da medida.[16]

No dia 6 de novembro, a esquadra inglesa apareceu na foz do Rio Tejo, em território português, com uma força de 7000 homens. Seu comandante, o almirante Sir Sidney Smith (o mesmo oficial que havia bombardeado Copenhague dois meses antes), tinha duas ordens, aparentemente contraditórias. A primeira, e prioritária, era proteger o embarque da família real portuguesa e escoltá-la até o Brasil. A segunda, caso a primeira não acontecesse, era bombardear Lisboa.

Obviamente, era um jogo de cartas marcadas, em que nenhum dos lados tinha qualquer ilusão a respeito do desfecho. Convencidos de que Portugal se alinharia à Inglaterra, os governos da França e da Espanha já haviam dividido entre si o território português. Pelo tratado de Fontainebleau, assinado pelos dois aliados em 27 de outubro de 1807, Portugal seria retalhado em três partes: a região norte, composta pelas províncias de Entre-Douro e Minho e batizada, pelo tratado, de Lusitânia Setentrional, caberia à rainha regente da Etrúria, Maria Luiza de Bourbon, da dinastia espanhola; Alentejo e Algarve, na região sul, passariam para D. Manoel de Godoy, o mais poderoso ministro espanhol, também chamado de príncipe da Paz; à França caberia a parte central e mais rica do país, composta por Beira, Trás os Montes e Estremadura.[17] Para grande humilhação dos portugueses, esse pedaço de Portugal foi oferecido ao irmão mais novo de Napoleão, Luciano, que o recusou. "Naquele tempo em que os reinos mais apetecidos andavam quase sem donos, [...] ninguém queria o pequeno Portugal", registrou Oliveira Lima. "Sobretudo sem aquilo que constituía a sua importância, [...] o império colonial."[18]

Portugal foi invadido por 50 000 soldados franceses e espanhóis.[19] Se quisesse, D. João poderia ter resistido, com boas chances de vencer. Os soldados enviados por Napoleão eram, em sua maioria, novatos ou pertencentes a legiões estrangeiras que não tinham nenhum interesse em defender as ambições do imperador francês.[20] Seu comandante, o general Jean Andoche Junot, era um oficial de segunda linha — bravo combatente, mas péssimo estrategista. Devido à falta de planejamento e à pressa com que a invasão foi decidida, ao chegar à fronteira de Portugal as suas tropas eram uma legião maltrapilha e faminta. Metade dos seus cavalos tinha perecido no caminho. Restavam apenas seis canhões. Dos 25 000 soldados que deixaram a França, setecentos já tinham morrido sem entrar em combate.[21] Um quarto da infantaria tinha desaparecido porque, no desespero para encontrar comida, os soldados haviam se afastado da coluna principal e se perdido.[22]

Nas suas memórias, a duquesa de Abrantes, mulher do general Junot, diz que o marido entrou em Portugal "mais como fugitivo do que como enviado para anunciar ao povo a missão de tomar-lhe o país".[23] Ao chegar às portas de Lisboa, os soldados franceses estavam tão fracos que não conseguiam se manter de pé. Muitos obrigavam os portugueses a carregar suas armas. "Estávamos numa situação difícil de acreditar", escreveu o barão Paul Thiébault, que participou da invasão como general de divisão de Junot. "Nossas roupas tinham perdido a cor e o formato. Meus dedos saíam das botas."[24]

"Sem cavalaria, artilharia, cartuchos, sapatos ou comida, cambaleando de fadiga, a tropa parecia mais a evacuação de um hospital do que um exército marchando triunfalmente para a conquista de um reino", anotou o historiador inglês Alan K. Manchester, ao descrever a invasão de Portugal.[25] "Não há exemplo na história de um reino conquistado em tão poucos dias e sem grande resistência como Portugal em 1807", escreveu Sir Charles Oman, professor da Universidade de Oxford e autor do livro *A history of the Peninsular War*, a mais importante obra sobre a campanha de Napoleão na Península Ibérica. "É surpreendente que uma nação, habituada desde os tempos mais remotos a se defender repetidas vezes com sucesso de inimigos muito mais fortes, desta vez tivesse se rendido sem disparar um único tiro. Era um testemunho não apenas da fraqueza do governo português, mas também do poder que o nome de Napoleão inspirava nessa época."[26]

4

O IMPÉRIO DECADENTE

Em 1807 parecia não haver limites para a imaginação humana. Na Inglaterra, um império era movido a vapor. A nova tecnologia, inventada por James Watt em 1769, dera origem ao tear mecânico, máquina propulsora da Revolução Industrial, à locomotiva, ao navio e à impressora a vapor, entre outras novidades. Por toda a Europa, os salões, cafés, teatros, museus e galerias fermentavam ideias e criações inovadoras, que haveriam de marcar definitivamente a história da cultura e das artes. Na Alemanha, o escritor e poeta Johann Wolfgang von Goethe terminava a primeira parte de *Fausto*, sua obra-prima. Em Viena, Ludwig von Beethoven compunha sua *Quinta sinfonia*. Os ecos da Independência americana, de 1776, se faziam sentir por todo o planeta. A Revolução Francesa, de 1789, tinha redesenhado o mapa da Europa.

Poucos períodos na História foram tão repletos de aventuras, invenções e conquistas e também de rupturas e convulsões políticas, mas nada disso parecia afetar os portugueses. Três séculos depois de ter inaugurado a era das grandes navegações e descobertas, Portugal nem de longe lembrava a metrópole vibrante dos tempos de Vasco da Gama e Pedro Álvares Cabral. Os sinais de decadência estavam por todo lado. Lisboa, a capital do império, havia muito tinha sido ultrapassada por suas vizinhas europeias como centro irradiador de ideias e inovações. A chama do empreendimento, da curiosidade e da busca pelo desconhecido havia se apagado no espírito português. Os tempos de glória pareciam ter ficado para trás.

O que tinha acontecido com Portugal? Havia duas explicações. A primeira era demográfica e econômica. Com uma população relativamente pequena, de três milhões de habitantes, Portugal não tinha gente nem recursos para proteger, manter e desenvolver seu imenso império colonial. Dependia de escravos em quantidades cada vez maiores para as explorações de suas minas de ouro e diamante e suas lavouras de cana de açúcar, algodão, café e tabaco.[1] Com uma economia basicamente extrativista e mercantil, enfrentava escassez de capital. Embora os navios continuassem a chegar de todas as partes do mundo, a metrópole portuguesa era uma terra relativamente pobre porque a riqueza não parava ali. Lisboa funcionava apenas como um entreposto comercial. De lá, o ouro, a madeira e os produtos agrícolas do Brasil seguiam direto para a Inglaterra, principal parceira comercial de Portugal. Os diamantes tinham como destino Amsterdã e Antuérpia, nos Países Baixos.

Soberano dos mares dois séculos antes, Portugal já não tinha condições de se defender sozinho. Sua outrora poderosa Marinha de guerra estava reduzida a trinta navios, dos quais seis ou sete eram imprestáveis — uma frota insignificante, comparada com a da Marinha britânica que, nessa época, dominava os oceanos com 880 navios de combate.[2] Como resultado dessa fraqueza, entre 1793 e 1796 mais de 200 navios mercantes portugueses haviam sido capturados pelos franceses.[3] Também devido ao ataque de corsários franceses, de 1794 a 1801 o comércio do reino sofreu prejuízos avaliados em mais de 200 milhões de francos, quase tudo em cargas embarcadas do Brasil.[4] Em valores de 2007, seria o equivalente a 414 milhões de euros ou 1,2 bilhão de reais.[5]

A segunda explicação para a decadência era política e religiosa. De todas as nações da Europa, Portugal continuaria sendo, no começo do século XIX, a mais católica, a mais conservadora e a mais avessa às ideias libertárias que produziam revoluções e transformações em outros países. A força da Igreja era enorme. Cerca de 300 000 portugueses — ou 10% da população total do país — pertenciam a ordens religiosas ou permaneciam de alguma forma dependentes das instituições monásticas. Só em Lisboa, uma cidade relativamente pequena, com 200 000 habitantes, havia 180 monastérios. Praticamente todos os edifícios mais vistosos do país eram igrejas ou conventos.[6] Por três séculos, a Igreja havia mantido submissos o povo, seus nobres e reis. Por escrúpulos religiosos, a Ciência e a Medicina eram atrasadas ou praticamente desconhecidas. D. José, herdeiro do trono e irmão mais velho do príncipe regente, D. João, havia morrido de varíola porque sua mãe, D. Maria I, tinha proibido os médicos de lhe aplicar vacina. O motivo? Religioso. A rainha achava que a decisão entre a vida e a morte estava nas mãos de Deus e que não cabia à Ciência interferir nesse processo.[7]

A vida social pautava-se pelas missas, procissões e outras cerimônias religiosas. O comportamento individual coletivo era determinado e vigiado pela Igreja Católica. Para impedir o contato entre homens e mulheres durante os serviços litúrgicos, em meados do século XVIII foram erguidas grades de madeira que dividiam o interior de todas as igrejas de Lisboa.[8] Portugal foi o último país europeu a abolir os autos da Inquisição, nos quais pessoas que ousassem criticar ou se opor à doutrina da Igreja, incluindo infiéis, hereges, judeus, mouros, protestantes e mulheres suspeitas de feitiçaria, eram julgadas e condenadas à morte na fogueira. Até 1761, menos de meio século antes da transferência da corte para o Brasil, ainda havia execuções públicas desse tipo em Lisboa, que atraíam milhares de devotos e curiosos.

"Saímos de uma sociedade de homens vivos, movendo-se ao ar livre, e entramos num recinto acanhado e quase sepulcral, com uma atmosfera turva pelo pó dos livros velhos, e habitado por espectros de doutores", lamentou Antero de Quental, poeta e escritor português, ao analisar o quadro desolador da metrópole e de sua vizinha, a Espanha, no século XVIII. "Nos últimos dois séculos não produziu a Península um único homem superior, que se possa colocar ao lado dos grandes criadores da ciência moderna. Não saiu da Península uma só das grandes descobertas intelectuais, que são a maior obra e a maior honra do espírito moderno."[9] Embora Quental tenha incluído a Espanha no rol do atraso, Portugal era, dos dois países, de longe o mais decadente e o mais avesso à modernização dos costumes e das ideias.

Os dois fatores combinados — a escassez de recursos demográficos e financeiros e o atraso nas ideias políticas e nos costumes — haviam transformado Portugal numa terra nostálgica, refém do passado e incapaz de enfrentar os desafios do futuro. Com uma população pequena e desproporcional à vastidão de seu império, não tinha meios de se defender ou movimentar sua economia colonial. Era como um animal sedentário e obeso, com um coração enfraquecido, sem forças para irrigar todas as partes do corpo monumental, cujos membros se espichavam da América aos confins da Ásia, passando pela África. "O imenso império colonial, tão vasto quanto vulnerável, estava no mais completo desacordo com os meios de ação de que a metrópole dispunha para o defender e o manter", observou o historiador Oliveira Lima.[10]

A riqueza de Portugal era resultado do dinheiro fácil, como os ganhos de herança, cassinos e loterias, que não exigem sacrifício, esforço de criatividade e inovação, nem investimento de longo prazo em educação e criação de leis e instituições duradouras. Numa época em que a Revolução Industrial britânica começava a redefinir as relações econômicas e o futuro das nações, os portugueses ainda estavam presos ao sistema extrativista e mercantilista, sobre o qual tinham construído sua efêmera prosperidade três séculos antes. Baseava-se na exploração pura e simples das colônias, sem que nelas fosse necessário investir em infra estrutura, educação ou melhoria de qualquer espécie. "Era uma riqueza que não gerava riqueza", escreveu a historiadora Lilia Schwarcz. "Portugal se contentava em sugar suas colônias de maneira bastante parasitária."[11] Sérgio Buarque de Holanda, autor do clássico *Raízes do Brasil*, mostrou que no Brasil colônia se tinha aversão ao trabalho. Segundo ele, o objetivo da aventura extrativista era explorar rapidamente toda a riqueza disponível com o menor esforço e sem nenhum compromisso com o futuro: "O que o português vinha buscar era, sem dúvida, a riqueza, mas riqueza que custa ousadia, não riqueza que custa trabalho".[12]

A dependência da economia extrativista fez com que a manufatura nunca se desenvolvesse em Portugal. Tudo era comprado de fora. "A tendência de a abundância de riquezas naturais enfraquecer as instituições e solapar o desenvolvimento sustentado das nações é quase uma maldição", apontou a economista Eliana Cardoso, Ph.D. pelo Instituto de Tecnologia de Massachusetts (MIT) e professora visitante da Fundação Getúlio Vargas em São Paulo. "Os países cuja economia se assenta principalmente sobre o comércio de produtos naturais são levados [...] a cometer uma série de erros e desmazelos que impedem a modernização da sociedade."[13]

Os cinco principais produtos das colônias portuguesas — ouro, diamante, tabaco, açúcar e tráfico de escravos — compunham o eixo comercial do Atlântico Sul. Eram, ao mesmo tempo, a salvação e a condenação de Portugal. "Faltavam manufaturas, não se produziam alimentos ou roupas em quantidade suficiente para atender às necessidades mínimas da população, mas, mesmo assim, vivia-se de maneira ostentatória, por conta do ouro que não parava de afluir da América", descreve Lilia Schwarcz. "Era assim, toda cheia de contrastes, a capital do império português, onde conviviam o luxo da corte, que se fartava de metais preciosos dos trópicos, com a falta de víveres e a dependência financeira."[14]

O primeiro carregamento de ouro do Brasil chegou a Lisboa em 1699. Levava meia tonelada de minérios. A quantidade foi aumentando até chegar a 25 toneladas em 1720. No total, estima-se que entre 1000 e 3000 toneladas de ouro foram transportadas do Brasil para a capital do império.[15] O historiador mineiro Pandiá Calógeras calculou em 135 milhões de libras esterlinas o valor desse metal enviado para Portugal entre 1700 e 1801. Em moeda atual, seria o equivalente a 7,5 bilhões de libras esterlinas ou 30 bilhões de reais. Um quinto desse total, ou seja, 6 bilhões de reais em moeda de 2007, foi para os bolsos do rei na forma de impostos.[16] Outro historiador, Tobias Monteiro, estimou que só de Minas Gerais foram despachadas para Portugal cerca de 535 toneladas de ouro entre 1695 e 1817, no valor de 54 milhões de libras esterlinas da época, ou 12 bilhões de reais corrigidos. Outros 150 000 quilos de ouro teriam sido contrabandeados no mesmo período, no cálculo de Monteiro.[17] Em 1729, o fluxo de riquezas para a metrópole aumentou ainda mais com a descoberta das jazidas de diamante na colônia. Pandiá Calógeras avaliou em cerca de 3 milhões de quilates, aproximadamente 615 quilos, o total de diamantes extraído no Brasil entre meados do século XVIII e começo do século XIX — incluindo pedras comercializadas legalmente e contrabandeadas.[18]

A prosperidade e o fausto aparentes gerados por esse comércio não resultavam em cultura ou sofisticação na metrópole. Além de ter sido o último país europeu a acabar com a Inquisição, como já se disse, Portugal foi também o derradeiro a abolir o tráfico de escravos e a assegurar a liberdade de expressão e os direitos individuais. "Em Portugal não há ciência, nem há política, nem há economia, nem há educação, nem há nobreza e não há corte", escreveu o diplomata português José da Cunha Brochado, inconformado com a comparação que ele próprio fazia entre os hábitos da corte portuguesa e dos outros palácios monárquicos que havia conhecido na Europa. "As letras estão desterradas; nos conventos só se sabe rezar o ofício divino."[19]

Em 1755, uma catástrofe natural agravou a decadência econômica e ajudou a reduzir ainda mais a auto estima portuguesa. Na manhã de 1º de novembro, Dia de Todos os Santos, um terremoto devastador atingiu Lisboa, matando entre 15 000 e 20 000 pessoas. O abalo foi seguido de maremoto e um incêndio que ardeu durante seis dias. Igrejas, casas, palácios reais, mercados, edifícios públicos e teatros — tudo foi reduzido a pó e cinzas. Dois terços das ruas ficaram bloqueados pelo entulho. Só 3000 das 20 000 casas continuaram habitáveis. Das quarenta igrejas da cidade, 35 desmoronaram. Apenas onze dos 65 conventos existentes antes do terremoto continuaram de pé. A famosa Biblioteca Real, com 70 000 volumes, construída com carinho e orgulho desde o século XIV, virou cinza e teve de ser inteiramente refeita.[20]

Curiosamente, a tragédia resultou no único e breve surto de modernidade em terras portuguesas. Foi o governo de Sebastião José de Carvalho e Melo, o marquês de Pombal. Ministro todo-poderoso do rei D. José I desde julho de 1750, Pombal recebeu a missão de reconstruir Lisboa. Sobre as ruínas do terremoto, seu governo redesenhou a cidade, com passeios e avenidas largas, praças, chafarizes e prédios novos. As ruas teriam de ser iluminadas e limpas. Os jardins, bem cuidados. As construções, organizadas. Pombal fez isso com mão de ferro. Além de reconstruir a capital, acabou por reformar o próprio império. Subjugou a nobreza e reduziu drasticamente o poder da Igreja. Foi o responsável pela expulsão dos jesuítas de

Portugal e de sua colônias. Também reorganizou o ensino, até então controlado pela Igreja.

Com o governo do marquês de Pombal começou tardiamente em Portugal o período conhecido como "Despotismo Esclarecido", em que o rei e seus homens de confiança tinham a nobreza sob controle e poder absolutos para reformar não só o Estado, mas também os costumes e a própria paisagem do reino. Foi um período de reformas modernizadoras, mas estava longe de ser liberal. A censura continuou a manter rigoroso controle sobre a publicação de livros e periódicos. Antes de Pombal, esse papel encontrava-se nas mãos da Igreja e da Inquisição. Depois, passou para as mãos do Estado. Nenhuma obra poderia ser publicada ou vendida sem passar previamente pelo crivo da Real Mesa Censória, cujos membros eram indicados pelo governo.

Esse lampejo de reformas terminou abruptamente em 24 de fevereiro de 1777, com a morte de D. José I, um rei fraco que tinha delegado a Pombal a tarefa de governar. Sua filha e sucessora, D. Maria I, a primeira mulher a ocupar o trono na história de Portugal, traria de volta ao poder a parte mais conservadora, piedosa e atrasada da nobreza. A rainha era "a maior beata que a educação jesuíta criara no decurso de quase três séculos", na definição do historiador Oliveira Martins. "Por toda parte se murmuravam terços, e havia santos por todos os cantos, em oratórios e nichos, com velas e lâmpadas acesas."[21] Pombal caiu no ostracismo. Em 16 de agosto de 1781 foi proibido por decreto de se aproximar da corte. Pela decisão, Pombal tinha de manter uma distância mínima de 110 quilômetros de onde estivesse a rainha.[22] O objetivo era mantê-lo longe do centro de decisões do poder.

Com a queda de Pombal e seu espírito reformador, Portugal se via novamente prisioneiro de seu próprio destino: o de um país pequeno, rural e atrasado, incapaz de romper com os vícios e tradições que o prendiam no passado, dependente de mão de obra escrava, intoxicado pela riqueza fácil e sem futuro da produção extrativista de suas colônias. Estava igualmente reduzido à condição de peça menor no grande tabuleiro de interesses das potências europeias. Como um avestruz que esconde a cabeça na terra na tentativa de ignorar o perigo, procurou inutilmente manter uma política de neutralidade em relação aos seus vizinhos, mais ricos e poderosos. A ideia era se envolver o mínimo possível nos conflitos para, dessa forma, evitar represálias e assegurar o fluxo de riquezas que chegava de seus territórios ultramarinos.[23]

Essa política de neutralidade não era tão neutra quanto parecia. Portugal sempre teve a Inglaterra como parceira preferencial. Tratava-se de uma aliança antiga, que remontava às origens da monarquia portuguesa. A própria existência de Portugal como Estado independente estava associada à Inglaterra. Foram os cruzados ingleses que, em 1147, a caminho da Terra Santa, ajudaram o jovem Afonso Henriques de Borgonha, o primeiro rei de Portugal, a expulsar os mouros e conquistar o porto situado nas proximidades da foz do Rio Tejo, onde hoje fica a cidade de Lisboa.[24] O primeiro tratado de comércio entre os dois países é de 1308.[25] Oitenta anos mais tarde, em 1387, essa aliança se estreitou com o casamento de D. João I, o Mestre D'Aviz, com a inglesa Felipa de Lancaster. Graças à ajuda dos ingleses, D. João I, filho bastardo de Pedro I, conseguiu se impor como rei da nova dinastia de Aviz e arrancar da Espanha, em 1414, o reconhecimento da independência de Portugal.[26] O príncipe herdeiro desse casal real, D. Henrique, o Navegador, é considerado o gênio estrategista responsável pelo desenvolvimento da navegação que possibilitaria as grandes descobertas e a formação do império colonial português. Por ironia, ele próprio nunca navegou.

Constantemente ameaçado pelos vizinhos Espanha e França, Portugal provavelmente teria deixado de existir muitos séculos atrás, não fosse a aliança histórica com a Inglaterra. Era uma parceria de benefícios mútuos, da qual a Inglaterra também se valeu em momentos de necessidade. Foi com a ajuda de Portugal que a Inglaterra conquistaria da Espanha, em 1704, o rochedo de Gibraltar, até hoje parte de seus domínios e cuja posição estratégica, na entrada do Mediterrâneo, seria decisiva em todos os grandes conflitos em que os ingleses se envolveram nos últimos três séculos.[27] Em 1799, por ocasião da expedição de Napoleão Bonaparte ao Egito e das batalhas no Mediterrâneo, a esquadra portuguesa prestaria serviços ao comandante da frota britânica, almirante Nelson, bloqueando Malta.[28] Dois anos mais tarde, em 1801, quando as tropas da Espanha invadiram Portugal, a Inglaterra retribuiria com o apoio de tropas e dinheiro.

Foi a essa antiga aliança que o príncipe regente D. João recorreu em 1807, quando, uma vez mais, o futuro do pequeno e frágil Portugal se viu ameaçado pelas tropas de Napoleão Bonaparte.

5

A PARTIDA

O dia 29 de novembro de 1807 amanheceu ensolarado em Lisboa. Uma brisa leve soprava do leste. Apesar do céu azul, as ruas ainda estavam tomadas pelo lamaçal, devido à chuva do dia anterior.[1] Nas imediações do porto, havia confusão por todo lado. Um espetáculo inédito na história de Portugal se desenrolava sobre as águas calmas do Rio Tejo: a rainha, seus príncipes, princesas e toda a nobreza abandonavam o país para ir viver do outro lado do mundo. Incrédulo, o povo se aglomerava na beira do cais para assistir à partida. Às 7h da manhã, a nau *Príncipe Real* inflou as velas e começou a deslizar em direção ao Atlântico. Levava a bordo o príncipe regente, D. João, sua mãe, a rainha louca D. Maria I, e os dois herdeiros do trono, os príncipes D. Pedro e D. Miguel. O restante da família real estava distribuído em outros três navios. O *Alfonso de Albuquerque* transportava a princesa Carlota Joaquina, mulher do príncipe regente, e quatro das suas seis filhas. As duas filhas do meio — Maria Francisca e Isabel Maria — viajavam no *Rainha de Portugal*. A tia e a cunhada de D.

João seguiam no *Príncipe do Brasil*.[2] Mais quatro dezenas de barcos seguiam atrás da esquadra real.[3]

Era uma cena impressionante, mas nem de longe lembrava os tempos heróicos, quando a esquadra de Vasco da Gama partiu do mesmo cais, singrando as águas do mesmo rio para navegar mares desconhecidos e descobrir terras distantes. Em 1807, o espírito de aventura dera lugar ao medo. Em vez de empreender e conquistar, a elite portuguesa fugia sem ao menos tentar resistir aos invasores franceses. "Três séculos antes, Portugal embarcara, cheio de esperanças e cobiças, para a Índia; em 1807, embarcava um cortejo fúnebre para o Brasil", comparou o historiador português Oliveira Martins.[4]

Entre 10 000 e 15 000 pessoas acompanharam o príncipe regente na viagem ao Brasil. Era muita gente, levando-se em conta que a capital Lisboa tinha cerca de 200 000 habitantes.[5] O grupo incluía pessoas da nobreza, conselheiros reais e militares, juízes, advogados, comerciantes e suas famílias. Também viajavam médicos, bispos, padres, damas de companhia, camareiros, pajens, cozinheiros e cavalariços. Devido à pressa do embarque, a imensa maioria dos viajantes não foi registrada ou catalogada. O cálculo do número de passageiros é, portanto, baseado em relatos e estimativas da época. As poucas listas oficiais existentes relacionam 536 pessoas, mas o total era certamente muitas vezes maior, uma vez que ao lado desses nomes apareciam descrições imprecisas, como "visconde de Barbacena com sua família", segundo observou a historiadora Lilia Schwarcz.[6]

No começo do século XIX, viagens marítimas eram uma aventura arriscada. Exigiam preparação cuidadosa e demorada. De Lisboa ao Rio de Janeiro levava-se dois meses e meio, ao sabor de tempestades, calmarias e ataques de surpresa dos corsários que infestavam o Atlântico. As doenças, os naufrágios e a pirataria cobravam um alto preço dos poucos passageiros que se arriscavam a ir tão longe. Os perigos eram tantos que a Marinha britânica, então a mais experiente, organizada e bem equipada força naval do mundo, considerava aceitável a média de uma morte para cada trinta tripulantes nas viagens de longo percurso.[7] Por essa razão, quem partia tinha o cuidado de organizar bem a vida e se despedir dos parentes e amigos. A chance de nunca mais voltar era enorme.

Todos esses riscos eram bem conhecidos em Portugal desde os tempos gloriosos dos descobrimentos, mas em 1807 ninguém teve tempo para preparar e organizar coisa alguma. Embora o plano de fuga para o Brasil fosse antigo, a viagem foi decidida às pressas e executada de forma improvisada. Até uma semana antes da partida, ainda havia na corte de D. João alguma esperança de composição com Napoleão Bonaparte capaz de evitar a invasão de Portugal. Tudo isso caiu por terra no dia 24 de novembro, quando chegou a Lisboa a última edição do jornal parisiense *Le Moniteur*, órgão oficial de Napoleão, na qual o imperador francês anunciava que "a Casa de Bragança havia cessado de reinar sobre a Europa".[8] A notícia causou alvoroço na corte e venceu, finalmente, a indecisão crônica do príncipe regente. Não havia alternativa: ou a família real fugia para o Brasil ou seria destronada.

À meia-noite, Joaquim José de Azevedo, oficial da corte e futuro visconde do Rio Seco, foi acordado por um mensageiro e instruído a se dirigir ao Palácio Real. Lá, encontrou o Conselho de Estado reunido e recebeu ordens pessoais de D. João para organizar o embarque. Antes de se dirigir ao porto, Azevedo se assegurou de que o seu lugar e o de sua família num dos navios estavam garantidos. Em seguida, colocou mãos à obra. A partida estava marcada para a tarde de 27 de novembro, o que deixava Azevedo com menos de três dias para tomar todas as providências.[9] Ventos contrários e chuva forte, porém, acabaram adiando a saída para a manhã do dia 29. Ainda assim, a correria e a improvisação foram inevitáveis.

Os palácios reais de Mafra e Queluz foram evacuados às pressas. Camareiras e pajens vararam noites trabalhando sem parar na retirada de tapetes, quadros e ornamentos das paredes. Centenas de bagagens contendo roupas, louças, faqueiros, joias e objetos pessoais eram despachadas para as docas. No total, a caravana tinha mais de setecentas carroças.[10] A prata das igrejas e os 60 000 volumes da Real Biblioteca foram embalados e acomodados em catorze carros puxados por mulas de carga. Em caixotes, o ouro, os diamantes e o dinheiro do tesouro real foram enviados para o cais sob escolta.

Durante três dias, o povo de Lisboa observou o movimento de cavalos, carruagens e funcionários do governo nas imediações do porto, sem entender o que se passava. A explicação oficial era que a frota portuguesa estava sendo reparada. Os mais ricos e bem informados, no entanto, sabiam perfeitamente o que estava acontecendo. Pedro Gomes, um próspero comerciante, escreveu à sogra: "Nós não temos ainda embarcação, nem sei se a teremos, pois que são muitos a quererem ir, e poucos os navios. O que fazemos é arranjar-nos para sair desta capital, seja para onde for, ao primeiro indício de perigo. [...] As naus continuam a preparar-se com grande pressa, e todas as disposições indicam alguma coisa de embarque."[11] Não se tem notícia se Pedro Gomes e a família conseguiram embarcar ou não.

Quando, finalmente, a notícia da partida se espalhou, o povo reagiu de forma indignada. Nas ruas, havia choro e demonstrações de desespero e revolta. Antônio de Araújo, o conde da Barca, teve sua carruagem apedrejada quando tentou atravessar a multidão a caminho da fragata *Medusa*. O cocheiro saiu ferido. Ministro das Relações Exteriores de D. João, Araújo tinha simpatia pelos franceses e era visto com desconfiança em Portugal.[12] "O muito nobre e sempre leal povo de Lisboa não podia familiarizar-se com a ideia da saída do rei para os domínios ultramarinos", escreveu Joaquim José de Azevedo, o oficial encarregado de organizar a viagem, ele próprio chamado de "traidor" pela multidão enfurecida. "Vagando pelas praças e ruas, sem acreditar no que via, desafogava em lágrimas e imprecações. [...] tudo para ele era horror, tudo mágoa, tudo saudade."[13]

"A capital encontrava-se num estado de tristeza tão sombria que era terrível em excesso para ser descrito", relatou Lord Strangford, o enviado britânico a Lisboa, encarregado de negociar a transferência da família real para o Brasil. "Bandos de homens armados e desconhecidos eram vistos vagando pelas ruas, no mais completo silêncio. [...] Tudo parecia indicar que a partida do príncipe, se não fosse realizada imediatamente, seria retardada por tumultos populares até que se tornasse impraticável pela chegada do Exército francês."[14]

Em meio à confusão, um menino nobre de apenas cinco anos assistia a tudo com espanto. Era José Trazimundo, futuro marquês da Fronteira. Estava em companhia do tio, o conde de Ega, que, à última hora, tentou embarcar a família num dos navios da frota portuguesa. Não conseguiu atravessar a multidão. Ao chegar ao cais, os navios já haviam zarpado. Muitos anos depois, Trazimundo registraria suas lembranças daquele dia: "Nunca me esquecerei as lágrimas que vi derramar, tanto ao povo como aos criados da Casa Real, e aos soldados que estavam no largo de Belém". Sem poder embarcar, a família de Trazimundo se refugiou na casa do conde da Ribeira, à espera da chegada das tropas do general Junot. "As salas estavam cheias de parentes que tinham tido a nossa mesma sorte, não podendo dizer o último adeus aos emigrados", escreveu, referindo-se aos que partiram nos navios.[15]

Outras pessoas importantes tiveram de voltar para casa depois de tentar inutilmente chegar aos navios. Foi o caso do núncio apostólico D. Lourenço de Caleppi, de 67 anos. Dias antes, Caleppi compareceu ao Palácio da Ajuda e foi convidado por D. João a acompanhá-lo na viagem. Em seguida, procurou o ministro da Marinha, visconde de Anadia, que, por segurança, lhe reservou as naus *Martim de Freitas* ou *Medusa*. Numa ou na outra, Caleppi deveria viajar acompanhado do seu secretário particular, Camilo Luis Rossi. No dia combinado, porém, os dois compareceram ao cais e não encontraram lugar em nenhuma das naus, que já estavam completamente lotadas. O núncio só chegaria ao Brasil em setembro de 1808, quase um ano depois da partida da família real.[16]

As informações a respeito do embarque de D. João são imprecisas. Numa versão, para evitar manifestações de protesto, ele teria ido ao porto num carro fechado e sem escolta, acompanhado apenas de um criado e do infante espanhol D. Pedro Carlos, seu sobrinho preferido. Apesar de pertencer à família real espanhola, o infante passara a viver em Lisboa depois da morte dos pais, vítimas de varíola, em 1788. Ao chegar ao porto, sem ninguém para recebê-lo, para não pisar na lama teve de atravessar o charco sobre pranchas de madeira mal postas, sustentado por dois cabos de polícia.[17] No relato do historiador português Luiz Norton, o príncipe e o sobrinho cruzaram as pranchas "com a ajuda do povo" e teriam embarcado "depois de um beija-mão frio e fúnebre".[18] Numa terceira versão, do general francês Maximilien Foy, ao descer da carruagem, D. João mal podia andar. "Suas pernas tremiam e havia lágrimas nos seus olhos", escreveu o general. "Com as mãos, ele afastou as pessoas que se ajoelhavam a sua volta. O seu semblante mostrava o quanto infeliz e perplexo estava o seu coração."[19]

Como fazer um discurso de despedida era impossível nas circunstâncias, D. João mandou afixar nas ruas de Lisboa um decreto no qual explicava as razões da partida. Dizia que as tropas francesas estavam a caminho de Lisboa e que resistir a elas seria derramar sangue inutilmente. Acrescentava que, apesar de todos os esforços, não tinha conseguido preservar a paz para os seus amados súditos. Por isso, estava se mudando para o Rio de Janeiro até que a situação se acalmasse. Também deixou por escrito instruções sobre como os portugueses deveriam tratar os invasores. As tropas do general Junot receberiam as boas-vindas da Assembleia da Regência, um conselho de governadores nomeado pelo príncipe. A assembleia tinha orientações para cooperar com o general francês e oferecer abrigo aos seus soldados.[20]

A carruagem da princesa Carlota Joaquina chegou ao porto pouco depois do príncipe regente com três de seus oito filhos: Pedro, futuro imperador do Brasil, de oito anos; Miguel, de seis anos; e Ana de Jesus Maria, de onze meses. Em carruagens separadas veio o restante da família: a adolescente Maria Teresa e suas irmãs Maria Isabel, de dez anos, Maria Francisca, de sete, Isabel Maria, de seis, e Maria da Assunção, de dois. Em seguida apareceu a rainha Maria I, de 73 anos. Para o povo português aglomerado no cais para assistir à partida, a presença da rainha era uma grande novidade. Devido aos seus acessos de loucura, fazia dezesseis anos que D. Maria I vivia reclusa no Palácio de Queluz e não era vista nas ruas de Lisboa. Enquanto seu coche se aproximava do porto em disparada, ela teria gritado ao cocheiro: "Mais devagar. Vão pensar que estamos fugindo!".[21] Ao chegar ao cais, ela teria se recusado a descer da carruagem, obrigando o capitão da frota real a carregá-la no colo até o navio. A cunhada de D. João, Maria Benedita, de 61 anos, e sua tia Maria Ana, de 71 anos, completavam o grupo.[22]

Para garantir o futuro da monarquia, considerou-se prudente evitar que todos os herdeiros embarcassem num mesmo navio. A travessia do Atlântico era uma viagem longa e perigosa. Na pressa da partida, no entanto, esse cuidado foi ignorado. A própria Carlota Joaquina se encarregou da distribuição da família nas embarcações. Os infantes D. Pedro e D. Miguel — os dois herdeiros diretos do trono — foram acomodados na nau *Príncipe Real*, em companhia do pai, D. João, e da avó, D. Maria I. Foi uma decisão arriscada. Um eventual naufrágio desse navio levaria para o fundo do oceano três gerações da Dinastia de Bragança. Carlota Joaquina e quatro filhas — Maria Teresa, Maria Isabel, Maria da Assunção e Ana de Jesus — ficaram na nau *Alfonso de Albuquerque*, comandada por Inácio da Costa Quintela, onde estavam também os condes de Caparica e de

Cavalheiros, suas famílias e serviçais, perfazendo um total de 1200 pessoas. As outras duas infantas viajaram junto com o marquês de Lavradio, no *Rainha de Portugal*.[23]

Antes de embarcar, D. João teve o cuidado de raspar os cofres do governo — providência que repetiria treze anos mais tarde ao deixar o Rio de Janeiro na viagem de volta a Lisboa. Em 1807, embarcaram com o tesouro real cerca de 80 milhões de cruzados.[24] Representavam metade das moedas em circulação em Portugal, além de uma grande quantidade de diamantes extraídas em Minas Gerais que, inesperadamente, retornavam ao Brasil. A bagagem real incluía também todos os arquivos da monarquia portuguesa. Uma nova impressora, que tinha sido recentemente comprada em Londres, também foi embarcada a bordo da nau *Medusa* como chegara da Inglaterra, sem sair da caixa.[25] Nesse caso, era uma carga irônica: para evitar a propagação de ideias consideradas revolucionárias na colônia, o governo português havia proibido expressamente a existência de impressoras no Brasil. Para fugir da censura, o *Correio Braziliense*, primeiro jornal brasileiro criado pelo jornalista gaúcho Hipólito José da Costa, em 1808, seria impresso e distribuído em Londres.

Depois de soprar forte do mar para o continente durante dois dias, na manhã de 29 de novembro o vento mudou de direção. A chuva parou e o sol apareceu. Às 7 horas foi dada a ordem de partida.[26] Lord Strangford recolheu-se a bordo da nau *Hibernia*, de onde escreveu a seguinte mensagem para Lord Canning, o primeiro-ministro britânico: "Tenho a honra de comunicar que o príncipe regente de Portugal decidiu-se pelo nobre e magnânimo plano de retirar-se de um reino em que não mais pode manter-se a não ser como vassalo da França; e que Sua Alteza Real e a família, acompanhados pela maior parte dos navios de guerra e por multidão de fiéis defensores e súditos solidários, partiu hoje de Lisboa, estando agora em viagem para o Brasil sob a guarda da armada inglesa".[27]

O comandante da esquadra britânica, almirante Sidney Smith, descreveu o momento da partida da seguinte forma: "Às sete desse dia memorável a manhã estava maravilhosa, soprava uma leve brisa, que embalava os navios portugueses em direção à saída do Tejo. Sinais eram feitos por dois marinheiros, os quais logo depois foram repetidos por três navios da frota e viu-se as cores portuguesas. [...] O espetáculo era impressionante para todas as testemunhas (exceto para os franceses, nas montanhas), presas da mais viva gratidão à Providência por ver que ainda existia um poder no mundo capaz e decidido a proteger os oprimidos".[28]

Smith era um dos mais notáveis oficiais da Marinha britânica. Sua presença, no comando da esquadra estacionada em Lisboa, serve para dar uma noção da importância que os ingleses conferiam à operação. Aos 43 anos, já tinha participado de alguns dos mais decisivos acontecimentos da história da humanidade. Havia lutado na Guerra da Independência Americana, enfrentado Napoleão e combatido o tsar da Rússia. Tinha também trabalhado com um dos mais importantes inventores de todos os tempos, o americano Robert Fulton, pai do submarino e do barco a vapor. Estava aposentado, vivendo na antiga cidade romana de Bath, no interior da Inglaterra, quando, no outono de 1807, foi chamado de volta pelo almirantado britânico para tomar parte nos acontecimentos de Portugal.[29]

Por volta das 3 horas da tarde, o menino José Trazimundo estava jantando em companhia do pai e dos irmãos quando ouviu o troar distante dos canhões. Era a esquadra inglesa do almirante Sidney Smith saudando, com uma salva de 21 tiros, o pavilhão real da nau que conduzia o príncipe regente que, naquele momento, deixava a barra do Rio Tejo para entrar no Oceano Atlântico. Os navios portugueses ainda estavam à vista no horizonte quando as tropas francesas começaram a entrar em Lisboa. Para trás, ficaram só tristeza e desolação. "Ainda que, pela minha pouca idade, não pudesse dar a devida importância à crise em que estava o país, e principalmente a capital, que tinha o exército francês a duas léguas de suas barreiras, lembro-me porém de que muito me impressionava a fisionomia dos parentes e das pessoas que nos cercavam", escreveu Trazimundo.[30]

Os diários de bordo dos navios britânicos, coletados pelo historiador Kenneth H. Light, revelam que, nos momentos que se seguiram à partida de Lisboa, o clima entre ingleses e portugueses não era tão amistoso quanto fazem crer alguns relatos nos livros sobre o evento. Havia tensão e expectativa no ar. Sem exceção, todos os comandantes ingleses registraram em seus diários que, ao avistar as embarcações portuguesas saindo do porto de Lisboa, entre oito e nove horas da manhã do dia 29 de novembro, ordenaram que seus navios se preparassem para a ação, formando uma linha de combate.[31] Aparentemente, todos eles trabalhavam com a hipótese de que os portugueses tivessem se rendido às exigências de Napoleão e, naquele momento, tentassem romper à força o bloqueio naval britânico. Esse breve momento de incerteza se dissipou quando a frota portuguesa cruzou a barra do Rio Tejo. Em atitude francamente amistosa, o navio *Príncipe Real*, onde viajava o príncipe regente, se aproximou da nau capitânia da esquadra britânica, *HMS Hibernia*. Em seguida, para reafirmar as intenções de paz, os dois lados trocaram as saudações protocolares: 21 tiros de canhões de cada parte — primeiro os ingleses, depois os portugueses. "Até há pouco, Portugal e Inglaterra estavam em guerra e Sir Sidney não queria correr qualquer risco", escreveu Light, referindo-se ao comandante da esquadra britânica. "Somente após um diálogo amistoso houve troca de salvas."[32]

Abandonado à própria sorte, Portugal viveria os piores anos de sua história. Nos sete anos seguintes, mais de meio milhão de portugueses fugiriam do país, pereceriam de fome ou tombariam nos campos de batalha numa sequência de confrontos que se tornaria conhecida como a Guerra Peninsular.[33] Naquela manhã luminosa de novembro de 1807, espalhadas pelo cais do porto de Lisboa ficaram centenas de bagagens, esquecidas no tumulto da partida. Entre elas, estavam os caixotes com a prataria das igrejas e os livros da Biblioteca Real. A prata seria confiscada e derretida pelos invasores franceses. Os livros da Real Biblioteca, que incluíam a primeira edição de *Os lusíadas*, de Camões, antigas cópias manuscritas da Bíblia e mapas ainda em pergaminho, só chegariam ao Brasil mais tarde, em três viagens consecutivas: a primeira em 1810 e as outras duas em 1811.

Numa delas estava o arquivista real Luiz Joaquim dos Santos Marrocos, personagem cuja vida os acontecimentos de 1807 mudariam radicalmente.

6

O ARQUIVISTA REAL

No final do outono de 1807, enquanto as tropas do imperador Napoleão se aproximavam da fronteira de Portugal, o arquivista Luiz Joaquim dos Santos Marrocos tinha a vida suspensa entre duas cidades — uma no passado e outra no futuro. Aos 26 anos e solteiro, morava com a família no bairro de Belém, em Lisboa, a capital do ainda vasto império colonial português, exótica e oriental, repleta de mercadores árabes, chineses, indianos e negros africanos. Dentro de três anos, estaria no Rio de Janeiro, a capital do Brasil colônia, uma cidade fervilhante de novidades, porto de reabastecimento e parada obrigatória dos navios que cruzavam os oceanos rumo às terras distantes da África, da Índia e da recém-descoberta Oceania.

Em Lisboa, Luiz Joaquim e o pai, Francisco José, eram funcionários do príncipe regente D. João e trabalhavam na Real Biblioteca portuguesa, uma das mais extraordinárias da Europa, situada num pavilhão do Palácio da Ajuda. Seu acervo, de 60 000 volumes, era na época vinte vezes maior do que o da Biblioteca Thomas Jefferson, do Congresso americano em Washington, considerada hoje, duzentos anos depois, a maior do mundo.[1] Ali, os Santos Marrocos respondiam pela tradução de obras estrangeiras, pela catalogação e guarda de livros e documentos raros.

Essa rotina de trabalho e dedicação silenciosa aos livros foi interrompida de forma abrupta na última semana de novembro, quando Marrocos recebeu ordens para encaixotar às pressas o acervo da biblioteca e despachá-lo para o cais de Belém, onde os navios da frota portuguesa aguardavam o embarque da família real para o Brasil. Foram horas de angústia e incerteza. Com a ajuda de seus colegas bibliotecários e oficiais da corte, Marrocos empacotou todos os 60 000 volumes e despachou-os para o porto, em carros puxados por mulas e cavalos que disputavam as ruas estreitas de Lisboa com centenas de outros carregamentos rumo ao mesmo destino. A correria foi inútil. No tumulto da partida, todas as caixas com os livros ficaram esquecidas no cais, em meio à lama que tomava as ruas devido à chuva do dia anterior.

Dois anos e meio depois, em março de 1811, o próprio Marrocos embarcaria para o Brasil, com a missão de zelar pela segunda remessa dos livros da biblioteca. Chegou ao Rio de Janeiro em 17 de junho, dias antes do seu aniversário de trinta anos. Nos dez anos seguintes, manteve uma correspondência regular com o pai, Francisco José, e com a irmã, Bernardina. Foram ao todo 186 cartas que, guardadas até hoje nos arquivos da Biblioteca da Ajuda, transformariam o arquivista num personagem importante para a história do Brasil e de Portugal. Essa correspondência de mão única — uma vez que não se tem notícia das respostas que Luiz Joaquim teria recebido no Rio de Janeiro — é considerada uma das fontes mais preciosas dos pesquisadores que estudam esse período da história brasileira. São relatos simplórios, de um cidadão comum que testemunha as enormes transformações que portugueses e brasileiros experimentaram nos treze anos em que a família real permaneceu no Rio de Janeiro. As intrigas na corte, a mesquinhez da burocracia e a dura realidade da escravidão aparecem de forma crua nas cartas de Marrocos, como num retrato instantâneo e sem retoques, sem o filtro dos documentos e relatórios oficiais.

A primeira carta foi escrita ainda em alto-mar, a bordo da fragata *Princesa Carlota*. É datada de 12 de abril de 1811, Sexta-Feira da Paixão, 10 horas da noite, nas imediações de Cabo Verde, na costa da África. A última é de 26 de março de 1821, um mês antes do retorno de D. João VI a Lisboa.[2] Algumas dessas cartas tratam de eventos históricos, como a morte da rainha D. Maria I e a aclamação de D. João VI, e do movimento de entrada e saída de navios no porto do Rio de Janeiro. Outras resvalam para a fofoca pura e simples. É o caso de uma correspondência de 19 de maio de 1812, em que Marrocos critica as aventuras sexuais do conde de Galvêas, D. João de Almeida de Melo e Castro, ministro dos Negócios da Marinha e Domínios Ultramarinos. Sem oferecer maiores detalhes, o arquivista sugere que o conde mantinha relações homossexuais com vagabundos do centro do Rio de Janeiro, onde estava situada a zona portuária. "É de espantar e de enojar o vício antigo e porco deste homem", escreve Marrocos. "Pois sendo homem e casado, desconhece inteiramente sua mulher, e nutre a sua fraqueza com brejeiros e sevandijas."[3] Palavra há muito abolida do vocabulário cotidiano dos brasileiros, sevandija quer dizer pessoa vergonhosamente servil, parasita, que vive à custa dos outros.

Em Portugal, a família Santos Marrocos pertencia a uma elite de funcionários e burocratas ligada à cultura e ao saber. O pai, um homem severo, culto e autoritário, era professor de Filosofia em Belém. Em 1797, tinha mandado reimprimir, na Oficina de Simão Thaddeo Ferreira, de Lisboa, uma preciosidade bibliográfica: o livro *História do descobrimento e conquista da Índia pelos portugueses*, escrito em 1559 por Fernão Lopez de Castanheda.[4] Em 1811, publicou pela Imprensa Régia o *Mapa alfabético das povoações de Portugal*, de sua própria autoria. O filho, Luiz Joaquim, ex-estudante da Universidade de Coimbra, seguia os passos do pai como guardião, tradutor e autor de livros. Trabalhava como ajudante das reais bibliotecas desde 1802. Em 1807, acabara de traduzir, por ordem real, uma obra gigantesca, chamada *Tratado de Medicina Legal e de Higiene Pública*, do médico francês F. E. Foderé, em cinco volumes e 2500 páginas.[5] Também tinha escrito seu próprio livro, chamado *Inoculação do entendimento*. Nenhum dos dois jamais chegou a ser publicado. Os originais do primeiro ficaram esquecidos no cais de Lisboa no tumulto que precedeu a partida da corte para o Brasil, em 1807, e nunca mais se soube deles. Do segundo se tem notícia apenas pelas cartas que Luiz Joaquim escreveu ao pai.[6]

A Lisboa da família Santos Marrocos era uma cidade conservadora, profundamente religiosa e de hábitos antiquados. Com suas casas ornamentadas de tapeçarias orientais e varandas cobertas por colchas da Índia, era a mais oriental das capitais europeias, na definição do historiador Oliveira Martins.[7] Outros cronistas e viajantes a descreveram como uma cidade medieval, suja, escura e perigosa. O enterro de cadáveres em cemitérios só se tornou obrigatório a partir de 1771. Até então, eram abandonados, queimados ou enterrados em covas improvisadas na periferia da cidade. Quem tinha dinheiro ou poder, era sepultado nas igrejas. A falta de higiene era um problema crônico. "Atirava-se pela janela, sem aviso algum e a qualquer hora do dia ou da noite, a água suja, as lavaduras da cozinha, as urinas, os excrementos acumulados de toda a família", registrou o francês J. B. F. Carrère, morador de Lisboa no final do século XVIII. "Quem anda nas ruas desta cidade está sempre em risco de ficar encharcado e coberto de porcaria."[8]

"Esta grande cidade não tem iluminação durante a noite, por via do que acontece frequentemente de perder-se um sujeito, correndo o risco de ficar enxovalhado com as imundices que é uso despejarem das janelas às ruas, pois as casas não têm latrinas", escreveu o viajante francês Jácome Ratton. "Todo mundo é obrigado a levar as imundices para o rio e há uma quantidade de negras que fazem esse trabalho, mas essa ordem não é exatamente cumprida, principalmente pelo povo."[9] Outro viajante, o inglês William Beckford, fala dos cães vadios e esfomeados que percorriam as ruas a revirar os entulhos em busca de restos de comida. "De todas as capitais que tenho vivido, Lisboa é a mais infestada por alcateias destes esfaimados animais, que prestam o serviço de limpar as ruas de uma parte, pelo menos, das pouco aromáticas imundices", escreveu Beckford.[10]

A falta de bons hábitos de higiene propiciava a disseminação de pragas e doenças e não se resumia às pessoas comuns. Era um problema que afetava também a família real. Pode-se ter uma ideia da precariedade da vida na corte por uma carta que o príncipe D. João (futuro D. João VI) escreveu em 1786 à irmã D. Mariana Vitória, que tinha mudado para Madri depois de se casar com o infante espanhol D. Gabriel. Na carta, o príncipe conta que a mulher, Carlota Joaquina, com quem se casara havia um ano, tivera de cortar os cabelos devido a uma infestação de piolhos. "A infanta (Carlota Joaquina) vai melhorando, mas ainda tem muita comichão na cabeça", escreveu D. João. "Tu bem sabes que moléstia de pele custa muito a largar a gente. Eu não posso te explicar os piolhos que tem. Parece praga. Depois que se lhe cortou (o cabelo), tem secado mais a cabeça. Mas como lhe deixaram o topete, que me parece é o esconderijo de todos os piolhos, tu bem podes crer o que ela terá padecido, mas tudo com muito propósito, como se fosse uma mulher de trinta anos."[11] Nessa época, Carlota Joaquina era ainda uma menina de apenas onze anos.

Como funcionários da Real Biblioteca, os Santos Marrocos tinham convivência muito próxima com a corte do príncipe regente e dos palácios frequentados pela nobreza. Era um ambiente lúgubre e depressivo, dominado pela presença sufocante da Igreja e seus inúmeros rituais religiosos. Chamava a atenção dos viajantes e diplomatas a falta de festas, jantares, bailes ou recepções da corte portuguesa, num contraste marcante com os animados palácios de Paris e

Madri, onde a música, a dança e as cores predominavam nessa época. "Uma corte decadente rodeava uma rainha meio louca e um obeso príncipe real que sofria de um caso crônico de indecisão", escreveu o historiador Alan K. Manchester.[12] Outro estudioso, o brasileiro Pedro Calmon, descreve a corte portuguesa como "uma das mais débeis e enfermiças da Europa" no final do século XVIII, época em que D. João nasceu. "Os casamentos consanguíneos, a herança mórbida, a melancolia de sua corte mística, apática, estremunhada de pavores indefinidos davam-lhe, no reinado de D. José I, a fisionomia de uma velha estirpe decadente."[13]

Nesse ambiente carola e repressor, os efeitos da Revolução Francesa de 1789 eram temidos pela nobreza e combatidos com rigor pelo intendente-geral de polícia, Diogo Inácio da Pina Manique. Acumulando as funções de desembargador, administrador da alfândega de Lisboa, administrador das calçadas e da iluminação da capital, Manique impedia a entrada de livros considerados perigosos e mandava fechar as lojas maçônicas, acusadas de promover o debate das ideias revolucionárias.[14] Também mandava prender os assinantes da obra dos enciclopedistas Diderot e Voltaire e deportava escritores e intelectuais simpatizantes da Revolução Francesa.[15] Uma de suas vítimas foi Bocage, um dos maiores poetas e escritores portugueses.

Ao saber da abertura de uma loja maçônica na Ilha da Madeira, situada mil quilômetros ao sudoeste de Lisboa, Pina Manique enviou para lá um corregedor da intendência de polícia, com as seguintes instruções: "Aquele que você vir de sapatinho bicudo e muito brilhante, com presilhas nos calções, gravata por cima da barba, colarinho até meia orelha, cabelo rente na nuca e avolumado até a moleira, com suíças até os cantos da boca, agarre-o logo, tranque-o na cadeia carregado de ferros, até que haja navio para o Limoeiro: é iluminado ou pedreiro-livre". Limoeiro era o nome da prisão em Lisboa onde Manique trancafiava os simpatizantes das ideias francesas (os "iluminados") ou os maçons ("pedreiroslivres").[16] Sua perseguição aos franceses ou seguidores dos ideais da revolução foi tão implacável que, por pressão de Napoleão Bonaparte, acabou demitido pelo príncipe regente D. João.

Nessa Lisboa onde a cultura e as ciências há muito haviam entrado em decadência, a simples existência da Real Biblioteca da Ajuda representava uma excentricidade. Indicava que a corte portuguesa se pretendia mais ilustrada do que de fato era, na opinião da historiadora Lilia Moritz Schwarcz, autora do melhor livro já escrito sobre a biblioteca, cujo fabuloso acervo havia sido construído desde o século XIV pelos reis portugueses.[17] Ali os Santos Marrocos, pai e filho, passavam seus dias a catalogar, reproduzir, guardar e preservar livros e documentos. A Real Biblioteca era não só o meio de sobrevivência da família, mas a sua própria razão de existir.

Nos meses que se seguiram à partida da família real, milhares de portugueses pegariam em armas para resistir à invasão francesa. Luiz Joaquim dos Santos Marrocos foi um deles. Antes de embarcar para o Rio de Janeiro, em 1811, serviu nos campos de batalha e lutou nas barricadas erguidas na entrada da capital portuguesa. Graças aos bons serviços prestados, acabou promovido à patente de capitão do Exército português.[18] Como todos os portugueses desse período, sua família passou por grandes tribulações. Com a partida da corte e a virtual paralisação do governo português, os pagamentos dos servidores públicos, como era o caso da família Santos Marrocos, ficaram atrasados mais de um ano. Os preços triplicaram. As pessoas passaram fome e grandes necessidades.

Para Luiz Joaquim, no entanto, começava ali uma jornada de notáveis mudanças. Capturado involuntariamente pelo vendaval da História, o arquivista real haveria de se converter num símbolo das grandes transformações que afetariam profundamente brasileiros e portugueses dos dois lados do Atlântico durante os anos da Corte de D. João no Rio de Janeiro. É o que se verá em mais detalhes nos dois últimos capítulos deste livro.

7

A VIAGEM

Desenhados para impedir a infiltração da água do mar e sobreviver às violentas tempestades oceânicas, os navios portugueses eram, duzentos anos atrás, cápsulas de madeira hermeticamente lacradas. Providos de pequenas escotilhas, que permaneciam fechadas a maior parte do tempo, os ambientes internos ficavam asfixiantes, sem ventilação. Durante o dia, sob o sol equatorial, se transformavam em autênticas saunas flutuantes. Não havia água corrente nem banheiros. Para fazer as necessidades fisiológicas usavam-se as cloacas, plataformas amarradas à proa, suspensas sobre a amurada dos navios, por onde os dejetos eram lançados diretamente ao mar.[1]

A dieta de bordo era composta de biscoitos, lentilha, azeite, repolho azedo e carne salgada de porco ou bacalhau. No calor sufocante das zonas tropicais, ratos, baratas e carunchos infestavam os depósitos de mantimentos. A água apodrecia logo, contaminada por bactérias e fungos. Por isso, a bebida regular nos navios britânicos era a cerveja. Nos portugueses, espanhóis e franceses, bebia-se vinho de qualidade ruim. Por falta de frutas e alimentos frescos, uma das maiores ameaças nas longas travessias era o escorbuto, doença fatal provocada pela deficiência de vitamina C. Enfraquecida, a vítima queimava de febres e sofria dores insuportáveis. A gengiva necrosava. Os dentes caíam ao simples toque. Por coincidência, 1808 foi o primeiro ano em que a jovem Marinha dos Estados Unidos começou a distribuir doses de vitamina C às suas tripulações, como forma de prevenir a doença. Nas regiões tropicais, outras ameaças eram a disenteria e o tifo, causados pela falta de higiene e pela contaminação da água e dos alimentos.[2]

Pouco depois de chegar ao Rio de Janeiro, em 1811, Luiz Joaquim dos Santos Marrocos escreveu ao pai uma carta que dá uma ideia do desconforto que era atravessar o Atlântico num navio a vela, apertado, instável, jogado pelas ondas de um lado para o outro:

> *Meu prezadíssimo pai e senhor do meu coração.*
> *É coisa muito de ponderar-se o incômodo que sofre qualquer pessoa não acostumada a embarcar e muito principalmente que tenha moléstias de maior perigo e cuidado, a quem é nocivo o tossir, o espirrar, o assoar-se [...]. É perniciosíssimo, e de toda a consequência, expor-se ao enjoo marítimo que faz (parece) arrancar as entranhas e rebentar as veias do corpo, durando este tormento dias, semanas e muitas vezes a viagem inteira. Além disto, o susto do mar, trovoadas e aguaceiros, balanços, submersões do navio não são coisas ridículas para quem não é grosseiro.*[3]

Para evitar as doenças e a proliferação de pragas, exigia-se que as roupas e as dependências dos navios estivessem sempre limpas, o que explica a disciplina rigorosa que os oficiais mantinham a bordo. Nesse aspecto, a Marinha britânica servia de exemplo. Em tempos de guerra, a Inglaterra ocupava mais de 60 000 homens a bordo de sua gigantesca frota — número igual a toda a população da cidade do Rio de Janeiro em 1808. Para os marinheiros, a vida no mar começava cedo, ainda meninos. Aos dezesseis anos, já eram profissionais formados. A alimentação deficiente e o trabalho extenuante, sem folga ou conforto de espécie alguma, encurtava a carreira para dez a quinze anos no máximo. A expectativa de vida não ia além dos quarenta anos.[4]

A bordo dos navios britânicos, consideravam-se faltas graves dormir em serviço, desrespeitar um oficial ou fazer necessidades fisiológicas dentro do navio, em vez de usar as rudimentares cloacas. As punições eram severas para quem colocasse a tripulação em perigo, o que incluía não respeitar as regras de higiene e limpeza. Nesse caso, os marinheiros poderiam ser chicoteados. Em casos mais graves, o capitão tinha autonomia para mandar enforcá-los. As punições, sempre em público, serviam de exemplo aos demais membros da tripulação.

Os diários de bordo dos navios britânicos que acompanharam a viagem da família real portuguesa ao Brasil, publicados em 1995 pelo historiador Kenneth Light, revelam de maneira crua a rotina de punições a bordo:

> *Diário de bordo do navio HMS Bedford:*
> *"5 de dezembro (de 1807): James Tacey, 48 chibatadas por negligência em serviço;*
> *14 de dezembro: John Legg, doze chibatadas por negligência;*
> *24 de dezembro: Hugh Davis, 24 chibatadas por negligência e desrespeito; Neal McDougal, 24 chibatadas por negligência e tentativa de indução ao motim; Thos Mirrins, três chibatadas por negligência".*

> *Diário de bordo da corveta HMS Confiance:*
> *"23 de novembro: Got Horp, 36 chibatadas por deserção; Mcdougold, 36 por comportamento insolente; Staith, mais dezoito por negligência".*[5]

Em 1807, a esquadra portuguesa levou quase dois meses para atravessar o Oceano Atlântico. Os relatos sobre a viagem são incompletos e confusos, mas sabe-se que foi uma aventura repleta de aflições e sofrimentos. Antigas e mal equipadas, as naus e fragatas portuguesas viajavam apinhadas de gente. Na nau capitânia *Príncipe Real*, que levava D. João e a rainha Maria I, iam 1054 pessoas.[6] Pode-se imaginar a balbúrdia. Com 67 metros de comprimento, 16,5 de largura, três conveses para as baterias de tiro dos seus 84 canhões e um porão de carga, o navio não tinha espaço para tanta gente.[7] Muitos passageiros e tripulantes dormiam ao relento, no tombadilho. "O suprimento de água era insuficiente, a comida, pouca, e a peste bubônica perseguia os emigrados nos camarotes superpovoados e anti-higiênicos", registrou o historiador Alan K. Manchester a respeito dos navios da esquadra portuguesa.[8]

Nos primeiros dias de viagem, enquanto ainda estavam no hemisfério norte, ondas fortes despejavam água gelada sobre o convés superlotado, onde os marinheiros trabalhavam em meio ao nevoeiro e às rajadas de vento frio. Com vazamentos no casco, os barcos faziam água copiosamente. Muitos tinham as velas e cordas apodrecidas. O madeirame gemia sob o impacto das ondas e do vento, espalhando o pânico entre os passageiros não habituados às agruras do oceano. Náuseas coletivas tomaram conta de todos os navios. Depois de algumas semanas, já na altura da linha do Equador, o frio do inverno europeu deu lugar ao calor insuportável, agravado pela ausência de ventos numa região famosa pelas calmarias do Atlântico. O excesso de passageiros e a falta de higiene e saneamento favoreceram a proliferação de pragas. No *Alfonso de Albuquerque*, em que viajava a princesa Carlota Joaquina, uma infestação de piolhos obrigou as mulheres a raspar os cabelos e a lançar suas perucas

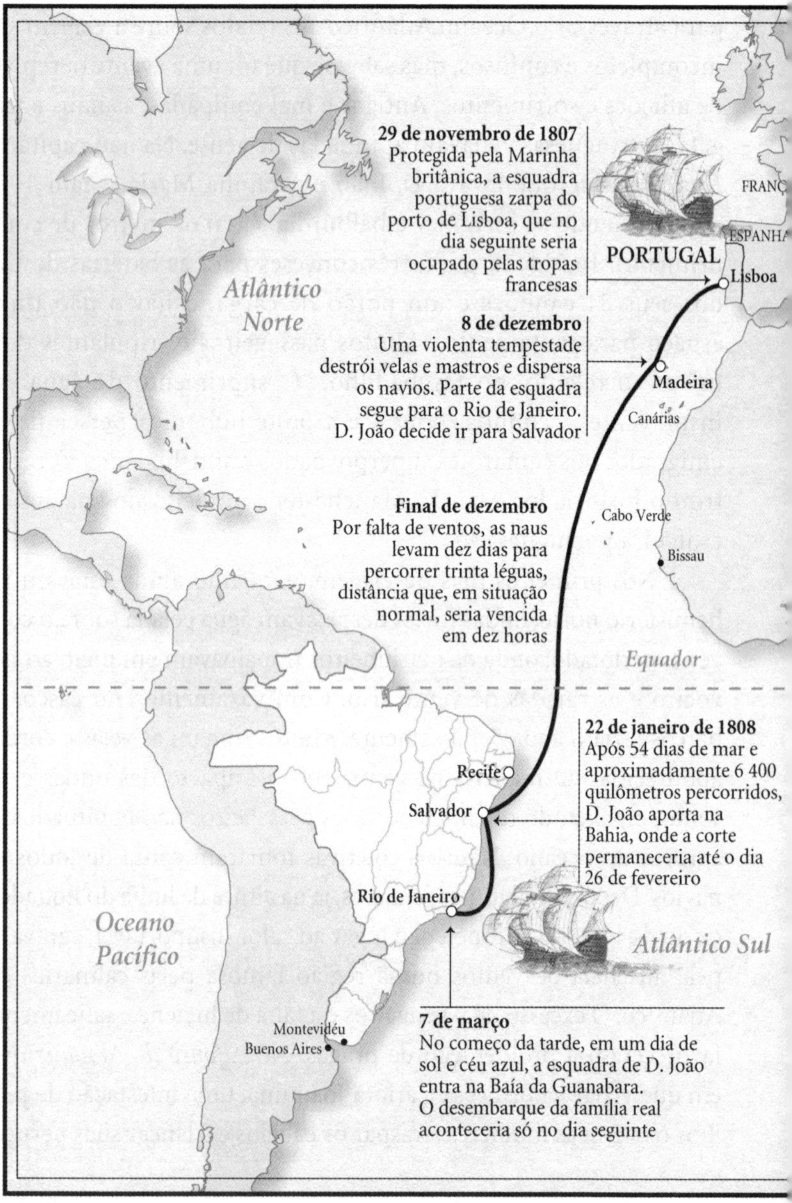

29 de novembro de 1807
Protegida pela Marinha britânica, a esquadra portuguesa zarpa do porto de Lisboa, que no dia seguinte seria ocupado pelas tropas francesas
FRANÇ
ESPANHA
PORTUGAL
Lisboa
Atlântico Norte
8 de dezembro
Uma violenta tempestade destrói velas e mastros e dispersa os navios. Parte da esquadra segue para o Rio de Janeiro. D. João decide ir para Salvador
Madeira
Canárias
Final de dezembro
Por falta de ventos, as naus levam dez dias para percorrer trinta léguas, distância que, em situação normal, seria vencida em dez horas
Cabo Verde
Bissau
Equador
22 de janeiro de 1808
Após 54 dias de mar e aproximadamente 6 400 quilômetros percorridos, D. João aporta na Bahia, onde a corte permaneceria até o dia 26 de fevereiro
Recife
Salvador
Rio de Janeiro
Oceano Pacífico
Atlântico Sul
7 de março
No começo da tarde, em um dia de sol e céu azul, a esquadra de D. João entra na Baía da Guanabara. O desembarque da família real aconteceria só no dia seguinte
Montevidéu
Buenos Aires

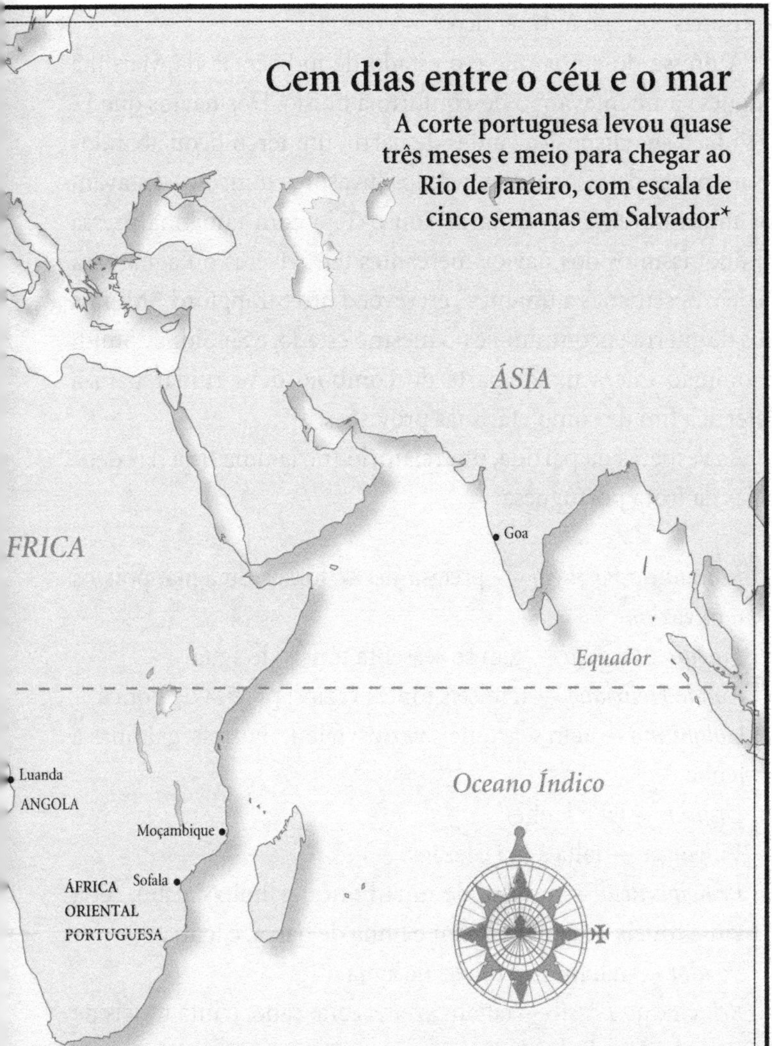
Cem dias entre o céu e o mar
A corte portuguesa levou quase três meses e meio para chegar ao Rio de Janeiro, com escala de cinco semanas em Salvador*
ÁSIA
FRICA
Goa
Equador
Luanda
ANGOLA
Oceano Índico
Moçambique
Sofala
ÁFRICA ORIENTAL PORTUGUESA
Cabo da Boa Esperança
* O mapa do Brasil mostra as fronteiras e divisas da época

ao mar. As cabeças carecas foram untadas com banha de porco e pulverizadas com pó anti séptico.[9]

A pressa do embarque e o estado de indigência da Marinha portuguesa aumentavam o desconforto a bordo. Dos navios que D. João tinha à sua disposição antes de partir, um terço ficou abandonado no porto de Lisboa, à mercê dos invasores franceses. Estavam todos imprestáveis.[10] "A frota deixou o Tejo com tamanha pressa que pouquíssimos dos navios mercantes têm víveres ou água para mais de três semanas a um mês", escreveu Lord Strangford. "Muitos navios de guerra encontram-se no mesmo estado, e Sir Sidney Smith é de opinião que a maior parte do comboio deve rumar para a Inglaterra a fim de completar suas provisões."[11]

Às vésperas da partida, um relatório trazia uma lista das deficiências da frota portuguesa:

> *Rainha de Portugal* — precisa de 27 tonéis de água, pois os tem vazios
> *Fragata Minerva* — tem só sessenta tonéis de água
> *Conde Henrique* — tem seis tonéis vazios; precisa de botica
> *Golphinho* — tem seis tonéis vazios; faltam boticas, galinhas e lenha
> *Urânia* — falta lenha
> *Vingança* — falta água e lenha
> *Príncipe Real* — precisa de uma botica, galinhas, cabo, cera, vinte tonéis de água, marlim e linha de barca, e lenha
> *Voador* — faltam três tonéis de água
> *Príncipe do Brasil* — faltam azeite, cera, cabo, trinta tonéis de água, lenha e linha de barca[12]

No final da tarde do primeiro dia de viagem, depois de feita a troca protocolar de salvas de canhões, a esquadra permaneceu estacionada nas imediações do litoral português para a última inspeção antes de iniciar a travessia do Atlântico. Por volta das quatro horas, Lord Strangford e o almirante Sidney Smith foram visitar D. João a bordo da *Príncipe Real*. Ambos consideraram as acomodações da embarcação portuguesa muito aquém das necessidades do príncipe regente. O clima era lúgubre e depressivo, registrou Strangford num dos seus despachos para Londres. "É impossível descrever a situação dessas pessoas ilustres, seu desconforto, a paciência e a resignação com que elas têm suportado as privações e dificuldades decorrentes da mudança", relatou.[13] Smith se ofereceu para abrigar o príncipe regente no *Hibernia*, nau capitânia da esquadra inglesa, um navio mais novo e confortável. D. João recusou por razões óbvias: a corte portuguesa já se julgava suficientemente refém e dependente da Inglaterra. Viajar como hóspede do comandante britânico poderia soar politicamente incorreto.

A reunião entre Strangford, Sidney Smith e D. João durou cerca de três horas, nas quais foram discutidos os últimos detalhes da viagem. O plano previa que, no caso de algum imprevisto durante a travessia, todos os navios deveriam seguir para a Ilha de São Tiago, no arquipélago de Cabo Verde, onde a esquadra se reagruparia antes de seguir para o Rio de Janeiro. A única exceção nesse plano era a nau *Medusa* que, levando a bordo os ministros Antônio de Araújo, José Egydio e Thomaz Antônio, foi despachada diretamente para a Bahia.[14]

Mal terminada essa reunião, passageiros e tripulantes foram surpreendidos por uma abrupta mudança climática. O vento, que até então impelia os navios para o oceano, inverteu a direção e começou a soprar forte de través, ou seja, no sentido perpendicular das embarcações e contrário ao rumo planejado. À noite, já tinha a força de uma tempestade. Em alguns momentos, ameaçava empurrar toda a frota de volta para a costa portuguesa, já ocupada pelas tropas francesas. Depois de alguns momentos de angústia e tensão, os comandantes decidiram aproveitar a força da ventania e navegar na direção noroeste, como se estivessem indo para o Canadá, em vez do Brasil. Isso manteria os navios em alto-mar, evitando que fossem arrastados novamente para o litoral. Só no quarto dia, quando haviam percorrido mais de 160 milhas náuticas, ou cerca de 300 quilômetros, puderam, finalmente, corrigir as velas e rumar para sudoeste, na direção do Brasil.[15]

Nesse ponto, já a uma distância segura da costa portuguesa, os navios se juntaram uma vez mais para novas inspeções. Um pequeno barco de guerra foi considerado muito frágil para a travessia do oceano e despachado de volta para Lisboa, onde foi imediatamente aprisionado pelas tropas francesas. Outro navio foi avaliado pelos oficiais britânicos como inadequado para uma viagem tão longa, mas os portugueses decidiram correr o risco e seguir em frente de qualquer modo. Felizmente, nenhuma embarcação naufragou, mas algumas chegaram ao Brasil em estado lastimável.

Em 5 de dezembro, aproximadamente a meio caminho entre Lisboa e Funchal, na Ilha da Madeira, a frota britânica se dividiu em duas. Uma parte, sob o comando de Sidney Smith, alterou o rumo e, após a troca de salvas com a esquadra portuguesa, retornou ao bloqueio de Lisboa, ocupada pelas tropas francesas. A outra, composta pelos navios *Marlborough*, *London*, *Bedford* e *Monarch*, sob o comando do capitão Graham Moore, continuaria escoltando a esquadra portuguesa até o Brasil.[16] Lord Strangford, o articulador da fuga da família real, também retornou para a Inglaterra. Alguns meses mais tarde, ele e Smith se juntariam novamente a D. João no Rio de Janeiro.

No dia 8 de dezembro, pouco mais de uma semana depois da partida, ao se aproximar do arquipélago da Madeira, um denso nevoeiro cobriu tudo. "Estava tão carregado que não conseguíamos ver além da distância equivalente a três vezes o comprimento do navio", escreveu o capitão James Walker a bordo do *HMS Bedford*, navio de 74 canhões, lançado ao mar em outubro de 1775.[17] O pior ainda estava por vir. Ao anoitecer, uma violenta tempestade começou a castigar os navios outra vez. Ventos fortíssimos vergastavam as velas apodrecidas, enquanto os marinheiros tentavam desesperadamente mantê-las presas aos mastros das embarcações.

O maior perigo, no entanto, estava lá fora, mergulhado na escuridão da noite e coberto pelo nevoeiro. É um ponto conhecido como "Oito Pedras". Situado ao norte de Porto Santo, no arquipélago da Madeira, esse conjunto de rochedos parcialmente submerso costuma ser uma armadilha fatal para marinheiros menos experientes, responsável pelo naufrágio de inúmeros navios e embarcações. Para não correr esse risco, os comandantes da esquadra decidiram parar e esperar que o tempo melhorasse.[18] O resultado foi surpreendente: no dia seguinte, ao amanhecer, uma parte dos navios havia desaparecido. A esquadra tinha sido dispersada pela força dos ventos durante a noite sem que os marinheiros percebessem. "À luz do dia, nenhum navio à vista", registrou em seu diário de bordo o capitão James Walker nas primeiras horas do dia 7.

A tempestade continuou por dois dias sem tréguas. No começo da madrugada do dia 10, a vela do mastro principal do *Bedford* se quebrou. De manhã, enquanto tentava consertar o estrago, o marinheiro Geo Green foi arremessado ao mar por uma violenta rajada de vento. Um pequeno barco de resgate foi despachado para socorrê-lo. Depois de várias tentativas, em meio a ondas fortíssimas, Green foi salvo da morte e trazido a bordo, para alívio de toda a tripulação.[19]

Nos navios portugueses os estragos foram ainda maiores. O mastro principal da nau *Medusa*, que havia sido despachada para a Bahia, despedaçou-se e veio abaixo. Em seguida, o terceiro mastro também desabou, deixando o navio à deriva no mar agitado. "O mastro grande não estava velejando e quebrou porque estava completamente podre", relatou Antônio de Araújo e Azevedo, futuro conde da Barca, que viajava a bordo do navio. "Os cabos são indignos. Tudo tem concorrido para pôr em perigo as nossas vidas e deve-se muito à atividade e inteligência do comandante e de alguns oficiais."[20]

As horas que se seguiram à tempestade foram de confusão e incerteza. Dispersada pelos ventos, a esquadra seguiu rumos diferentes. Metade dos navios, incluindo o *Príncipe Real* (que levava D. João e a rainha Maria I) e o *Alfonso de Albuquerque* (com a princesa Carlota Joaquina e as filhas), navegou na direção noroeste. O restante da frota manteve o rumo sudoeste, em direção ao ponto de encontro combinado, no arquipélago de Cabo Verde. Bastante avariada, a *Medusa* acabou atracando no Recife no dia 13 de janeiro, onde, depois de passar por reparos, seguiu finalmente para Salvador, seu destino original. Também danificado, o navio *Rainha de Portugal*, que transportava duas filhas de D. João, começou a se afastar perigosamente do comboio, mas conseguiu chegar a Cabo Verde, onde foi consertado, antes de seguir para o Rio de Janeiro. O *D. João de Castro* perdeu o mastro e, com sérios vazamentos, teve de fazer uma parada de emergência na Paraíba.[21]

Com o mar calmo, Carlota Joaquina e as filhas decidiram visitar D. João e a rainha Maria I a bordo do *Príncipe Real*. O translado foi feito em um pequeno barco içado pelos marinheiros sobre a amurada das naus portuguesas. Seria o último contato da família real antes de chegar ao Brasil, a cinco semanas de viagem. Foi também nesse ponto que D. João decidiu ir para a Bahia, em vez de seguir para o Rio de Janeiro como estava planejado desde a saída de Lisboa.

A partir daí não houve mais comunicação entre as duas frotas. Até recentemente, acreditava-se que uma havia se distanciado da outra até se perderem de vista completamente. Os registros nos diários de bordo dos navios britânicos revelam, no entanto, que, sem saber, os dois comboios seguiram em curso paralelo e bem próximos entre si até a altura da costa do Brasil. O último contato aconteceu na forma de um fantasmagórico sinal luminoso na noite escura de 2 de janeiro de 1808. No dia anterior, pela manhã, o comandante do navio britânico *Bedford*, James Walker, que protegia o comboio de D. João rumo à Bahia, registrou no diário de bordo ter visto três embarcações à distância, mas preferiu não se aproximar para não perder contato com o restante do grupo. À noite, ordenou que seus marinheiros instalassem uma luz azul no topo do mastro. Coincidentemente, nessa mesma noite, por volta das 23h 15, o comandante do *Marlborough*, capitão Graham Moore, que acompanhava o comboio que seguia para o Rio de Janeiro, assinalou em seu diário de bordo ter visto uma luz azulada no horizonte.[22]

Ao se aproximar da linha do Equador, os navios da esquadra real que se dirigiam a Salvador entraram numa zona de calmaria — a mesma que assustava os navegantes portugueses desde a época dos descobrimentos e que, oficialmente, havia obrigado Pedro Álvares Cabral a mudar seu curso três séculos antes, quando estava a caminho da Índia. Por falta de ventos, as naus de D. João e Carlota Joaquina levaram dez dias para percorrer somente trinta léguas, distância que, em situação normal, seria vencida em dez horas.[23] Imagine-se o tormento das centenas de passageiros que apinhavam o convés dos navios: dez dias sob o sol equatorial, onde as temperaturas em dezembro chegam a 35 graus centígrados, sem o sopro de uma mísera brisa para aliviar-lhes o sofrimento.

Ao todo, dezesseis navios de guerra britânicos estiveram envolvidos, direta ou indiretamente, na retirada da família real portuguesa de Lisboa para o Brasil. Eram embarcações amplas, confortáveis, bem organizadas e com tripulação altamente profissional e disciplinada. Algumas delas, legendárias, haviam participado de campanhas e batalhas memoráveis. A maior delas, o *HMS Hibernia*, encontrava-se sob o comando do capitão John Conn, um dos oficiais que, ao lado de Lord Nelson, massacraram as esquadras francesa e espanhola na Batalha de Trafalgar, dois anos antes. Lançado ao mar em novembro de 1804 como navio de primeira classe da Marinha Real Britânica, o *Hibernia* tinha 110 canhões, 203 pés de comprimento (cerca de 62 metros) e pesava 2530 toneladas. Seria vendido como ferro-velho um século mais tarde, em 1904, na Ilha de Malta.[24]

A bordo de um desses navios viajava o primeiro-tenente irlandês Thomas O'Neill, um personagem que se tornaria fundamental na história da mudança da família real ao Brasil. Como oficial do *HMS London*, O'Neill presenciou o embarque da corte portuguesa em Lisboa e cada um dos eventos que marcaram a viagem até o Rio de Janeiro. Depois da chegada da corte, permaneceu na cidade mais dezesseis meses, antes de ser destacado para outra missão da Marinha Real. Em 1810, publicou em Londres um livrinho de 89 páginas, incluindo uma errata de seis linhas numa tirinha de papel colada entre as páginas 74 e 75, no qual descreve a viagem da corte para o Brasil.[25] Seus relatos são vivos, repletos de emoção e detalhes dramáticos. Um exemplo é o trecho em que descreve o desconforto das mulheres da nobreza a bordo das naus e fragatas portuguesas:

> *Mulheres de sangue real e das mais altas estirpes, criadas no seio da aristocracia e da abundância [...] todas obrigadas a enfrentar os frios e as borrascas de novembro através de mares desconhecidos, privadas de qualquer conforto e até mesmo das coisas mais necessárias da vida, sem uma peça de roupa para trocar ou camas para dormir — constrangidas a amontoarem-se, na maior promiscuidade, a bordo de navios que não estavam em absoluto preparados para recebê-las.*[26]

Em outro trecho, O'Neill registra o depoimento de um oficial português que acompanhou a parte da esquadra que aportou na Bahia com D. João:

> *Tão grande foi o número de pessoas [...] e tão apinhados estavam todos os navios, que mal havia espaço para que elas se deitassem nos conveses. As damas [...] desprovidas de qualquer traje, à exceção do que estavam usando. Como os navios tinham apenas pequenas provisões, logo se tornou necessário solicitar ao almirante britânico que acolhesse a bordo de sua esquadra grande quantidade de passageiros. E (para esses) foi uma enorme sorte, pois os que permaneceram foram realmente objeto de piedade de Lisboa à Bahia. A maior parte dormia no tombadilho, sem cama nem cobertas. A água era o artigo principal a reclamar nossa atenção; a porção que recebíamos dela era mínima e a comida, da pior qualidade e deficiente de tal forma que a própria vida se tornou um fardo. Nossa situação era tão horrível que a ninguém desejo chegue um dia a experimentar ou mesmo testemunhar. Homens, mulheres e crianças formavam juntos o mais desolador dos quadros.*[27]

Apesar de sua importância histórica, os relatos de O'Neill não são inteiramente dignos de crédito. Há evidente exagero ou mesmo fantasia em algumas cenas e situações que descreve. Ao relatar a partida da corte em Lisboa, ele afirma que algumas "senhoras da distinção" morreram afogadas durante a desesperada tentativa de garantir lugar a bordo dos navios.[28] Não há evidências ou comprovação de que isso realmente tenha acontecido. O'Neill também afirma que, antes de partir, D. João teria tido um encontro com o general francês Junot, comandante das tropas invasoras[29] — história que igualmente nunca foi confirmada por qualquer outra fonte. Descontando os exageros, porém, seus relatos podem ser considerados a mais antiga reportagem produzida sobre o tema.

No dia 22 de janeiro, após 54 dias de mar e aproximadamente 6400 quilômetros percorridos, D. João aportou em Salvador. O restante do comboio tinha chegado ao Rio de Janeiro uma semana antes, no dia 17 de janeiro. Apesar das agruras e perigos, não há notícia de mortes ou acidentes fatais durante a viagem. A única vítima conhecida da travessia foi D. Miguel Caetano Álvares Pereira de Melo, o duque de Cadaval, que já havia partido de Lisboa doente e teve seus problemas agravados pelos infortúnios da nau *D. João de Castro*, de todos os navios o mais castigado pelas tempestades no Atlântico. Depois de se perder do restante da frota e ficar sem o mastro principal, esse navio atracou na Paraíba completamente avariado, sem água e provisões. Depois de socorrida, a tripulação seguiu para a Bahia, mas o duque de Cadaval não resistiu e morreu pouco depois de chegar a Salvador.[30]

A mesma Bahia que trezentos anos antes tinha visto a chegada da esquadra de Cabral, agora testemunhava um acontecimento que haveria de mudar para sempre, e de forma profunda, a vida dos brasileiros. Com a chegada da corte à Baía de Todos os Santos começava o último ato do Brasil colônia e o primeiro do Brasil independente.

8

SALVADOR

A escala de D. João em Salvador, em 1808, é um episódio mal explicado na história da mudança da família real portuguesa para o Brasil. Pelo plano original da viagem, traçado em Lisboa no dia da partida, toda a esquadra navegaria sempre na direção sudoeste, rumo ao Rio de Janeiro. Em caso de imprevisto, o ponto de reencontro combinado era o arquipélago de Cabo Verde, parte do império colonial português, situado na costa da África. Ali, os navios eventualmente avariados poderiam ser consertados e reabastecidos, para depois seguir a rota previamente combinada. D. João mudou esses planos de forma repentina logo na terceira semana de viagem. Nunca houve uma explicação oficial ou plausível para essa decisão. Por que fazer uma escala imprevista em Salvador, correndo riscos desnecessários numa viagem por si só complicada pela pressa e pela improvisação da partida, quando seria mais fácil e prudente manter o plano original e navegar direto para o Rio de Janeiro?

Até recentemente, a hipótese mais aceita nos livros de História estava associada à tempestade que dispersou a esquadra entre os dias 8 e 10 de dezembro, na altura do arquipélago da Madeira. Em meio à tormenta, os navios teriam se perdido uns dos outros. Uma parte do comboio, incluindo as naus em que viajavam a rainha D. Maria I, o príncipe regente D. João e a princesa Carlota Joaquina, teria ficado à deriva e seguido na direção noroeste, enquanto o restante da frota continuou na rota original, primeiro rumo a Cabo Verde e, depois, Rio de Janeiro. A certa altura, ao descobrir que estava nas imediações do litoral baiano, D. João teria ordenado que os navios atracassem em Salvador.[1] Por essa explicação, D. João teria aportado na Bahia quase por acaso.

Essa visão equivocada começou cair graças às descobertas do historiador Kenneth Light. Executivo aposentado de uma indústria de cigarros, Light tornou-se um pesquisador meticuloso e mergulhou nos arquivos da Marinha britânica, onde estão guardados os diários de bordo de cada um de seus navios e as cartas e relatórios que os respectivos comandantes enviaram para a sede do almirantado, em Londres, ao final da jornada. Essa correspondência explica as decisões mais importantes tomadas durante a travessia, incluindo a escala na Bahia. Da análise desses documentos, Light tirou duas conclusões surpreendentes. A primeira: a hipótese de que uma parte da frota foi parar em Salvador porque ficou à deriva depois da tempestade não faz nenhum sentido. A segunda: D. João foi à Bahia de forma deliberada e não forçado por um acidente meteorológico em alto-mar.

Duzentos anos atrás, as rotas de navegação do Atlântico Sul já eram muito bem conhecidas pelos portugueses e ingleses. Os diários de bordo dos comandantes britânicos comprovam que eles sabiam perfeitamente as coordenadas dos seus navios a cada dia e a cada hora de viagem ao longo de todo o percurso. Não estavam perdidos, portanto. Seria muito fácil para eles corrigir o rumo depois da tempestade e seguir para o ponto de encontro combinado antes da partida. A decisão de parar em Salvador foi tomada ainda na terceira semana de viagem e devidamente informada aos demais navios.

Segundo os documentos coletados por Light, no dia 21 de dezembro de 1807 o príncipe regente comunicou ao capitão James Walker, comandante do *Bedford*, que havia decidido ir para Salvador, sem cumprir a rota planejada. Isso aconteceu onze dias depois da tempestade. Nessa mesma ocasião, a fragata *Minerva* foi despachada para a Ilha de São Tiago, em Cabo Verde, onde encontrou os navios restantes e comunicou a mudança de planos de D. João.[2] É mais uma prova de que os comandantes portugueses e ingleses não estavam perdidos e conheciam a localização dos seus navios e do restante da frota.

Se a escala baiana não foi acidental, que razões teriam levado D. João a Salvador? Uma explicação óbvia é que, do ponto de vista estratégico, a escala na Bahia era muito oportuna. Como se verá no próximo capítulo, duzentos anos atrás a unidade política e administrativa da colônia brasileira era muito precária. D. João precisava, mais do que nunca, de um Brasil unido em torno da Coroa portuguesa. O sucesso dos seus planos em 1808 dependia do apoio financeiro e político de todas as províncias. Primeira capital da colônia, Salvador tinha perdido essa condição havia quase meio século, em 1763, mas ainda era um centro importante do comércio e das decisões da colônia. Seus moradores se ressentiam profundamente da mudança da capital para o Rio de Janeiro. Havia sinais de descontentamento no ar. Uma tentativa de separação tinha acontecido dez anos antes, no movimento que ficou conhecido como Revolta dos Alfaiates.

Uma visita a Salvador era, portanto, providencial. Seria uma forma inteligente de assegurar a fidelidade dos baianos e das províncias do Norte e do Nordeste num momento de grande dificuldade. D. João não só fez isso como mais tarde, já no Rio de Janeiro, nomeou como governador da Bahia ninguém menos que o conde dos Arcos, até então vice-rei do Brasil. Foi também em Salvador que D. João anunciou a mais importante de todas as medidas que tomaria nos seus treze anos de Brasil: a abertura dos portos. Era mais uma demonstração do quanto a Bahia era importante no tabuleiro político que a monarquia estava montando na sua fase americana.

Essa nova hipótese, de que a escala baiana foi planejada e não fruto de um acaso de percurso, muda sensivelmente as interpretações feitas até hoje sobre a vinda da corte para o Brasil, a começar pela imagem do próprio príncipe regente. Restam poucas dúvidas de que D. João foi medroso e indeciso em Portugal, preferindo fugir a enfrentar as tropas francesas que invadiam Portugal, embora essa lhe parecesse a decisão mais sensata diante da força de Napoleão. Ao chegar ao Brasil, no entanto, suas providências ganham um caráter mais resoluto e perspicaz. Uma escala na Bahia seria uma hábil manobra política, que muito viria a calhar num momento em que a enfraquecida e depauperada corte portuguesa precisava de todo o apoio. E foi exatamente isso que aconteceu.

O primeiro contato de D. João com seus súditos da colônia brasileira aconteceu na forma de uma pequena epopeia marítima. Quando teve notícia da viagem da família real, o governador de Pernambuco, Caetano Pinto de Miranda Montenegro, despachou para o mar o bergantim *Três Corações* — um pequeno barco com dois mastros de vela que, na ausência de ventos, podia também ser impulsionado a remo.[3] Com uma carga de caju, pitanga, outras frutas e refrescos, tinha a missão de tentar localizar a nau de D. João na altura em que se calculava estar a esquadra portuguesa. O mais surpreendente é que, navegando às cegas, três dias depois de deixar o porto do Recife, o bergantim conseguiu, efetivamente, encontrar os navios portugueses,[4] no que pode ser considerado um dos feitos mais extraordinários da viagem da família real ao Brasil. Imagine-se um pequeno barco, com menos de dez metros de comprimento, numa época em que não havia comunicação por rádio, GPS ou tele-

O embarque em pintura anônima: na correria da partida, 60 000 livros e a prataria das igrejas ficaram esquecidos no cais.

Embarque de D. João.
Pintura anônima, s. d.
Ministério das Relações Exteriores, Rio de Janeiro.

A cidade do Rio de Janeiro vista da Baía da Guanabara em 1822: parada obrigatória para os navios que cruzavam os oceanos e maior mercado escravagista das Américas.

View of the city of Rio de Janeiro, taken from the Ancorage, de Henry Chamberlain. Gravura do livro *Views and costumes of the city and neighbourhood of Rio de Janeiro*, Londres, 1822. Lucia M. Loeb/Biblioteca Guita e José Mindlin.

fone celular por satélite, encontrar uma nau portuguesa em alto-mar sem ter informações precisas sobre sua localização.

Para os passageiros e tripulantes da esquadra de D. João foi um alento. Depois de quase dois meses no oceano, submetidos a uma dieta de carne salgada, biscoito seco, vinho avinagrado e água insalubre, finalmente puderam provar refrescos e alimentos saudáveis. Eram espécies tropicais, de aspecto, consistência e sabor como jamais tinham experimentado em Portugal. E foi assim, na forma dos frutos de sua pródiga e exuberante natureza, que o Brasil se apresentou a D. João e sua corte refugiada dos tormentos da guerra na Europa.

Mas a sensação de alívio foi substituída pela incerteza logo na chegada a Salvador. Às 11h da manhã de 22 de janeiro de 1808, os navios ancoraram dentro da barra, perto do ponto em que hoje estão situados o Mercado Modelo e o Elevador Lacerda, mas ninguém apareceu. Era como se a Bahia simplesmente não tivesse se dado conta da chegada da família real. Para os passageiros e tripulantes foi uma grande surpresa. As notícias da viagem já haviam chegado ao Brasil havia quase duas semanas, trazidas por fontes diferentes. No dia 14, o brigue *Voador* — uma pequena embarcação a vela, muito mais rápida do que os navios de transporte pesado — entrou no porto do Rio de Janeiro com a missão de informar o vice-rei conde dos Arcos que o príncipe regente estava a caminho. Pouco depois, a fragata *Medusa*, avariada pela tempestade nas imediações da Ilha da Madeira, atracou no Recife transportando três ministros de D. João.[5] Outra nau, a *Martim de Freitas*, chegou no dia 10, também na costa nordestina. Por fim, alguns dos navios da própria comitiva real, levando duas tias e duas filhas de D. João, tinham aportado no Rio de Janeiro no dia 17. Esse grupo, parte da frota que deixara Lisboa no dia 29 de novembro, já havia sido informado pela fragata *Minerva*, durante a escala em Cabo Verde, que D. João decidira ir à Bahia.

Nessa época, o litoral brasileiro dispunha de uma precária rede de comunicações baseada nos fortes, vilas e faróis costeiros, usada para transmitir informações urgentes e muito importantes. Era parte do sistema de defesa da colônia, que permitia aos governadores e capitães-gerais das diversas províncias alertar seus vizinhos sobre ataques de piratas, tentativas de invasões, rebeliões ou qualquer outra ameaça aos territórios dominados pelos portugueses. Ao receber uma determinada informação, cada um desses postos tinha a obrigação de repassá-la para o vizinho da forma mais rápida possível. E que notícia poderia ser mais importante do que a chegada dos reis? O problema é que, por esse modo de comunicação boca a boca, as informações viajavam lentamente. Levavam semanas para percorrer os milhares de quilômetros do litoral.[6] Por isso, embora as autoridades de Salvador já soubessem que a corte estava a caminho do Brasil, a cidade jamais teria tido tempo de preparar uma grande recepção.

A ansiedade se dissipou depois de alguma espera, quando o governador João Saldanha da Gama, o conde da Ponte, apareceu para cumprimentar D. João. "Não vem ninguém de terra?", perguntou-lhe o surpreso príncipe regente. "Senhor", respondeu o governador, "não veio imediatamente toda a cidade porque determinei que pessoa alguma se aproximasse, sem que eu primeiro viesse receber as ordens de Sua Alteza Real." O príncipe retrucou: "Deixe o povo vir como quiser, porque deseja ver-me".[7] Depois do governador, foi a vez de o arcebispo, D. José da Santa Escolástica, cumprimentar D. João, mas a grande festa de recepção ficou para o dia seguinte. Exausta pela travessia do oceano, a família real dormiu mais uma noite a bordo dos navios, embalada pelas águas calmas da Baía de Todos os Santos e sob a proteção dos canhões da Fortaleza da Gamboa, que guarneciam a entrada da cidade.[8]

D. João desembarcou na manhã do dia 23.[9] Ao contrário do dia anterior, desta vez a multidão congestionava o cais da ribeira.

Salvas de canhões disparadas das fortalezas e gritos de saudação aos ilustres visitantes se misturavam ao badalar incessante dos sinos das inúmeras igrejas da capital baiana. Ao chegar a terra firme, a família real entrou nas carruagens que estavam a sua espera e seguiu pela Rua da Preguiça e pela Ladeira da Gameleira, até o Largo do Teatro (atual Praça Castro Alves). Ali, D. João e comitiva foram recebidos pelos representantes da Câmara Municipal, que os convidaram a seguir a pé, sob um pálio púrpura, até a Igreja da Sé, onde o arcebispo celebrou um *Te Deum Laudamus*, em agradecimento pelo sucesso da travessia do oceano. Ao longo do caminho, alas de soldados faziam continências, enquanto os sinos de todas as igrejas continuavam a repicar. À noite, a comitiva real se recolheu ao Paço do Governo. Seguiu-se uma semana de música, dança, espetáculos luminosos pelas ruas da cidade e longas cerimônias de beija-mão, nas quais o príncipe regente recebia, pacientemente, filas intermináveis de súditos. Eram usineiros, agricultores, comerciantes, padres, militares, funcionários públicos e pessoas humildes que vinham prestar sua homenagem ao soberano.

Com suas igrejas faiscantes de ouro e entalhes barrocos, suas casinhas brancas espalhadas pela encosta e os imponentes solares que se destacam no alto dos morros, Salvador era uma das mais bonitas cidades do império colonial português. Visto à distância, na entrada da Baía de Todos os Santos, seu aspecto deslumbrava os visitantes estrangeiros, como se pode constatar nessa descrição da inglesa Maria Graham, que ali chegaria no dia 17 de outubro de 1821:

> *Esta manhã, ao raiar da aurora, meus olhos abriram-se diante de um dos mais belos espetáculos que jamais contemplei. Uma cidade, magnífica de aspecto, vista do mar, está colocada ao longo da cumeeira e na declividade de uma alta e íngreme montanha. Uma vegetação riquíssima surge entremeada com as claras construções e além da cidade estende-se até o extremo*

da terra, onde ficam a pitoresca igreja e o Convento de Santo Antônio da Barra. Aqui e ali o solo vermelho vivo harmoniza-se com o telhado das casas. O pitoresco dos fortes, o movimento do embarque, os morros que se esfumam à distância, e a própria forma da baía, com suas ilhas e promontórios, tudo completa um panorama encantador; depois, há uma fresca brisa marítima que dá ânimo para apreciá-lo, não obstante o clima tropical.[10]

Apesar do seu movimentado porto e de sua importância econômica e política, Salvador era uma cidade relativamente pequena, de apenas 46 000 habitantes,[11] um pouco menor do que o Rio de Janeiro, que, nessa época, tinha 60 000 pessoas. Sua localização, sobre um terreno muito elevado correndo em declive para o mar, seguia à risca a estratégia militar adotada pelos portugueses para a defesa do império. Lisboa e o Porto, em Portugal, Luanda, em Angola, Macau, na China, Rio de Janeiro e Olinda, no Brasil, seguiam o mesmo modelo.[12] As igrejas, conventos, edifícios públicos e residências das famílias mais abastadas ficavam na cidade alta. Na cidade baixa, na faixa rente ao mar, situava-se o quarteirão comercial, com armazéns, lojas, oficinas e o cais do porto. "Não há na cidade baixa senão comerciantes", descreveu o pintor Johann Moritz Rugendas, que visitou Salvador alguns anos mais tarde. "Os mais ricos, e notadamente os estrangeiros, têm também casas de campo e vastos jardins nas alturas, fora dos limites da cidade. O mercado de escravos, a Bolsa, as lojas dos negociantes, o arsenal e a oficina de construção marítima ficam na cidade baixa."[13]

A ligação entre as duas partes era feita por ruas, ladeiras e becos estreitos, que tornavam o trânsito sobre rodas impossível. Por isso, um grande molinete era usado para içar mercadorias pesadas. Um século e meio mais tarde, esse sistema de tração mecânico e precário seria substituído pelo Elevador Lacerda, movido a eletricidade, que hoje é um dos cartões-postais da capital baiana. Além do molinete, o transporte de mercadorias era realizado por escravos e animais de carga que subiam e desciam as ladeiras em longas e demoradas filas. Visitantes e moradores ilustres eram, igualmente, carregados morro acima por escravos em liteiras e cadeirinhas suspensas por varões transversais.[14]

As igrejas, que se destacavam na paisagem e encantavam os visitantes estrangeiros, tinham sido quase todas construídas antes da transferência da capital para o Rio de Janeiro, entre 1650 e 1750. Os solares da cidade alta eram divididos em dois pavimentos. Os aposentos principais, ocupados pelos quartos avarandados e pelas salas de estar e refeições, ficavam no andar de cima. O térreo era reservado para acomodação de escravos e mercadorias pesadas.[15] Em resumo, Salvador era "uma cidade tipicamente portuguesa, medieval em sua falta de planejamento e no seu desordenado crescimento, formando nítido contraste com as cidades metodicamente erigidas da América espanhola", na avaliação do historiador inglês Charles Boxer.[16]

O deslumbramento da paisagem, porém, se convertia em decepção quando o visitante entrava na cidade. Maria Graham achou tudo muito sujo e decadente. "A rua pela qual entramos através do portão do arsenal é, sem dúvida nenhuma, o lugar mais sujo em que eu jamais estive", contou. "É extremamente estreita e, apesar disso, todos os artífices trazem seus bancos e ferramentas para a rua. Nos espaços que deixam livres, ao longo da parede, estão vendedores de frutas, salsichas, chouriços, peixe frito, azeite e doces, negros trançando chapéus ou tapetes, cadeiras, cães, porcos, aves domésticas, sem separação nem distinção. Como a sarjeta corre no meio da rua, tudo ali se atira das diferentes lojas, bem como das janelas. Ali vivem e alimentam-se os animais."[17]

Essa impressão se acentuava ao entrar nas casas: "Na maior parte, são repugnantemente sujas", registrou Maria Graham. "O andar térreo consiste geralmente em celas para os escravos, cavalariças etc., as escadas são estreitas e escuras e, em mais de uma casa, esperamos numa passagem enquanto os criados corriam a abrir portas e janelas das salas de visitas e a chamar as patroas que gozavam os trajes caseiros em seus quartos. Quando apareciam, dificilmente poder-se-ia acreditar que a metade delas eram senhoras de sociedade. Como não usam nem coletes nem espartilhos, o corpo torna-se quase indecentemente desalinhado."[18]

Já naquela época, a cidade se caracterizava pelas procissões e festas religiosas que misturavam rituais sagrados e profanos. Um viajante francês de 1718 ficou chocado ao observar o vice-rei dançando diante do altar-mor, em honra de são Gonçalo do Amarante. "Ele se chacoalhava de forma violenta, que não convinha nem a sua idade nem a sua posição", escreveu o francês, que assinava como Le Gentil de la Barinais.[19]

Charles Boxer relatou que os pais e maridos de Salvador eram encorajados pela Igreja a manter suas mulheres e filhas reclusas, como forma de evitar que se expusessem à moralidade relativamente frouxa da cidade. "A frequência da prostituição de escravas e de outros obstáculos para o caminho de uma vida de família completa, tal como o duplo padrão de castidade como o que existia entre maridos e esposas, concorriam para uma grande quantidade de miscigenação entre homens brancos e mulheres de cor", escreveu Boxer. "Isso, por sua vez, produzia muitas crianças não desejadas que, se viviam e cresciam, tornavam-se vadias e criminosas, vivendo de suas espertezas e à margem da sociedade." O historiador também se refere à "vergonhosa prática de viverem as senhoras dos ganhos imorais de suas escravas, que não só eram encorajadas, mas compelidas a entregar-se à prostituição".[20]

D. João passou um mês na Bahia. Foram dias de incontáveis festas, celebrações, passeios e decisões importantes, que haveriam de mudar os destinos do Brasil. Ele e a mãe, a rainha Maria I, ficaram hospedados no palácio do governador. A princesa Carlota Joaquina não se juntou a eles. Depois da chegada, permaneceu mais cinco dias a bordo da nau *Alfonso de Albuquerque*. Em seguida, hospedou-se no palácio da Justiça, situado no centro da cidade.[21] No dia 28 de janeiro, apenas uma semana depois de aportar em Salvador e de mais uma cerimônia do *Te Deum*, D. João foi ao Senado da Câmara assinar seu mais famoso ato em território brasileiro: a carta régia de abertura dos portos ao comércio de todas as nações amigas. A partir dessa data, estava autorizada a importação "de todos e quaisquer gêneros, fazendas e mercadorias transportadas em navios estrangeiros das potências que se conservam em paz e harmonia com a Real Coroa".[22]

Há dois mitos propagados por alguns livros de História a respeito da abertura dos portos. O primeiro atribui a decisão ao funcionário público baiano José da Silva Lisboa, futuro visconde de Cairu. Discípulo do escocês Adam Smith, o pai da doutrina liberal moderna e autor de *A riqueza das nações*, Lisboa teria apresentado um estudo a D. João sobre a conveniência de liberar o comércio do Brasil como forma de estimular o desenvolvimento econômico da colônia. O segundo mito é que a decisão teria sido um gesto de simpatia de D. João para com os brasileiros, libertando-os finalmente do monopólio português e do isolamento comercial.

A abertura dos portos foi, sem dúvida alguma, benéfica ao Brasil e coincidia com as opiniões liberais de Silva Lisboa. Mas, na prática, era uma medida inevitável. Com Portugal e o porto de Lisboa ocupados pelos franceses, o comércio do reino estava virtualmente paralisado. Abrir os portos do Brasil era, portanto, uma decisão óbvia. Além disso, a liberação do comércio internacional na colônia era uma dívida que D. João tinha com a Inglaterra. Foi o preço que pagou pela proteção contra Napoleão, devidamente negociado em Londres em outubro de 1807 pelo embaixador português D. Domingos de Sousa Coutinho. O acordo previa não só a abertura dos portos, mas também a autorização para a instalação de uma base naval britânica na Ilha da Madeira.[23] "A abertura dos portos ao comércio mundial significava na realidade que, em relação à Europa, os portos estavam abertos apenas ao comércio com a Inglaterra, enquanto durasse a guerra no continente", analisou o historiador Alan K. Manchester.[24]

Segundo o historiador Melo Moraes, na véspera da partida, em Lisboa, o representante britânico Lord Strangford teve uma reunião com o ministro Antônio de Araújo, na qual avisou que o almirante Sidney Smith só levantaria o bloqueio naval e permitiria a saída da esquadra portuguesa mediante as seguintes condições: "A abertura dos portos do Brasil, a concorrência livre e reservada para a Inglaterra, marcando-lhe, desde logo, uma tarifa de direitos insignificante; e até que um dos portos do Brasil (o de Santa Catarina) fosse entregue à Inglaterra". Araújo teria reagido com irritação, mas o fato é que, com exceção do porto exclusivo em Santa Catarina, todas as exigências seriam atendidas depois da chegada ao Brasil.[25]

Ainda em Salvador, D. João aprovou a criação da primeira escola de Medicina do Brasil e os estatutos da primeira companhia de seguros, batizada Comércio Marítimo. Também deu licença para a construção de uma fábrica de vidro e outra de pólvora, autorizou o governador a estabelecer a cultura e a moagem do trigo, mandou abrir estradas e encomendou um plano de defesa e fortificação da Bahia, que incluía a construção de 25 barcas canhoneiras e a criação de dois esquadrões de cavalaria e um de artilharia.

Além dessas decisões importantes, a temporada baiana de D. João foi de amenidades, com passeios e celebrações populares. No dia 11 de fevereiro, o príncipe regente foi conhecer a Ilha de Itaparica, levando junto o príncipe da Beira, D. Pedro, futuro imperador do Brasil. Ao tentar voltar, foi pego de surpresa por uma tempestade e teve de passar a noite na casa de João Antunes

Guimarães, um morador da ilha.[26] Numa outra ocasião saiu pelas ruas da cidade e distribuiu moedas de ouro para a multidão que o aclamava. Os baianos tentaram em vão convencê-lo a ficar na Bahia. Representantes da Câmara prometeram levantar fundos para construir um luxuoso palácio e sustentar as despesas da corte na cidade. D. João recusou a oferta porque Salvador era muito mais vulnerável a um eventual ataque francês do que o bem protegido e mais distante porto do Rio de Janeiro.[27] E foi para lá que embarcou no dia 26 de fevereiro, cumprindo a última etapa de sua viagem memorável ao Brasil.

9

A COLÔNIA

Duzentos anos atrás, o Brasil não existia. Pelo menos, não como é hoje: um país integrado, de fronteiras bem definidas e habitantes que se identificam como brasileiros, torcem pela mesma seleção de futebol, usam os mesmos documentos, viajam para fazer turismo ou trabalhar em cidades e estados vizinhos, frequentam escolas de currículo unificado e compram e vendem entre si produtos e serviços. Às vésperas da chegada da corte ao Rio de Janeiro, o Brasil era um amontoado de regiões mais ou menos autônomas, sem comércio ou qualquer outra forma de relacionamento, que tinham como pontos de referência apenas o idioma português e a Coroa portuguesa, sediada em Lisboa, do outro lado do Oceano Atlântico. "Cada capitania tinha o seu governante, sua pequena milícia e seu pequeno tesouro; a comunicação entre elas era precária, sendo que geralmente uma ignorava a existência da outra", assinalou o naturalista francês Auguste Saint-Hilaire, que percorreu o país de norte a sul entre 1816 e 1822. "Não havia um Brasil com um centro comum.

Era um círculo imenso, no qual os raios convergiam para bem longe da circunferência central".[1]

Nem mesmo a expressão "brasileiro" era reconhecida como sendo a designação das pessoas que nasciam no Brasil. Panfletos e artigos publicados no começo do século XIX discutiam se a denominação correta seria *brasileiro*, *brasiliense* ou *brasiliano*. O jornalista Hipólito José da Costa, dono do jornal *Correio Braziliense*, publicado em Londres, achava que as pessoas naturais do Brasil deveriam se chamar brasilienses.[2] Na sua opinião, *brasileiro* era o português ou o estrangeiro que aqui se estabelecera. *Brasiliano*, o indígena.[3] "O Brasil nada mais era do que uma unidade geográfica formada por províncias no fundo estranhas umas às outras", observou o historiador Manuel de Oliveira Lima. Tudo isso mudaria com a chegada do príncipe regente. "Agora, porém, iam essas províncias fundir-se numa real unidade política, encontrando seu eixo natural na própria capital, o Rio de Janeiro, onde passava a residir o rei, a corte e o gabinete", acrescentou.[4]

O mapa do Brasil de 1808 já era muito semelhante ao atual, com exceção do Estado do Acre, que seria comprado à Bolívia em 1903. Além disso, durante o governo de D. João VI haveria uma breve mudança na fronteira ao sul. A Província Cisplatina seria anexada ao Brasil em 1817, mas declararia sua independência onze anos mais tarde para se tornar o atual Uruguai. O Tratado de Madri, de 1750, tinha revogado o antigo Tratado de Tordesilhas e redesenhado as fronteiras das colônias portuguesa e espanholas com base no conceito de ocupação efetiva do território.[5] Ocupar o território era, portanto, uma forma de garantir sua integridade. "Sem o Brasil, Portugal é uma insignificante potência; o Brasil sem forças é um preciosíssimo tesouro abandonado a quem o quiser ocupar", escreveu em 1779 o secretário da Marinha e Ultramar, Martinho de Mello e Castro, ao vice-rei do Brasil, Luís de Vasconcelos e Sousa.[6]

Mello e Castro queria dizer que o futuro de Portugal dependia da ocupação e da defesa do Brasil. Por isso, os esforços da administração portuguesa se concentravam nessa tarefa. Quase todos os grandes rios amazônicos já haviam sido razoavelmente explorados em 1808. Os pontos mais estratégicos estavam demarcados e protegidos com a construção de fortalezas. Em Tabatinga, na fronteira com o Peru e a Colômbia, o marquês de Pombal havia mandado erguer um entreposto comercial e um forte, cujos canhões controlavam o acesso pelo Rio Solimões.[7] Era o posto mais avançado do território português dentro das colônias espanholas na direção oeste. Expedições tinham chegado até o Oiapoque e mapeado as nascentes do Rio Trombetas.

Com um imenso território virgem, escassamente povoado, o Brasil tinha pouco mais de 3 milhões de habitantes — menos de 2% da sua população atual.[8] De cada três brasileiros, um era escravo. A população indígena era estimada em 800 000 pessoas. A mancha de povoamento ainda se concentrava no litoral, com algumas cidades no interior de São Paulo, Minas Gerais, Goiás, Mato Grosso e ao longo do Rio Amazonas. A vila de Itu, a cem quilômetros de São Paulo, era considerada a "boca do sertão", antigo ponto de partida dos bandeirantes paulistas em direção ao interior ermo do Brasil. Era o último aglomerado urbano de São Paulo com algum conforto e comunicação regular com as demais regiões. A partir daí, o país não passava de um deserto verde, habitado por índios, garimpeiros e escassos criadores de gado, território de ação dos contrabandistas que vendiam suas mercadorias em Buenos Aires. Minas Gerais era a província mais populosa, com pouco mais de 600 000 habitantes. Em seguida, vinha o Rio de Janeiro, com meio milhão. Bahia e Pernambuco ocupavam, respectivamente, o terceiro e o quarto lugares.[9]

Quando a corte chegou ao Rio de Janeiro, a colônia tinha acabado de passar por uma explosão populacional. Em pouco mais de cem anos, o número de habitantes aumentara dez vezes. O motivo fora a descoberta de ouro e diamante no final do século XVII. A corrida para as novas áreas de mineração, que incluíam Vila Rica (atual Ouro Preto) e Tijuco, em Minas Gerais, e Cuiabá, no Mato Grosso, produziu a primeira grande onda migratória da Europa para o interior brasileiro. Só de Portugal, entre meio milhão e 800 000 pessoas mudaram-se para o Brasil de 1700 a 1800. Ao mesmo tempo, o tráfico de escravos se acelerou. Quase 2 milhões de negros cativos foram importados para trabalhar nas minas e lavouras do Brasil durante o século XVIII. Foi uma das maiores movimentações forçadas de pessoas em toda a história da humanidade. Como resultado, a população da colônia, estimada em cerca de 300 000 habitantes na última década do século XVII, saltou para mais de 3 milhões por volta de 1800.[10]

Era uma população analfabeta, pobre e carente de tudo. Na cidade de São Paulo de 1818, já no governo de D. João VI, apenas 2,5% dos homens livres em idade escolar eram alfabetizados.[11] A saúde era absurdamente precária. "Mesmo nos centros mais importantes da costa era impossível encontrar um médico que tivesse feito um curso regular", conta Oliveira Lima, baseando-se nos relatos do comerciante inglês John Luccock, que a partir de 1808 viveu dez anos no Rio de Janeiro. "As operações mais fáceis costumavam ser praticadas pelos barbeiros sangradores e para as mais difíceis recorria-se a indivíduos mais presunçosos, porém no geral igualmente ignorantes de anatomia e patologia."[12] A autorização para fazer cirurgia e clinicar era dada mediante um exame perante o juiz comissário, ele próprio um ignorante da ciência da Medicina. Os candidatos eram admitidos nessa prova se comprovassem um mínimo de quatro anos de prática numa farmácia ou hospital. Ou seja, primeiro se praticava a Medicina e depois se obtinha a autorização para exercê-la.

Devido à precariedade das comunicações com o interior da colônia, a notícia da morte do rei D. José I, em 1777, levou três meses e meio para chegar a São Paulo.[13] Duas décadas e meia mais tarde, a Província de São Pedro do Rio Grande (atual Estado do Rio Grande do Sul), demorou três meses e treze dias para saber que Portugal e Espanha estavam em guerra. Quando a notícia chegou, no dia 15 de junho de 1801, fazia nove dias que o confronto terminara, com a derrota de Portugal. Sem saber da trégua, o capitão de armas do Rio Grande, Sebastião Xavier Veiga Cabral da Câmara, imediatamente declarou guerra aos vizinhos espanhóis e à frente das tropas portuguesas tomou uma vasta área, desde o território das Missões, no oeste da capitania, até o Rio Jaguarão, no sul. Desse modo, por falta de comunicação, Portugal acabou ganhando no Brasil uma disputa que havia perdido na Europa, como registrou o jornalista Jorge Caldeira no livro *Mauá: empresário do Império*, que conta a trajetória do visconde de Mauá no Segundo Império.[14]

A ignorância e o isolamento eram resultados de uma política deliberada do governo português, que tinha como objetivo manter o Brasil, uma joia extrativista e sem vontade própria, longe dos olhos e da cobiça dos estrangeiros. Era uma política tão antiga quanto a própria colônia. Ao assumir o cargo, em 1548, o primeiro governador-geral, Tomé de Sousa, recebeu da Coroa portuguesa doze instruções sobre como conduzir os negócios no Brasil. Uma delas, a nona, determinava que o governador deveria "impedir a comunicação de uma capitania a outra pelo sertão, a não ser com a devida autorização".[15] Uma lei de 1733 proibia a abertura de estradas como forma de combater o contrabando de ouro e diamantes, facilitando a fiscalização por parte dos funcionários portugueses encarregados de recolher o quinto real sobre toda a produção de pedras e minerais preciosos da colônia. As poucas estradas existentes tinham sido abertas sobre picadas criadas pelos índios antes ainda do descobrimento e reaproveitadas pelos primeiros colonizadores.[16]

A intenção portuguesa de conservar o Brasil fechado para o mundo é ilustrada pela ordem de prisão emitida em julho de 1800 contra o barão, naturalista e geógrafo alemão Alexander von Humboldt, que na época percorria a região amazônica em busca de novas espécies da fauna e da flora. Ignorando o valor científico da expedição, o governo português considerou sua presença prejudicial aos interesses da Coroa pelas ideias perigosas que ele poderia disseminar na colônia.[17] Uma carta do ministro D. Rodrigo de Sousa Coutinho para seu irmão Francisco de Sousa Coutinho, então governador da Província do Grão-Pará, alertava que a viagem de Humboldt era "suspeita" porque ele poderia, "debaixo de especiosos pretextos, [...] tentar com novas ideias de falsos e capciosos princípios os ânimos dos povos". Ordens semelhantes foram expedidas para os governadores do Maranhão e da Paraíba.[18]

Mantida por três séculos isolada no atraso e na ignorância, a colônia era composta por verdadeiras ilhas escassamente habitadas e cultivadas, distantes e estranhas entre si.

O Rio Grande do Sul produzia trigo e gado, usado na fabricação de charque, mantas de couro, sebo e chifre. Suas fazendas eram gigantescas. Um dos maiores pecuaristas da região, José Antônio dos Anjos, abatia 50 000 cabeças de gado por ano. Em 1808, o Porto do Rio Grande, com 500 casas e 2000 habitantes, recebia 150 navios por ano, o triplo da vizinha Montevidéu.[19] Exportava essas mercadorias para todo o resto do país e também para Portugal, África e os domínios portugueses nas Índias. Importava das outras regiões da própria colônia aguardente, açúcar, tabaco, algodão, arroz, mandioca e doces em geral. E, de Portugal, vinho, óleo, azeitonas, vidro, cordas, tintas, espingardas de caça, munições, facões e mercadorias inglesas como ferro, tecidos e chapéus.[20] Porto Alegre, promovida a capital da província em julho de 1773, era então um pacato vilarejo com 6035 habitantes.[21]

Com cerca de 3000 habitantes, a Ilha de Santa Catarina, onde hoje está situada a cidade de Florianópolis, já naquela época deslumbrava os viajantes pela beleza e pela organização.[22] "As casas são bem construídas, com dois ou três andares, assoalhadas de madeira, jardins tratados, apresentando excelente vegetação e flores", anotou o viajante John Mawe, que em 1807 percorreu o sul do Brasil, vindo de Buenos Aires. "A cidade proporciona agradável retiro aos comerciantes afastados dos negócios, comandantes aposentados e outras pessoas que, tendo assegurado a sua independência, procuram apenas lazeres para desfrutá-la."[23] Curiosamente, é uma vocação que Florianópolis mantém ainda hoje, como destino favorito de executivos e profissionais liberais aposentados. Mawe também passou por Curitiba, na época uma região pastoril, com poucos moradores, dedicada à produção de bois e mulas para abastecer os mercados de São Paulo e Rio de Janeiro. "Torna-se perigoso avançar em direção ao oeste, pois aí vivem os antropófagos, expulsos desses limites há poucos anos", alertou o viajante. "A região ao norte está coberta de florestas."

São Paulo, hoje a maior metrópole da América Latina, era um pequeno vilarejo com pouco mais de 20 000 habitantes, incluindo os escravos.[24] Entroncamento das várias rotas de comércio, entre o litoral e o interior e entre o sul e o restante do país, podia ser considerada também a mais indígena e brasileira de todas as grandes cidades coloniais, segundo o jornalista Roberto Pompeu de Toledo, autor de *A capital da solidão*, um excelente livro sobre a história da capital paulista. O tupi foi a língua mais falada em São Paulo até o começo do século XVIII, quando o português se tornou o idioma dominante. A rede de dormir, também herdada dos índios e às vezes chamada de "rede de carijó", era usada pela maioria da população até o início do século XIX, quando foi finalmente suplantada pela cama. As casas não mais eram do que adaptações da oca indígena. Durante os dois primeiros séculos da colônia, "comia-se comida de índio, usavam-se armas de índio e até se falava, tanto quanto o português, ou talvez até mais, a língua geral dos índios", contou Pompeu de Toledo.[25]

Os desenhos do pintor austríaco Thomas Ender, que em 1817 chegou ao Brasil com a princesa Leopoldina (recém-casada em Viena, por procuração, com o futuro imperador Pedro I), mostram os homens e mulheres paulistas usando chapéus de feltro, de cor cinza e abas largas, presas à copa por cordéis. O casaco e as calças eram de algodão escuro. Botas folgadas de couro cru, tingidas de preto, ficavam seguras abaixo do joelho por correia e fivela. Os homens traziam na cintura ou no cano da bota uma faca comprida, de cabo prateado, que servia de arma de defesa ou de talher nas refeições. Nas viagens pelo interior, a cavalo ou em comboios de mulas, protegiam-se do frio e da chuva usando poncho azul, comprido e amplo, com abertura por onde enfiavam a cabeça. O traje era tão comum em São Paulo que durante muito tempo foi chamado de "paulista", até cair em desuso pelo desaparecimento das tropas, passando então a ser considerado como típico do gaúcho no Rio Grande do Sul.[26]

Uma peculiaridade chamou a atenção de quase todos os viajantes estrangeiros que passaram por São Paulo nessa época: a grande quantidade de prostitutas que saía às ruas ao anoitecer à cata de tropeiros. Usavam amplos capotes de lã para cobrir os ombros e parte do rosto. Chamados de "baetas", esses mantos haviam sido proibidos várias vezes pelos governadores da capitania, numa vã tentativa de conter a prostituição. Em 1775, Martim Lopes Lobo havia instituído multas e ameaça de prisão para quem o usasse. Trinta e cinco anos depois, em agosto de 1810, o capitão-geral Franca e Horta também determinava que as escravas flagradas com a "baeta", além de pagar multa, seriam espancadas com palmatória. O dinheiro das multas seria revertido em favor do Hospital de Lázaros. Nada disso pareceu surtir efeito, uma vez que, quase uma década mais tarde, em 1817, Thomas Ender e seu colega botânico Karl Friedrich Phillip von Martius descreviam as mesmas cenas nas ruas de São Paulo.[27]

O coração econômico da colônia pulsava no triângulo formado por São Paulo, Rio de Janeiro e Minas Gerais. Era para essa região que o eixo do desenvolvimento tinha se deslocado no começo do século XVIII, depois do fim do ciclo da cana de açúcar no Nordeste e da descoberta do ouro e do diamante em Minas.[28] Em seus cadernos de viagens, o botânico Martius, que também chegou ao Brasil na comitiva da princesa Leopoldina, descreve o incessante movimento das tropas de mulas entre São Paulo e Minas Gerais, em 1817:

> *Cada tropa consta de vinte até cinquenta mulas, conduzidas por um arrieiro a cavalo, incumbido da direção geral do comboio. É quem dá ordem de partida, de descanso, de pernoite, do equilíbrio da carga, do estado das cangalhas, das condições dos animais, se não estão feridos ou desferrados. Sob suas ordens os tocadores viajam a pé, cada qual incumbido de lote de sete mulas, que devem carregar e descarregar, tratar e levar ao pasto, assim como cozinhar para si e demais viajantes. O arrieiro, geralmente mulato liberto, também se ocupa da compra e venda de mercadorias na cidade, a representar o comissário do dono da tropa. Os tocadores são em maioria pretos, que procuram assim que podem este mister, para eles de muito preferível na vida errante e algo aventurosa ao trabalho em mineração ou na roça.*[29]

No percurso das tropas havia ranchos e vendas, que serviam de abrigo e locais de reabastecimento para os tropeiros e seus animais. "É costume não carregar o viajante alimentos", anotou Martius. "Pois em toda parte encontra vendas para lhe fornecer gêneros e os ingredientes necessários ao seu preparo." Essas refeições consistiam em geral de feijão cozido com toucinho, acompanhado de carne-seca assada, e a sobremesa, de queijo e banana. À noite dormia-se numa manta feita de couro de boi, estendida sobre um jirau de ripas sustentado por pedaços de madeira fincados no solo.[30]

Ao chegar ao Rio de Janeiro, em 1808, o inglês John Luccock identificou de imediato um problema: a falta de moeda corrente. Não havia dinheiro circulante no Brasil. Sob o domínio português, a colônia vivia basicamente de escambo. Isso restringia muito as oportunidades que os novos comerciantes tentavam explorar no país recém-aberto ao comércio internacional. "O comércio do Rio de Janeiro com Minas Gerais consiste principalmente em negros, ferro, sal, tecidos de lã, chapéus, panos de algodão estampados, quinquilharia, armas, alguns objetos de fantasia, um pouco de vinho e de óleo, peixe salgado e manteiga", relatou John Mawe.[31] "Poucos objetos de luxo penetram nesses afastados rincões, cujos habitantes só adquirem o que é absolutamente necessário." Mawe também fala dos hábitos alimentares em Minas Gerais:

> *Ao almoço, feijão-preto misturado com farinha de milho e um pouco de torresmo de toucinho frito ou carne cozida; ao jantar, um pedaço de porco assado; derramam água em um prato de farinha de milho; colocam tudo amontoado na mesa e aí põem também um prato de feijão cozido; cada um se serve à vontade; há apenas uma faca, da qual não fazem uso; um prato ou dois de couve completam o repasto; servem ordinariamente estas comidas nas panelas de barro em que foram cozidas; algumas vezes, as colocam em pratos de estanho. A bebida comum é água; na ceia só comem hortaliças cozidas e pequeno pedaço de toucinho para lhes dar gosto. Em dias de festa ou quando recebem pessoas estranhas, acrescentam às refeições uma galinha cozida.*[32]

Graças ao ouro e ao diamante que brotavam da terra, a população das cidades mineiras explodiu no século XVIII. No auge de sua prosperidade, Vila Rica chegou a ser a maior cidade do Brasil, com 100 000 habitantes. Tijuco, atual Diamantina, tinha 40 000 pessoas na época de Chica da Silva, a famosa escrava que conquistou o coração de um rico português ligado ao garimpo de diamantes.[33] Quando a corte aportou no Brasil, o ciclo do ouro já estava chegando ao fim. Von Eschwege, geólogo e viajante alemão, contabilizou que no começo do século XIX ainda havia na colônia 555 minas de ouro e diamantes, que empregavam diretamente 6662 trabalhadores, dos quais só 169 eram livres. Os demais 6493 eram escravos.[34] Eram regiões de terra devastada pelo garimpo e pela atividade mineradora. "Por todos os lados, tínhamos sob os olhos os vestígios aflitivos das lavagens, vastas extensões de terra revolvida e montes de cascalho", descreveu o botânico Auguste de Saint-Hilaire ao percorrer o interior de Minas Gerais. "Tanto quanto a vista alcança, está a terra toda revirada por mãos humanas, de tanto que o sonhado lucro excitou o desejo de trabalhar."[35]

O controle sobre a mineração era rigoroso. Pelas leis do governo português, o ouro extraído nas minas e aluviões devia ser entregue às casas autorizadas de fundição de cada distrito, onde se cobravam os direitos da Coroa. Um quinto, ou seja, 20%, do minério em pó era reservado ao rei. Outros 18% eram pagos às casas de cunhagem.[36] O restante ficava com os garimpeiros e mineradores na forma de barras marcadas com seu peso, quilate, número e as armas do rei, além de um certificado que lhe permitia entrar em circulação. Para facilitar o comércio, autorizava-se também a circulação de ouro em pó, em pequenas quantidades, usadas em pagamentos nas compras do dia a dia. Além do controle feito nas casas de fundição, havia postos de vigilância nas estradas, especialmente entre as minas e o litoral, onde uma guarnição militar, composta por um tenente e cinquenta soldados, tinha autorização para revistar qualquer pessoa que por ali passasse. A punição para os contrabandistas era drástica: prisão, confisco de todos os bens e deportação para a África.

O contrabando dominava boa parte do comércio da colônia, apesar de todas as tentativas de combatê-lo. Metais e pedras preciosas escoavam pelo Rio do Prata, em direção a Buenos Aires. De lá, seguiam para a Europa, sem pagar impostos à Coroa portuguesa. O historiador Francisco Adolfo de Varnhagen calculou em 40% o total do ouro desviado de forma ilegal.[37] Mawe descreve a prisão de um contrabandista na aldeia de Conceição, interior de Minas Gerais:

> *Uma semana antes da minha chegada, a aldeia fora teatro de extraordinária aventura. Um tropeiro, que ia ao Rio de Janeiro com vários burros carregados, foi alcançado por dois soldados de cavalaria, mandados em sua perseguição; pediram-lhe a espingarda e furaram a coronha com prego. Vendo que ela estava oca, tiraram a guarnição de ferro que lhe recobria a base e descobriram uma cavidade que continha trezentos quilates de diamantes.*

O tropeiro foi levado para a prisão de Tijuco e os diamantes, confiscados. "A sorte desse homem", julgou Mawe, "apresenta um exemplo terrível ao rigor das leis: ele perderá todos os seus bens e será encerrado, provavelmente pelo resto dos dias, em uma prisão lúgubre no meio de criminosos e assassinos."[38]

Apesar da política de isolamento e controle por parte do governo português, a colônia ainda era mais dinâmica e criativa do que a decadente e estagnada metrópole. Isso acontecia na economia, mas também nas artes e na ciência. Entre 1772 e 1800, um total de 527 brasileiros se formou em Coimbra, então a mais respeitada universidade do império português e um centro de formação da elite intelectual que, depois de D. João VI, constituiria o que Sérgio Buarque de Holanda chamou de "a classe dirigente brasileira". Um quarto dos formandos vinha da capitania do Rio de Janeiro. Sessenta e quatro por cento deles eram formados em advocacia por ser o curso que mais oportunidades profissionais oferecia na época, especialmente no serviço público.[39]

Um dos brasileiros formados em Coimbra era o santista José Bonifácio de Andrada e Silva, o futuro Patriarca da Independência. Mineralogista de renome internacional, José Bonifácio também escreveu a primeira memória para a Academia Real de Ciências de Lisboa sobre o aperfeiçoamento da pesca de baleia.[40] Tinha viajado pela Europa inteira, assistiu à Revolução Francesa em Paris e participou da ofensiva contra as tropas de Napoleão organizada pelos ingleses em Portugal depois da fuga da corte.[41] Era provavelmente mais experiente e bem preparado do que qualquer estadista ou intelectual português do seu tempo.

A existência dessa pequena elite intelectual representava uma proeza numa colônia em que tudo se proibia e censurava. Livros e jornais eram impedidos de circular livremente. Carta de D. Rodrigo de Sousa Coutinho ao governador da Bahia, D. Fernando José de Portugal, em 1798, recomendava vigilância severa sobre a circulação de livros, pois havia informações na corte de que os principais cidadãos de Salvador se achavam "infectados dos abomináveis princípios franceses".[42] Quem ousasse expressar opiniões em público contrárias ao pensamento vigente na corte portuguesa corria o risco de ser preso, processado e, eventualmente, deportado. Imprimi-las, então, nem pensar.[43] Até mesmo reuniões para discutir ideias eram consideradas ilegais.

Um caso exemplar do esforço do governo português em impedir a circulação de ideias na colônia foi o trágico destino da Sociedade Literária do Rio de Janeiro. Criada em 1786, com o apoio do vice-rei, D. Luís de Vasconcelos e Sousa, a sociedade tinha como sócios figuras importantes da capital, incluindo médicos, advogados, escritores e poetas. Nas reuniões, semanais, discutiam-se assuntos diversos, como Física, Astronomia, Filosofia e Literatura e também os acontecimentos políticos na Europa e nos Estados Unidos. Era a época da Revolução Francesa, da Independência Americana e da Conjuração Mineira, o movimento de independência de Minas Gerais que transformaria o alferes Joaquim José da Silva Xavier, o Tiradentes, em herói nacional. Por temer que a sociedade funcionasse como um fermento incontrolável para essas ideias, o então vice-rei, conde de Rezende, sucessor de Vasconcelos e Sousa, decidiu extingui-la em 1794. Suspeitas de envolvimento num suposto complô contra a monarquia, onze pessoas foram presas na Fortaleza da Conceição, onde permaneceram até 1797.[44]

Para fugir à censura, o *Correio Braziliense*, primeiro jornal brasileiro, era publicado em Londres. Seu fundador, o jornalista Hipólito José da Costa, nasceu no Rio Grande do Sul e deixou o Brasil quando tinha dezesseis anos. Formou-se em Coimbra e morou dois anos nos Estados Unidos. Voltou para Lisboa e foi preso em 1803 por integrar a maçonaria. Processado pela Inquisição, fugiu para a Inglaterra em 1805, onde criou o *Correio* três anos mais tarde. "Hipólito era um *English wig*", escreveu o historiador americano Roderick J. Barman, referindo-se aos liberais que no Parlamento britânico defendiam os direitos individuais e a limitação dos poderes do rei. "Acreditava numa constituição equilibrada e justa, num Congresso forte, em liberdade de imprensa e religião, no respeito pelos direitos individuais."[45]

O mesmo Hipólito que defendia a liberdade de expressão e ideias liberais acabaria, porém, inaugurando o sistema de relações promíscuas entre imprensa e governo no Brasil. Por um acordo secreto, D. João começou a subsidiar Hipólito na Inglaterra e a garantir a compra de um determinado número de exemplares do *Correio Braziliense*, com o objetivo de prevenir qualquer radicalização nas opiniões expressas no jornal. Segundo o historiador Barman, por esse acordo, negociado pelo embaixador português em Londres, D. Domingos de Sousa Coutinho, a partir de 1812 Hipólito passou a receber uma pensão anual em troca de críticas mais amenas ao governo de D. João, que era um leitor assíduo dos artigos e editoriais da publicação.[46] "O público nunca tomou conhecimento desse acordo", afirma o historiador. De qualquer modo, Hipólito mostrava-se simpático à Coroa portuguesa antes mesmo de negociar o subsídio. "Ele sempre tratou D. João com profundo respeito, nunca questionando sua beneficência", registrou Barman. O *Correio Braziliense*, que não apoiou a Independência brasileira, deixou de circular em dezembro de 1822. Hipólito foi nomeado pelo imperador Pedro I agente diplomático do Brasil em Londres, cargo que envolvia o pagamento de uma nova pensão pelos cofres públicos.[47]

Na América portuguesa de 1808 as tensões políticas eram agravadas por um fator adicional: a escravidão. Fazia mais de duzentos anos que o tráfico incessante de negros africanos sustentava a prosperidade da economia colonial. Os escravos eram o motor das lavouras de algodão, fumo e cana de açúcar, e também das minas de ouro e prata que drenavam a riqueza para a metrópole. Os cativos somados aos negros libertos, mulatos e mestiços — seus naturais aliados entre os pobres que viviam à margem da sociedade colonial — formavam mais de dois terços da população, o que deixava os brancos em minoria.[48]

Tratava-se de uma situação insustentável e potencialmente explosiva. O pavor das rebeliões de escravos tirava o sono das famílias brancas, abastadas e bem-educadas. Em carta de 13 de fevereiro de 1799, D. Fernando José de Portugal, ministro de D. João, afirmou:

> *O que sempre se receou nas colônias é a escravatura, em razão de sua condição, e porque é o maior número de habitantes delas, não sendo tão natural que os homens empregados e estabelecidos, que têm bens e propriedades, queiram concorrer para uma conspiração ou atentado de que lhes resultariam péssimas consequências, vendo-se até expostos a serem assassinados pelos seus próprios escravos.*[49]

Em 1794, uma rebelião de negros havia resultado num banho de sangue nas Antilhas Francesas, onde hoje é o Haiti. Poderia isso se repetir no Brasil? Certamente. Na chamada Revolta dos Alfaiates, ocorrida em Salvador em meados de 1798, os revoltosos afixaram manifestos manuscritos nos lugares públicos da cidade exigindo "o fim do detestável jugo metropolitano de Portugal", a abolição da escravatura e a igualdade para todos os cidadãos, "especialmente mulatos e negros".[50] Os mais radicais pregavam o enforcamento de parte da elite branca de Salvador. A repressão do governo português foi imediata e duríssima. Quarenta e sete suspeitos foram presos, dos quais nove eram escravos. Quatro deles — todos mulatos livres — acabaram sendo decapitados e esquartejados. Pedaços de seus corpos foram espetados em estacas pelas ruas da capital, onde ficaram até se decompor totalmente. Dezesseis prisioneiros ganharam a liberdade. Os demais seriam banidos para a África.[51]

O suplício judiciário, como era conhecido esse tipo de punição, tinha o objetivo de servir de exemplo e de reafirmação do poder do rei sobre seus vassalos. Essa forma radical de expiação de crimes ou faltas graves mediante a mutilação do corpo, ou mesmo queima dos culpados, era usada em Portugal desde a Idade Média e se tornou popular nos autos de fé da Inquisição. Um caso exemplar foi o "Processo dos Távora", no qual um grupo da nobreza, acusado de tramar um atentado contra o rei D. José I, em 1758, foi executado e teve seus cadáveres mutilados e queimados em praça pública em Lisboa. As cinzas foram jogadas ao mar.[52] Transplantado para a colônia brasileira, o suplício judiciário incluía mutilação física, marcação com ferro em brasa, açoite e esquartejamento.[53] Foi aplicado sem dó nem piedade sempre que houve um bom motivo (do ponto de vista da Coroa portuguesa). Seria usado contra Tiradentes, na Conjuração Mineira, contra os líderes da Revolta dos Alfaiates da Bahia e em inúmeras outras pequenas rebeliões regionais.

Em lugar da ameaça e da coerção, no entanto, o D. João que chegou ao Brasil em 1808 usaria para governar um outro atributo fortíssimo da monarquia: o da imagem do rei benigno, que tudo provê e de todos cuida e protege. D. João passaria à história como um monarca bonachão, sossegado e paternal, que todas as noites recebia pacientemente seus súditos no Palácio de São Cristóvão para o ritual do beija-mão, em que mesmo as pessoas mais humildes — incluindo índios e escravos — tinham direito de lhe fazer súplicas e prestar homenagem. "A corte e o poder real fascinavam-nos como uma verdadeira atração messiânica: era a esperança de socorro de um pai que vem curar as feridas dos filhos", notou a historiadora Maria Odila Leite da Silva Dias.[54]

10

O REPÓRTER PERERECA

A esquadra de D. João e da família real portuguesa entrou na Baía da Guanabara no começo da tarde de 7 de março de 1808. Havia sol e o céu estava azul, sem uma única nuvem. Um vento forte soprava do oceano para aliviar o calor ainda sufocante do final do verão carioca. Depois de três meses e uma semana de viagem, contando a escala em Salvador, centenas de nobres e ilustres passageiros se comprimiam na amurada dos navios para contemplar o soberbo espetáculo que se descortinava diante dos seus olhos: uma cidadezinha de casas brancas, alinhadas rente à praia, debruçava-se às margens de uma baía de águas calmas emoldurada por altíssimas montanhas de granito cobertas pela floresta luxuriante, de tonalidade verde-escura, como nunca se tinha visto em Portugal.

Para os que estavam em terra, o momento era de festa e regozijo. Postado entre as milhares de pessoas ansiosas que se comprimiam ao longo do cais para ver a chegada das naus portuguesas, um repórter registrou a cena da seguinte forma:

> *Eram duas para as três horas da tarde, a qual estava muito fresca, bela e aprazível. [...] Desde a aurora o sol nos havia anunciado como o mais ditoso [dia] para o Brasil: uma só nuvem não ofuscava os seus resplendores, e cujos ardores eram mitigados pela frescura de uma forte e constante viração. Parecia que este astro brilhante, apartando a si todo obstáculo, como se regozijava de presenciar a triunfante entrada do primeiro soberano da Europa na mais afortunada cidade do novo mundo, e queria ser participante do júbilo, e aplausos de um povo embriagado no mais veemente prazer.*[1]

Luis Gonçalves dos Santos não era um jornalista de profissão, mas um cronista por vocação. Aos quarenta anos, versado em latim, grego e Filosofia, exercia a função de cônego da Igreja Católica.[2] Embora ocupasse um cargo importante da hierarquia católica, tinha um apelido engraçado, Padre Perereca, devido à estatura baixa e franzina e os olhos esbugalhados.[3] É uma indicação de que, já naquela época, a irreverência e o humor faziam parte da personalidade carioca e não poupavam ninguém. Padre Perereca registrava tudo que via e defendia suas ideias de forma apaixonada. Por isso, tornou-se o melhor e mais detalhado repórter dos acontecimentos de 1808 até 1821, quando a corte retornou a Portugal. Em 1825, publicou os dois volumes do seu livro *Memórias para servir à história do reino do Brasil, divididas em três épocas da felicidade, honra, e glória; escritas na corte do Rio de Janeiro no ano de 1821, e oferecidas à S. Majestade Elrei nosso senhor D. João VI*. O tom é laudatório, de bajulação e deslumbramento, mas os detalhes são de um observador atento e curioso.

Os textos de Perereca flagram o encontro de dois mundos, até então estranhos e distantes. De um lado, uma monarquia europeia, envergando casacas de veludo, sapatos afivelados, meias de seda, perucas e galardões, roupas pesadas e escuras demais sob o sol escaldante dos trópicos. De outro, uma cidade colonial e quase africana, com dois terços da população formada por negros, mestiços e mulatos, repleta de homens de grossa aventura:[4] traficantes de escravos, tropeiros, negociantes de ouro e diamantes, marinheiros e mercadores das Índias.

No dia 14 de janeiro, ao saber que o brigue *Voador* chegara ao Rio de Janeiro com a notícia de que as tropas de Napoleão tinham invadido Portugal e que a família real estava a caminho do Brasil, Padre Perereca anotou:

> *Nunca correio algum trouxe notícias mais tristes e, ao mesmo tempo, mais lisonjeiras. Eu não sei explicar o assombro, a consternação, e o sentimento de todos por causa das desgraças da mãe pátria. As lágrimas corriam dos olhos de todos, e muitos ficaram sem articular uma só palavra ao ouvir tão infausta novidade. Se tão grandes eram os motivos de mágoa e aflição, não menores eram as causas de consolo e de prazer: uma nova ordem de coisas ia a principiar nesta parte do hemisfério austral. O império do Brasil já se considerava projetado, e ansiosamente suspirávamos pela poderosa mão do príncipe regente nosso senhor para lançar a primeira pedra da futura grandeza, prosperidade e poder do novo império.*[5]

As notícias trazidas pelo *Voador* provocaram frenesi no Rio de Janeiro. Sem ainda saber da decisão do príncipe regente de fazer uma escala na Bahia, a cidade tinha poucas semanas para se preparar. Encarregado de organizar a recepção, o vice-rei, conde dos Arcos, deixou sua moradia, um prédio acanhado, de dois pavimentos, situado bem em frente ao cais do porto, onde hoje é a Praça 15 de Novembro. Nesse prédio, conhecido como Paço dos Vice-Reis, funcionava também o Tribunal da Relação do Brasil colônia. Ali deveriam ser hospedados o príncipe regente e sua família. Como não havia tempo para fazer uma reforma completa, o local foi caiado por fora. Seu interior recebeu uma nova pintura e forração de seda com várias cores. Era tudo que a urgência do momento permitia. O conde também determinou aos governadores das províncias vizinhas, São Paulo e Minas Gerais, que enviassem carne de vaca, porco, carneiro e aves, mais uva, pêssego, goiaba, banana, cará, batata, batata-doce, milho, mandioca e feijão — alimentos e provisões para matar a fome de uma corte que chegava necessitada de tudo e maltratada pela longa travessia do Atlântico.[6]

Dois dias depois, em 16 de janeiro, o Senado da Câmara — espécie de Câmara de Vereadores da época do Brasil colonial, composta por representantes destacados da sociedade — reuniu-se para organizar a recepção da família real. Os festejos incluiriam cerimônias civis e religiosas e danças e diversões populares. As casas deveriam ser iluminadas e ter suas janelas enfeitadas em todo o percurso. Haveria músicas em coretos espalhados pelas ruas. O badalar dos sinos de todas as igrejas e o troar dos canhões situados na barra da Baía da Guanabara completariam o tom grandioso do evento. Apesar da correria, tudo funcionou como combinado, segundo atestam os relatos do Padre Perereca.

Mal os planos estavam traçados quando, no final da tarde de 17 de janeiro, sete embarcações portuguesas e três inglesas entraram na Baía da Guanabara. Era a parte do comboio que se havia perdido da comitiva real na altura do arquipélago da Madeira e chegava ao Rio de Janeiro depois de fazer uma escala em Cabo Verde. Traziam as duas irmãs da rainha Maria I, D. Maria Benedita e D. Maria Ana, e as princesas Maria Francisca e Isabel Maria, filhas de D. João e Carlota Joaquina. Convidadas a desembarcar pelo conde dos Arcos, as princesas preferiram ficar a bordo até receber a confirmação de que o restante da família tinha chegado a salvo à Bahia. Isso só aconteceu um mês depois, no dia 22 de fevereiro. Só então elas concordaram em descer dos navios.[7] Duas semanas mais tarde, em 7 de março, o restante da esquadra fundeou em frente à Praça do Paço. Como determinado pelo vice-rei, foi saudada pelos disparos de canhões das fortalezas e navios de guerra estacionados na baía e pelo repicar dos sinos das igrejas e mosteiros.

Padre Perereca reportou:

> *Rio de Janeiro, cidade a mais ditosa do Novo Mundo! Rio de Janeiro, aí tens a tua augusta rainha e o teu excelso príncipe com sua real família, as primeiras majestades que o hemisfério austral viu e conheceu. Estes são os teus soberanos e senhores, descendentes e herdeiros daqueles grandes reis que te descobriram, te povoaram e te engrandeceram, ao ponto de seres de hoje em diante princesa de toda a América e corte dos senhores reis de Portugal. Enche-te de júbilo, salta de prazer, orna-te dos teus mais ricos vestidos, sai ao encontro dos teus soberanos, e recolhe com todo o respeito, veneração e amor o príncipe ditoso, que vem em nome do senhor visitar o seu povo.*[8]

A família real permaneceu a bordo nesse primeiro dia, recebendo inúmeros cortejos que lhe foram dar as boas-vindas: uma comissão do Senado da Câmara, magistrados, padres e bispos, oficiais do Exército, acompanhados do vice-rei. Primeiro iam cumprimentar D. João, na nau *Príncipe Real*. Depois, a princesa Carlota Joaquina, na *Alfonso de Albuquerque*.[9] Padre Perereca relatou o entardecer de 7 de março da seguinte forma: "Apenas começou a escurecer, toda a cidade se iluminou de tal sorte que não se fazia sensível a retirada do sol, pois não houve casa, ainda do mais pobre, que por meio de luzes não manifestasse exteriormente a alegria interior de seus moradores".[10] O desembarque aconteceu só no dia seguinte, 8 de março, por volta das quatro da tarde. Da nau *Príncipe Real*, D. João foi transportado para a terra por um bergantim escarlate e dourado, coberto com um dossel púrpura. Desceram todos, menos a rainha D. Maria I, que ficou a bordo mais dois dias.

Para os brasileiros coloniais, que aguardavam em terra, foi inevitável um certo ar de decepção ao ver aquela corte foragida e castigada pela precariedade da longa travessia. Como já se viu, nunca antes um rei europeu tinha pisado o solo americano. Até então, a imagem que se tinha do príncipe regente era a que aparecia nas moedas e nas gravuras que chegavam da metrópole: um soberano com o olhar decidido e a pose altiva, envergando manto púrpura e o cetro. No desembarque, o que se viu era bem diferente do belo príncipe retratado nos quadros oficiais. Era "um homem muito gordo, muito fatigado, muito simples, de suíças castanhas escorridas ao longo da face vermelha, de passo moroso em virtude da erisipela hereditária, e uma velha casaca condecorada de nódoas", segundo o relato do historiador Pedro Calmon.[11] Na descrição de outro historiador, Tobias Monteiro, "D. João trajava casaca comprida de gola alta, colete branco bordado, calções de cetim, botas curtas, dragonas, um enorme chapéu armado, com enfeites de arminho, e trazia na cintura um espadagão, pendente de cordões de fios de ouro com as respectivas borlas". Ao lado do príncipe, que "marchava dificilmente", estava sua mulher, Carlota Joaquina. "Magra, ossuda, os olhos inquietos, a boca cerrada, os lábios finos, o queixo comprido, voluntarioso e duro, não ocultava a contrariedade de ver-se em terra de gentes que haveria de sempre detestar", segundo Tobias Monteiro.[12]

Carlota, as filhas princesas e outras damas da corte tinham desembarcado com as cabeças raspadas ou cabelos curtos, protegidas por turbantes, devido à infestação de piolhos que havia assolado os navios durante a viagem. Tobias Monteiro conta que, ao ver as princesas assim cobertas, as mulheres do Rio de Janeiro tiveram uma reação surpreendente. Acharam que aquela seria a última moda na Europa. Dentro de pouco tempo, quase todas elas passaram a cortar os cabelos e a usar turbantes para imitar as nobres portuguesas.[13]

Apesar da decepção à primeira vista com a aparência da corte, o povo do Rio de Janeiro lhe prestou todas as homenagens que estavam ao seu alcance. A multidão que aguardava na rampa do cais, em frente à atual Praça 15 de Novembro, incluía vereadores, padres, cônegos, fidalgos, magistrados e a tropa com os estandartes portugueses. Ali, a família real foi aspergida com água benta, em meio à queima de incensos e rezas. D. João beijou a cruz e recebeu as benções do bispo. Depois, colocou-se debaixo do pálio de seda vermelha e frisos dourados, que o protegia do sol. Em seguida, formou-se um imenso cortejo composto pelos que recebiam e pelos que chegavam, todos caminhando lentamente em direção à Igreja do Rosário, então catedral da cidade. Arcos triunfais erguidos às pressas marcavam o percurso. As ruas foram cobertas "de fina e branca areia, folhas, ervas odoríficas e flores", segundo a descrição do padre-repórter Perereca. Da fachada das casas pendiam "cortinados de damasco carmesim; e das janelas, ricas e vistosas tapeçarias de lindas e variadas cores; umas de damasco, outras de cetim e outras de sedas ainda mais preciosas".[14] A música jorrava dos coretos nas ruas vizinhas.

À frente do cortejo iam as autoridades do Rio de Janeiro, os oficiais militares, os juízes e os padres, monges e seminaristas dos numerosos conventos. Logo atrás, segundo Perereca, "seguia-se o estandarte da Câmara, trazido por um cidadão, o qual trajava vestido de seda preta, capa da mesma cor, colete e meias de seda branca, chapéu meio abado de plumas brancas e presilhas de pedras preciosas, cuja capa era ornada com bandas de seda ricamente bordada".[15] Era ladeado por duas compridas fileiras de homens trajados da mesma maneira, que formavam a "guarda do estandarte".[16] Por fim, fechando o cortejo, vinha o pálio sob o qual caminhava a família real. As varas desse pálio eram sustentadas por oito pessoas, entre as quais se destacava Amaro Velho da Silva, um dos maiores traficantes de escravos do Brasil na época.[17]

Na catedral foi celebrado o *Te Deum*, uma cerimônia de ação de graças pelo sucesso da viagem. Em seguida, houve o beija-mão, no qual os participantes do cortejo se prostravam diante de D. João para beijar-lhe a mão num gesto que significava, ao mesmo tempo, obediência e submissão dos súditos da colônia ao príncipe. Esse curioso ritual da monarquia portuguesa, que já era praticado pelos vice-reis da colônia, marcaria todo o período em que a corte esteve no Brasil. Já estava escuro quando a família real seguiu de carruagem até o palácio do vice-rei, convertido em Paço Real. Exaustos, foram todos dormir. Nas ruas em volta, porém, a festa continuou noite adentro, com fogos, músicas e declamações de poesias em homenagem aos recém-chegados.

D. Maria I, a rainha louca, só desembarcou no dia 10. Aos 74 anos, demente e alquebrada pela viagem, foi conduzida até o Palácio numa cadeirinha de braços sustentada pelos criados reais. "Até ao seu quarto seguiu a pobre rainha na cadeira de braços, com um olhar incerto de idiotia e senilidade, rodeada por D. Carlota Joaquina, pela infanta D. Mariana e todas as suas netas e criadas, que a vieram receber com lágrimas de ternura e amor", descreve o cronista Luiz Norton, com base nos relatos do Padre Perereca.[18] Os festejos prosseguiram até o dia 15 de março e foram encerrados oficialmente com mais uma cerimônia de ação de graças na Igreja do Rosário e um beija-mão no Paço Real.

Nesses primeiros dias, D. João, Carlota Joaquina e os filhos ficaram hospedados no Paço Real, a residência reformada pelo vice-rei conde dos Arcos. Foi um arranjo temporário. Dentro de pouco tempo, o príncipe regente iria morar num palácio muito mais amplo e agradável, situado no atual bairro de São Cristóvão, perto de onde se situam hoje o Morro da Mangueira e o Estádio do Maracanã. Sua mulher, a princesa Carlota Joaquina, de quem vivia separado, instalou-se numa chácara na praia de Botafogo. A rainha Maria I ficou no convento dos carmelitas, ligado ao Paço

Real por um passadiço improvisado sobre a Rua Direita, atual Primeiro de Março. Os religiosos que até então ocupavam esse convento foram transferidos às pressas para o seminário da Lapa. Também no convento foram colocadas a cozinha, as oficinas e a Real Ucharia, como era chamada a despensa que guardava os mantimentos da corte. Situada ao lado do convento, a Igreja do Carmo foi transformada em Capela Real. As vizinhas Casa da Câmara e a cadeia pública também foram anexadas ao Paço por um passadiço para servir de alojamento para as criadas reais.[19]

Mais complicado foi encontrar habitação para os milhares de acompanhantes da corte, recém-chegados à cidade que ainda era relativamente pequena, com apenas 60 000 habitantes. Por ordem do conde dos Arcos, criou-se o famigerado sistema de "aposentadorias", pelo qual as casas eram requisitadas para uso da nobreza. Os endereços escolhidos eram marcados na porta com as letras PR, iniciais de Príncipe Regente, que imediatamente a população começou a interpretar como "Ponha-se na Rua". Hipólito da Costa, editor do *Correio Braziliense*, dizia que o sistema de aposentadorias era um regulamento "medieval", um "ataque direto ao sagrado direito de propriedade", que "poderia tornar o novo governo no Brasil odioso para seu povo".[20] Os novos moradores, porém, não só reclamavam do preço dos aluguéis como achavam as moradias mal construídas e desconfortáveis.

A arrogância e a prepotência dos que chegavam de além-mar resultaram em vários casos de abuso no sistema de aposentadorias. O conde de Belmonte apoderou-se de uma casa recém-construída pelo patrão-mor do porto, e jamais habitada. Ali permaneceu por dez anos, sem pagar aluguel, enquanto o proprietário se alojava com toda a numerosa família numa pequena moradia erguida ao lado da mansão ocupada pelo conde, que assumiu até seus escravos sem lhe dar satisfação alguma. A duquesa de Cadaval, cujo marido havia morrido na escala em Salvador, alojou-se numa chácara do coronel de milícias Manoel Alves da Costa e lá ficou também sem pagar um tostão de aluguel. Quando o proprietário decidiu reclamar a casa, a nobre inquilina respondeu que não tinha outro lugar para morar e se ofereceu para pagar um aluguel anual de 600 000 réis (equivalente hoje a 34 000 reais). O dono achou pouco e recusou. A duquesa se fez de surda e permaneceu na chácara até 1821, quando voltou para Portugal em companhia de D. João VI e mandou depositar no banco a importância correspondente a 600 000 réis por ano, sem agradecer ou dar explicações ao coronel.[21]

Esses não foram os únicos transtornos que a cidade sofreu com a chegada da corte. Os aluguéis dobraram, segundo um abaixo-assinado dos moradores guardado no Arquivo Nacional. Por uma casa térrea fora da cidade, o diplomata Maler, encarregado de negócios da França, pagava 800 000 réis por ano, o equivalente hoje a cerca de 45 000 reais. Uma excursão numa carroça puxada por mulas até a fazenda de Santa Cruz, situada a menos de cem quilômetros da capital, saía por quase 400 francos, cerca de 4000 reais em valores atuais. Era nessa fazenda que D. João costumava passar os meses de verão. Numa certa ocasião, como ainda não tinha recebido o salário, o cônsul francês teve de recusar um convite do príncipe para acompanhá-lo até lá porque não tinha dinheiro para pagar o aluguel da carroça. "Não há cantinho do universo onde se seja pior alimentado e pior alojado e por preços tão excessivos", escreveu Maler.[22]

Tudo isso contribuiu para que o entusiasmo dos primeiros dias da chegada logo se dissipasse. A colônia brasileira ganharia muito com a vinda de D. João, a começar pela sua independência, mas os problemas e o custo dos primeiros anos da família real no Rio de Janeiro foram enormes. Era preciso alimentar e pagar as despesas de uma corte ociosa, corrupta e perdulária. Isso aconteceu de duas formas. A primeira foram as listas de subscrição voluntária, que os ricos e poderosos da colônia assinaram de muito boa vontade porque tinham a certeza de obter em troca rápidas e generosas vantagens. Como se verá nos próximos capítulos, muita gente se enriqueceu com a chegada da família real. A segunda foi o aumento indiscriminado de taxas e impostos, que o povo todo pagou sem conseguir avaliar de imediato que benefícios teria com isso. No longo prazo, o descontentamento resultante se tornaria incontrolável.

11

UMA CARTA

Mergulhada na escuridão do Oceano Atlântico, às 10 horas da noite de 12 de abril de 1811, uma Sexta-Feira da Paixão, a fragata *Princesa Carlota* vencia as ondas na altura das ilhas de Cabo Verde, perto da costa da África, a caminho do Rio de Janeiro. Em seus porões seguia a última remessa de livros da preciosa Biblioteca Real, abandonada no cais de Belém três anos e meio antes, durante a fuga da família real portuguesa para o Brasil.[1] Sozinho na sua cabine iluminada pela chama indecisa de um candeeiro, o arquivista Luiz Joaquim dos Santos Marrocos escreveu a seguinte carta ao pai, Francisco José, que ficara em Lisboa:[2]

Meu pai e senhor do coração

Esta [carta] é feita entre céu e água, sobre mil aflições, desgostos e trabalhos, que nunca pensei sofrer; pois tendo saído da barra de Lisboa com vento de feição, mal chegamos ao mar largo nos saltou vento de travessia, que nos impeliu para a costa da África. Eu tenho passado muito incomodado da garganta, boca e olhos, de maneira que estou em uso de remédios. Não tive enjoo algum ao sair da barra de Lisboa, porém causou-me a maior compaixão ver o vomitório geral da gente da Fragata; pois dentre 550 pessoas que aqui há foram poucas poupadas do enjoo. De noite não posso dormir mais de uma hora, porque o resto fica-me para eu pensar nos lances presentes e futuros da minha vida. Ao oitavo dia de viagem já era corrupta e podre a água de ração, de maneira que se lançam fora os bichos para poder beber-se. Tem-se lançado ao mar muitos barris de carne salgada podre. Enfim, tudo aqui é uma desordem, pela falta de providências. Todas as cordas da Fragata estão podres [...]. Todas as velas estão avariadas, de sorte que se rasgam com qualquer viração. A tripulação não presta. Em semelhante estado, ficaremos perdidos se, por alguma desgraça, formos acometidos de algum temporal rijo. Não há botica suficiente para os doentes, pois não consta mais do que meia dúzia de ervas, sendo aqui as moléstias em abundância. Não há galinhas nem carnes frescas. Finalmente, para dizer tudo de uma vez, se eu soubera o estado em que existe a Fragata Princesa Carlota, *repugnava de meter-me nela e a Livraria.*

PS: Saudades à Mana e à Ignez; e tendo tanto para dizer ainda, e tal a pressa, que me obrigo a levantar pena, reservando este sossego para o Rio, se Deus permitir que eu lá chegue.[3]

12

O RIO DE JANEIRO

A cidade que acolheu a família real portuguesa, em 1808, estava para as rotas marítimas transoceânicas como o aeroporto de Frankfurt, na Alemanha, está hoje para os voos intercontinentais. Era uma espécie de esquina do mundo, na qual praticamente todos os navios que partiam da Europa e dos Estados Unidos paravam antes de seguir para a Ásia, a África e as terras recém-descobertas do Pacífico Sul. Protegidas do vento e das tempestades pelas montanhas, as águas calmas da Baía da Guanabara serviam como abrigo ideal para reparo das embarcações e reabastecimento de água potável, charque, açúcar, cachaça, tabaco e lenha. "Nenhum porto colonial do mundo está tão bem localizado para o comércio geral quanto o do Rio de Janeiro", ponderou o viajante John Mawe. "Ele goza, mais do que qualquer outro, de iguais facilidades de intercâmbio com a Europa, a América, a África, as Índias Orientais e as ilhas do Mares do Sul, e parece ter sido criado pela natureza para constituir o grande elo de união entre o comércio dessas grandes regiões do globo."[1]

Era uma escala fundamental nas longas e demoradas navegações ao redor do mundo. No começo do século XIX, uma viagem da Inglaterra ao Rio de Janeiro durava entre 55 e 80 dias. Do Rio até a Cidade do Cabo, na África do Sul, eram mais 30 a 50 dias. Até a Índia, de 105 a 150 dias. Para a China, 120 a 180 dias. Até a Austrália, de 70 a 90 dias.[2] A importância estratégica do Rio de Janeiro para essas rotas era tão grande que, após a vinda da família real ao Brasil, a cidade se tornou sede do quartel-general da Marinha Real Britânica na América do Sul, sob o comando do contra-almirante William Sidney Smith, o mesmo que escoltara a esquadra portuguesa na sua partida de Lisboa, em novembro de 1807.[3]

Para os tripulantes e passageiros, a chegada ao Rio de Janeiro, em meio a uma viagem perigosa e monótona, era sempre um evento agradável e surpreendente. Todos os relatos se referem à grandiosidade da natureza, à imponência das montanhas e à vegetação espetacular dominando tudo. Ao passar pelo Rio de Janeiro a bordo do navio *Beagle*, em abril de 1832, o naturalista inglês Charles Darwin, pai da teoria da evolução e da seleção das espécies, usaria uma inacreditável sequência de adjetivos para descrever o que tinha diante dos olhos: "Sublime, pitoresca, cores intensas, predomínio do tom azul, grandes plantações de cana de açúcar e café, véu natural de mimosas, florestas parecidas, porém mais gloriosas do que aquelas nas gravuras, raios de sol, plantas parasitas, bananas, grandes folhas, sol mormacento. Tudo quieto, exceto grandes e brilhantes borboletas. Muita água [...], as margens cheias de árvores e lindas flores".[4]

O registro mais detalhado da paisagem e dos costumes do Rio de Janeiro no tempo da chegada da corte foi feito por um inglês. John Luccock, comerciante de Yorkshire, desembarcou no Rio de Janeiro em junho de 1808, três meses depois da família real portuguesa. "Igrejas, mosteiros, fortes e casas de campo, faiscantes de brancura, coroam cada colina e enfeitam as fraldas das suas alturas simétricas e caprichosas, enquanto que, fazendo fundo, uma cortina de mata a tudo ensombra", anotou.[5] Morou dez anos no Brasil, período em que viajou também por São Paulo, Santa Catarina, Rio Grande do Sul, Minas Gerais e Bahia. Tinha uma curiosidade insaciável. Inteligente e perspicaz, registrou tudo que fez e viu no Brasil. Além de seus relatos de viagem, fez um dicionário de tupi-guarani. Em 1820, publicou na Inglaterra um livro que o tornaria famoso na história do Brasil, pelo testemunho vivo que oferece de um país em acelerada transformação.[6] Na introdução, Luccock dizia que seu objetivo era dar "ao leitor a opinião imparcial sobre os usos e costumes do povo, sobre os acontecimentos políticos, sobre toda a paisagem social de um país imenso e desconhecido".

No livro, Luccock relata que, logo ao pisar em terra firme, foi informado que a população do Rio de Janeiro era de 80 000 habitantes. Achou o número exagerado e o refez com seus próprios cálculos. Segundo ele, a cidade teria nessa época 4000 residências, com 15 moradores, em média, cada uma. Isso totalizava 60 000 habitantes, número que a maioria dos historiadores considera bastante preciso. O detalhista Luccock dividiu a população da seguinte forma:

16 000 estrangeiros

1000 pessoas relacionadas com a corte de D. João

1000 funcionários públicos

1000 que residiam na cidade, mas tiravam seu sustento das terras vizinhas ou dos navios

700 padres

500 advogados

200 profissionais que praticavam a medicina

40 negociantes regulares

2000 retalhistas

4000 caixeiros, aprendizes e criados de lojas

1250 mecânicos

100 taberneiros, "vulgarmente chamados de vendeiros"

300 pescadores
1000 soldados de linha
1000 marinheiros do porto
1000 negros forros (libertos)
12 000 escravos
4000 mulheres chefes de família

A população se completava com cerca de 29 000 crianças, quase a metade do total.[7]

Depois da ocupação de Lisboa pelos franceses, o Rio de Janeiro se tornou o mais importante centro naval e comercial do império. Mais de um terço de todas as exportações e importações da colônia passavam pelo seu porto, bem à frente de Salvador que, apesar da importância da produção de açúcar no Nordeste, nessa época respondia por apenas um quarto do comércio exterior brasileiro. Era também o maior mercado de escravos das Américas. Seu porto vivia congestionado por navios negreiros que atravessavam o Atlântico, vindos da África. Segundo cálculos do historiador Manolo Garcia Florentino, nada menos do que 850 000 escravos africanos tinham passado pelo porto do Rio no século XVIII, o que representava pouco menos da metade de todos os negros cativos trazidos para o Brasil nesse período.[8]

Observada do mar, enquanto os navios se aproximavam do porto, era uma cidadezinha tranquila, de aparência bucólica, perfeitamente integrada ao esplendor da natureza que a cercava. De perto, a impressão mudava rapidamente. Os problemas eram a umidade, a sujeira e a falta de bons modos dos moradores. "Vistas de fora, as casas têm a mesma aparência de limpeza que observamos nas residências dos melhores vilarejos da Inglaterra", relatou em 1803 o oficial da Marinha britânica James Tuckey. "A boa impressão, contudo, desvanece à medida que nos aproximamos. Logo que se metem os pés para dentro, constata-se que a limpeza não passa de um efeito da cal que reveste as paredes exteriores e que, nos interiores, habitam a sujeira e a preguiça. As ruas, apesar de retas e regulares, são sujas e estreitas, ao ponto de o balcão de uma casa quase se encontrar com o da casa em frente."[9]

"A limpeza da cidade estava toda confiada aos urubus", escreveu o historiador Oliveira Lima.[10] Alexander Caldcleugh, um estrangeiro que viajou pelo Brasil entre 1819 e 1821, ficou impressionado com o número de ratos que infestavam a cidade e seus arredores. "Muitas das melhores casas estão de tal forma repletas deles que durante um jantar não é incomum vê-los passeando pela sala", afirmou.[11] Devido à pouca profundidade do lençol freático, a construção de fossas sanitárias era proibida.[12] A urina e as fezes dos moradores, recolhidas durante a noite, eram transportadas de manhã para serem despejadas no mar por escravos que carregavam grandes tonéis de esgoto nas costas. Durante o percurso, parte do conteúdo desses tonéis, repleto de amônia e ureia, caía sobre a pele e, com o passar do tempo, deixava listras brancas sobre suas costas negras. Por isso, esses escravos eram conhecidos como "tigres". Devido à falta de um sistema de coleta de esgotos, os "tigres" continuaram em atividade no Rio de Janeiro até 1860 e no Recife até 1882. O sociólogo Gilberto Freyre diz que a facilidade de dispor de "tigres" e seu baixo custo retardou a criação das redes de saneamento nas cidades litorâneas brasileiras.[13]

Os hábitos dos moradores não melhoravam em nada esse panorama. Sob o calor úmido dos trópicos, imperavam a preguiça e a falta de elegância no modo de se vestir e se comportar. Emanuel Pohl, naturalista que acompanhou a princesa Leopoldina ao Brasil, observou que os homens viviam de chinelos, calças leves e jaqueta de chita. As mulheres, envoltas em rosários de onde pendiam santinhos, passavam a maior parte do dia com camisa simples e saia curta. "Em ditoso *far niente*, costumam sentar-se numa esteira junto às janelas, de pernas cruzadas, durante o dia inteiro", anotou Pohl.[14] James Tuckey deixou um registro curioso sobre as mulheres cariocas: "Seus olhos, levemente puxados, negros, grandes, plenos e brilhantes dão um certo grau de vivacidade à sua tez morena e conferem alguma expressão à sua fisionomia. Trata-se, na maior parte das vezes, da manifestação de uma vivacidade animal, temperada com o toque leve e singelo da sensibilidade". Tuckey, porém, fazia uma ressalva: "As mulheres brasileiras têm, entre outros, o péssimo hábito de escarrar em público, não importando a hora, situação ou lugar. Tal hábito [...] forma um poderoso obstáculo ao império do charme feminino".[15]

O inglês Luccock faz um retrato divertido dos hábitos dos cariocas. Segundo ele, a família geralmente passava o tempo nos aposentos da parte de trás das casas. As mulheres, sentadas em roda, costuravam, faziam meias, rendas, bordados e outros trabalhos manuais. Era também ali que todos se reuniam para fazer as refeições, usando como mesa uma tábua colocada sobre um cavalete no meio da sala. "A refeição principal ocorre ao meio-dia, por ocasião da qual o chefe da casa, sua esposa e filhos às vezes se reúnem ao redor da mesa; é mais comum que a tomem no chão, caso em que a esteira da dona da casa é sagrada, ninguém se aproximando dela senão os favoritos reconhecidos", registrou Luccock. "Somente os homens usam faca; mulheres e crianças se servem com os dedos. As escravas comem ao mesmo tempo, em pontos diversos da sala, sendo que por vezes suas senhoras lhes dão um bocado com as próprias mãos. Quando há sobremesa, consta ela de laranjas, bananas e outras poucas frutas."[16]

Convidado para um desses jantares na casa de uma família rica, Luccock surpreendeu-se ao descobrir que cada pessoa deveria comparecer com a própria faca, "em geral larga, pontiaguda e com cabo de prata". À mesa, observou que "os dedos são usados com tanta frequência quanto o próprio garfo". Mais do que isso, era comum uma pessoa se servir do prato do vizinho com as mãos. "Considera-se como prova incontestável de amizade alguém servir-se do prato de seu vizinho; e, assim, não é raro que os dedos de ambos se vejam simultaneamente mergulhados num só prato", anotou. A refeição era acompanhada "de uma espécie de vinho fraco", que era bebido em copos, em vez de taças. Devido ao efeito do álcool, ao final todos os convivas se tornavam barulhentos. "Exagera-se a gesticulação [...] e desfecham punhadas no ar, de faca ou garfo, de tal maneira que um estrangeiro pasma que olhos, narizes e faces escapem ilesos", observou o inglês. "Quando facas e garfos se acham em repouso, ficam em cada uma das mãos, em posição vertical e descansando sobre a extremidade do cabo. Quando dela não se tem mais necessidade, limpa-se ostensivamente a faca na toalha de mesa e devolve-se à bainha por detrás das costas."[17]

O pintor Jean Baptiste Debret, que chegou ao Brasil com a Missão Artística Francesa de 1816, também ficou escandalizado com a falta de boas maneiras dos ricos durante as refeições: "O dono da casa come com os cotovelos fincados na mesa; a mulher, com o prato sobre os joelhos, sentada na sua marquesa, à moda asiática; e as crianças, deitadas ou de cócoras nas esteiras, lambuzam-se à vontade com a pasta de comida nas mãos. Se for mais abastado, o negociante acrescenta à refeição lombo de peixe assado ou peixe cozido na água com um raminho de salsa, um quarto de cebola e três ou quatro tomates. Mas, para torná-lo mais apetitoso, mergulha cada bocado no molho picante. Completam a refeição bananas e laranjas. Bebe-se água unicamente. As mulheres e crianças não usam colheres nem garfos; comem todos com os dedos".[18]

A carne fresca era uma raridade. Vinha de longe, de até mil quilômetros de distância. Viajando por estradas precárias, em boiadas que desciam de Minas Gerais ou do Vale do Paraíba, muitos bois morriam pelo caminho, de fome ou de cansaço. "Aqueles que aguentavam até o fim chegavam em condições dignas de lástima ao matadouro público", conta Luccock. Situado perto do centro do Rio, o matadouro era local "da máxima sujeira", segundo ele. As condições do animal, bem como a forma como era abatido e transportado, tornavam a carne tão ruim "que só mesmo a necessidade premente, ou a sua vista constante e sempre nas mesmas péssimas condições, poderia levar a menos delicada das pessoas a provar dela". A carne de porco era vendida, igualmente, "em estado bastante doentio". Por essa razão, a carne-seca, que chegava de muito longe, depois de tratada com sal e curada ao sol, era muito mais usada.[19]

Apesar da escassez de carne de gado fresca, a população do Rio de Janeiro tinha uma dieta rica e variada. Era composta por muitas frutas — como banana, laranja, maracujá, abacaxi, goiaba —, peixes, aves, verduras e legumes. O pão feito de farinha de trigo era difícil de achar e muito caro. A farinha de mandioca ou milho era um alimento usado em toda a colônia. Compunha com a carne-seca e o feijão o tripé básico da alimentação brasileira.

Em 1808, o Rio de Janeiro tinha apenas 75 logradouros públicos, sendo 46 ruas, quatro travessas, seis becos e dezenove campos ou largos.[20] Os nomes das ruas ajudam a explicar sua atividade: Praia do Sapateiro (atual Praia do Flamengo), Rua dos Ferradores (atual Alfândega), Rua dos Pescadores (Visconde de Inhaúma) e Rua dos Latoeiros (Gonçalves Dias). A via principal era a Rua Direita, atual Primeiro de Março. Ali ficavam a casa do governador, a alfândega e, mais tarde, o Convento do Carmo, a Casa da Moeda e o próprio Paço Real.

Durante a semana, era uma cidade movimentada e barulhenta, com ruas repletas de muares, carroças ruidosas puxadas por quatro bois a levar materiais de construção, cujo atrito das rodas e eixos soava como pedras e ferros sendo serrados. O historiador Jurandir Malerba conta que o ritmo da vida era cadenciado pela linguagem dos sinos. Nove badaladas acusavam o nascimento de um menino. Sete, o de uma menina. Chamava a atenção dos estrangeiros o troar incessante dos canhões dos navios e das inúmeras fortalezas que protegiam a cidade. "Em homenagem ao rei, cada navio que entrava no porto disparava 21 tiros, respondidos pelos fortes da barra — costume que não se conhecia em nenhum outro lugar do mundo", diz Malerba.[21] Em 1808 entraram no porto do Rio de Janeiro 855 navios, o que dava uma média de quase três por dia.[22] Se cada um disparasse 21 tiros, recebendo igual número em resposta das fortalezas, ao anoitecer os cariocas teriam ouvido nada menos que 126 disparos de canhão.

Dependendo da embarcação, no entanto, esse número poderia ser muito maior. Em janeiro de 1818, Henry Marie Brackenridge, oficial da Marinha dos Estados Unidos, entrou na Baía da Guanabara a bordo da fragata *Congress*, em missão oficial do governo americano. As saudações protocolares envolveram a troca de nada menos que 72 tiros de canhão! Primeiro, a fragata americana disparou 21 tiros em saudação ao rei, imediatamente retribuídos por uma das fortalezas que guarneciam a entrada da baía. Em seguida, mais 15 disparos em saudação ao navio do almirante, que respondeu na mesma proporção. Só depois disso o navio foi liberado para atracar no porto. "Aparentemente, os portugueses adoram gastar sua pólvora", surpreendeu-se Brackenridge. "Dificilmente se passa uma hora do dia sem que se ouça o som de um canhão numa ou noutra direção."[23]

Outro aspecto que despertava a curiosidade dos visitantes era o número de negros, mulatos e mestiços nas ruas. Os escravos realizavam todo tipo de trabalho manual. Entre outras atividades, eram barbeiros, sapateiros, moleques de recado, fazedores de cestas e vendedores de capim, refrescos, doces, pães de ló, angu e café. Também carregavam gente e mercadorias.[24] Pela manhã, centenas deles iam buscar água no chafariz do aqueduto da Carioca, que era transportada em barris semelhantes aos usados para levar os excrementos até as praias no final da tarde.[25]

"O barulho é incessante", reclamou o viajante alemão Ernst Ebel, descrevendo o som dos escravos que percorriam as ruas transportando todo tipo de mercadoria: "Uma chusma de negros seminus cada qual levando à cabeça seu saco de café, e conduzidos à frente por um que dança e canta ao ritmo de um chocalho, ou batendo dois ferros na cadência de monótonas estrofes a que todos fazem eco, dois mais carregam ao ombro pesado tonel de vinho, suspenso de longo varal, entoando a cada passo melancólica cantilena; mais além, um segundo grupo transporta fardos de sal, sem mais roupa que uma tanga, e, indiferentes ao peso e ao calor, apostam corrida gritando a pleno pulmão. Acorrentados uns aos outros, aparecem acolá seis outros com baldes de água na cabeça. São criminosos empregados em trabalhos públicos".[26]

Os escravos dominavam a paisagem também nos feriados e fins de semana. Usando roupas coloridas, enfeites e turbantes, reuniam-se no Campo de Santana, nos subúrbios da cidade, onde, em grandes círculos, cantavam e dançavam batendo palmas. "Todos os sábados e feriados, os quais são chamados de dias de festa, massas de população negra para lá se dirigem, chegando a atingir um total de 10 mil ou 15 mil", descreveram dois viajantes. "É uma recreação muito curiosa, e oferece um espetáculo singular de alegria, tumulto e confusão, que provavelmente não é possível ser visto na mesma escala em outro país fora da própria África."[27]

O calor associado à falta de higiene gerava problemas colossais na área de saúde. "O povo é muito sujeito a febres, a acessos de bile, ao que chamam de doença do fígado, à disenteria, à elefantíase e outras perturbações [...] que às vezes são violentas e fatais", diagnosticou o inglês Luccock. "Também a varíola, quando surge carrega multidões, mas ultimamente seus estragos foram coibidos pela prática da vacinação."[28] Em 1798, dez anos antes da chegada da corte, a Câmara do Rio de Janeiro havia proposto a um grupo de médicos um programa para combater as epidemias e erradicar as moléstias endêmicas da cidade. O plano incluía um levantamento dessas doenças. A relação, feita pelo médico da Armada, Bernardino

Antônio Gomes, é espantosa: "Segundo a observação de quase dois anos, que conto de residência no Rio de Janeiro, tenho por moléstias endêmicas desta cidade, sarna, erisipelas, empigens, boubas, morphéa, elefantíase, formigueiro, bicho dos pés, edemas de pernas, hidrocele, sarcocele, lombrigas, ernias, leuchorréa, dysmnorréa, hemorróidas, dispepsia, vários efeitos convulsivos, hepatites e diferentes sortes de febres intermitentes e remitentes".[29]

Apoiados no parecer dos médicos, os vereadores levantaram a suspeita de o foco gerador de algumas dessas doenças epidêmicas, em especial a sarna, erisipela, bexiga (varíola) e tuberculose, serem negros recém-chegados da África. Sugeriram que o mercado de escravos fosse transferido da atual Praça 15 de Novembro para um local mais afastado. Julgando que os seus interesses seriam prejudicados, os traficantes reagiram e processaram a Câmara Municipal. Seguiu-se um embate jurídico que só terminou quando o vice-rei, marquês de Lavradio, tomou o partido dos vereadores e determinou a transferência do mercado de escravos para a região do Valongo, onde estava na época da chegada de D. João ao Brasil.[30]

Mais difícil do que diagnosticar a causa das doenças era combatê-la. Como em toda a colônia, não havia no Rio de Janeiro médicos formados em universidades. Uma forma rudimentar de Medicina era praticada pelos barbeiros. Thomas O'Neill, tenente da Marinha britânica que acompanhou D. João ao Brasil, ficou intrigado com o número de barbearias e os fins aos quais se destinavam: "As barbearias são aqui bastante singulares. O símbolo dessas lojas é uma bacia, e o profissional que aí trabalha acumula três profissões: dentista, cirurgião e barbeiro".[31]

O pesquisador carioca Nireu Cavalcanti encontrou no Arquivo Nacional documentos que ajudam a dar uma noção do que era a saúde e a medicina no Rio de Janeiro na época de D. João VI. São inventários *post-mortem* de dois médicos que relacionam os bens deixados pelos falecidos. Um deles, do cirurgião-mor Antônio

José Pinto, falecido em 1798, inclui esta assustadora relação de "instrumentos cirúrgicos": um serrote grande, um serrote pequeno, uma chave de dentes, duas facas retas, duas tenazes, uma unha de águia, dois torniquetes, uma chave inglesa e uma tesoura grande. O outro inventário, do boticário Antônio Pereira Ferreira, morto também em 1798, serve para dar uma ideia de como era o sortimento de uma farmácia da época. A lista inclui cascas, emplastos, fungos, minerais, óleos, raízes, sementes e um item chamado "animais e suas partes", com "óleo humano", "lixa de lagarto", "olhos de caranguejos brutos", "raspas de ponta de veado" e "dentes de javali".[32]

A chegada da família real produziu uma revolução no Rio de Janeiro. O saneamento, a saúde, a arquitetura, a cultura, as artes, os costumes, tudo mudou para melhor — pelo menos para a elite branca que frequentava a vida na corte. Entre 1808 e 1822 a área da cidade triplicou com a criação de novos bairros e freguesias.[33] A população cresceu 30% nesse período, mas o número de escravos triplicou, de 12 000 para 36 182.[34] O tráfego de animais e carruagens ficou tão intenso que foi preciso criar leis e regulamentos para discipliná-lo. A Rua Direita tornou-se, a partir de 1824, a primeira da cidade a ter numeração e trânsito organizado pelo sistema de mão e contramão.

Apesar do crescimento acelerado, em 1817, nove anos depois da chegada da família real, o naturalista austríaco Thomas Ender ainda registrou uma tribo de índios na localidade de São Lourenço, numa das entrâncias da Baía da Guanabara, não muito distante do Palácio de São Cristóvão, onde morava o rei D. João VI. Era, provavelmente, o último reduto nas imediações da capital de um Brasil sertanejo, ermo e inexplorado.

13

D. JOÃO

Príncipe regente e, depois de 1816, rei do Brasil e de Portugal, D. João tinha medo de siris, caranguejos e trovoadas. Durante as frequentes tempestades tropicais do Rio de Janeiro, refugiava-se em seus aposentos na companhia do roupeiro predileto, Matias Antônio Lobato. Ali, com uma vela acesa, ambos faziam orações a santa Bárbara e são Jerônimo até que cessassem os trovões.[1] Certa vez, foi picado por um carrapato na fazenda de Santa Cruz, onde passava o verão. O ferimento inflamou e causou febre. Os médicos recomendaram-lhe banho de mar. Como temia ser atacado por crustáceos, mandou construir uma caixa de madeira, dentro da qual era mergulhado nas águas da Praia do Caju, nas proximidades do Palácio de São Cristóvão. A caixa era uma banheira portátil, com dois varões transversais e furos laterais por onde a água do mar podia entrar. O rei permanecia ali dentro por alguns minutos, com a caixa imersa e sustentada por escravos, para que o iodo marinho ajudasse a cicatrizar a ferida.[2]

Esses mergulhos improvisados na Praia do Caju, a conselho médico, são a única notícia que se tem de um banho de D. João nos treze anos em que permaneceu no Brasil. Quase todos os historiadores o descrevem como um homem desleixado com a higiene pessoal e avesso ao banho. "Era muito sujo, vício de resto comum a toda a família, a toda a nação", afirmou Oliveira Martins. "Nem ele, nem D. Carlota, apesar de se odiarem, discrepavam na regra de não se lavarem."[3] A relutância da corte portuguesa em tomar banho contrastava com os costumes da colônia brasileira, onde o cuidado com o asseio pessoal chamava a atenção de quase todos os viajantes que por aqui passaram nessa época. "Apesar de certos hábitos que aproximam da vida selvagem os brasileiros da classe baixa, qualquer que seja a sua raça, é para notar que todos eles são notavelmente cuidadosos com a limpeza do corpo", escreveu o inglês Henry Koster, que morou no Recife entre 1809 e 1820.[4]

O nome completo de D. João VI era João Maria José Francisco Xavier de Paula Luís Antônio Domingos Rafael de Bragança. Foi o último monarca absoluto de Portugal e o primeiro e único de um reino cuja existência não durou mais do que cinco anos: o Reino Unido do Brasil, Portugal e Algarves. Nasceu em 13 de maio de 1767 e morreu em 10 de março de 1826, dois meses antes de completar 59 anos. Sua imagem nos quadros da época é reveladora de sua personalidade, como nesta descrição do historiador Ângelo Pereira: "Testa alta, desproporcional ao rosto, sobrancelhas bem delineadas, papada e bochechas caídas, olhos meio esbugalhados, nariz fino, lábios grossos, boca entreaberta, pernas pequenas e grossas, pés miúdos, barriga protuberante, mãos gorduchas com covinhas nas juntas dos dedos, ombros caídos e pescoço curto. Os olhos eram pequenos, escuros, assustados, desconfiados, inseguros, como a pedir permissão para seus atos".[5]

As definições a respeito de D. João emitidas pelos historiadores costumam ser depreciativas.

Luiz Norton: "Era fisicamente grotesco e a sua obesidade doentia lhe dava um ar pacífico e simplório".[6]

Pandiá Calógeras: "Era querido, mas também carinhosamente e tolerantemente desprezado por sua fraqueza e sua covardia. Com sua opinião ninguém se preocupava, e isto o levava a esconder seus sentimentos, bem como a procurar vencer adiando as soluções, lançando seus conselheiros uns contra os outros, um ministro em oposição a seus colegas. Lograva realizar seus intuitos pela força tremenda da apatia e do adiamento. Triunfava cansando seus adversários".[7]

Lilia Schwarcz: "Apagado e sem voz ativa".[8]

Oliveira Martins: "Sofria de vertigens e ataques de melancolia, por padecer de hemorróidas. A má saúde amarelava-lhe a cor do rosto flácido, donde pendia o conhecido beiço, sem vida, peculiar dos Bourbons".[9]

Oliveira Lima: "Baixo, gordo, [...] tinha de aristocrático as mãos e pés muito pequenos, mas de vulgar as coxas e pernas muito grossas mesmo em relação à corpulência, e sobretudo um rosto redondo sem majestade nem sequer distinção, no qual avultava o lábio inferior espesso e pendente dos Habsburgos".[10]

Como já se viu no primeiro capítulo deste livro, D. João chegou ao poder por acaso, depois que a mãe, a rainha Maria I, enlouqueceu e o irmão mais velho, D. José, herdeiro natural do trono, morreu de varíola. Em 1792, quando se confirmou que a mãe estava irremediavelmente louca, assumiu o poder régio em caráter provisório, apoiando-se no Conselho de Estado, composto por nobres, militares e representantes da Igreja. Sete anos mais tarde, em 1799, passou à condição de príncipe regente, o que, na prática, fazia dele um rei ainda sem coroa. A aclamação, com o nome de D. João VI, só aconteceu em 1816, dois anos após a morte da mãe e oito depois da chegada ao Rio de Janeiro. Com seu caráter indeciso e medroso, governou Portugal em meio a um dos períodos mais turbulentos na história das monarquias europeias.

Sofria crises periódicas e profundas de depressão. No primeiro grande surto, relatado em 1805, D. João se afastou totalmente da vida pública e do convívio da corte. Chegou-se a pensar que tivesse enlouquecido, como a mãe. "Não quis mais caçar nem sequer montar a cavalo e voltou-se para uma existência perfeitamente sedentária", escreve Ângelo Pereira. "A sua constituição neuropática facilitou a eclosão de uma doença nervosa, nesse tempo ainda mal compreendida, o que permitia confundir-se com a alienação mental. Tinha vertigens e acessos de profunda ansiedade." Trocou o Palácio de Queluz, onde morava com a família, pelo de Mafra, passando a viver em companhia dos frades. Em seguida, isolou-se ainda mais, indo morar no solar da família real em Vila Viçosa, na região do Alentejo. Achando que o marido tinha ficado demente, a princesa Carlota Joaquina tentou afastá-lo do poder e assumir ela própria a regência de Portugal. Alertado pelo seu médico, Domingos Vandelli, D. João retornou a Lisboa a tempo de abortar o golpe. A partir daí, marido e mulher viveram separados.[11]

No Palácio de Mafra, onde passou a viver desde então, o príncipe regente vivia cercado pelos padres, que também o haviam educado quando criança. Adorava música sacra e detestava atividades físicas. "Criou-se longe dos homens ativos e alegres, fortes e sanguíneos, que melhor amam a vida", escreve Pedro Calmon.[12] Profundamente religioso, ia à missa todos os dias e era muito influenciado pela Igreja. O general Junot, comandante das tropas francesas que invadiram Portugal, o definiu da seguinte forma em carta ao seu ministro das Relações Exteriores, Charles Maurice de Talleyrand: "É um homem fraco, que suspeita de tudo e de todos, cioso de sua autoridade mas incapaz de fazer-se respeitar. É dominado pelos padres e só consegue agir sob a coação do medo".[13]

Sua vida amorosa foi medíocre. Casou-se por obrigação com Carlota Joaquina, com quem teve nove filhos e viveu pouco tempo sob o mesmo teto. Seu único caso de amor verdadeiro entrou para a história como uma tragédia obscura. Aos 25 anos, morando em Portugal e já casado, D. João teria se apaixonado por Eugênia José de Menezes, dama de honra da própria princesa Carlota.[14] Eugênia era neta de D. Pedro, quarto marquês de Marialva, e filha de D. Rodrigo José Antônio de Menezes, primeiro conde de Cavaleiros, mordomo-mor de Carlota. Nascera no Brasil, em 1781, quando o pai era governador de Minas Gerais. Em maio de 1803, ainda solteira, apareceu grávida. As suspeitas recaíram sobre D. João, que manteria encontros amorosos com ela com a ajuda de um padre da corte e do médico João Francisco de Oliveira, físico-mor do Exército, que era casado e tinha filhos.

Logo que se descobriu que Eugênia estava grávida, Oliveira teria decidido sacrificar sua própria reputação para salvar a do príncipe regente: deixou a mulher e os filhos em Lisboa e fugiu com Eugênia para a Espanha, mas abandonou-a logo depois de atravessar a fronteira, na cidade de Cadiz. Eugênia foi recolhida pelas freiras do Convento de Conceição de Puerto de Santa Maria, onde teve sua filha. Dali, mudou-se para outros dois conventos religiosos. Morreu num deles, na cidade de Portalegre, em 21 de janeiro de 1818, quando D. João já tinha sido coroado rei no Rio de Janeiro. Durante esse período, todas as suas despesas foram pagas pelo monarca. Quanto ao médico Oliveira, depois de deixar Eugênia na Espanha, fugiu para os Estados Unidos e, em seguida, para a Inglaterra, onde, segundo o historiador português Alberto Pimentel, teria se reencontrado com a família que deixara em Portugal. Em 1820, por decisão de D. João VI, Oliveira foi agraciado com a comenda da Ordem de Cristo e nomeado encarregado de negócios de Portugal em Londres.[15]

Esse teria sido o único caso extraconjugal conhecido de D. João. No Brasil, revelou-se um monarca ainda mais solitário do que já era em Portugal. O casamento com Carlota Joaquina, que já estava fracassado desde 1805, converteu-se em separação explícita no Rio de Janeiro. Enquanto D. João foi morar na Quinta da Boa Vista, Carlota preferiu viver numa chácara na região de Botafogo. Relacionavam-se de modo protocolar, em cerimônias públicas ou missas e concertos na Capela Real.

Poucos historiadores se arriscam a entrar na vida íntima de D. João VI. Dois deles, Tobias Monteiro e Patrick Wilcken, apontam evidências de que, na ausência da mulher, ele manteve um relacionamento homossexual — mais por conveniência do que por convicção — com Francisco Rufino de Sousa Lobato, um dos camareiros reais. Monteiro sugere que as funções de Francisco Rufino incluíam masturbar o rei com certa regularidade. Um frade, identificado apenas como padre Miguel, teria assistido, sem querer, a cenas de intimidade entre o rei e seu vassalo na fazenda Santa Cruz, onde ficava o palácio de verão da corte no Rio. Depois desse episódio, o padre foi transferido para Angola, mas, antes de partir, deixou registrado, por escrito, seu testemunho sobre o que teria visto.[16] É possível que tudo isso seja resultado das muitas intrigas palacianas, mas, graças a seus serviços, Francisco Rufino foi recompensado e promovido várias vezes por D. João. Ao final do período de treze anos da corte portuguesa no Brasil, seus títulos incluíam os de visconde de Vila Nova da Rainha, conselheiro, guarda-roupas, tesoureiro particular do rei, secretário dos Negócios da Casa e Estado do Infantado, secretário deputado da Mesa de Consciência e Ordens no Brasil e governador da Fortaleza de Santa Cruz. Morreu em 6 de maio de 1830.[17]

Francisco José Rufino era o terceiro de quatro irmãos da família Sousa Lobato que acompanharam D. João ao Brasil em 1808. Os outros eram Matias Antônio, Joaquim José e Bernardo Antônio. Todos os quatro eram guarda-roupas e ajudantes particulares do príncipe. Dois deles faziam também parte do Conselho de Estado, o mais alto organismo de assessoria do rei. O relacionamento deles com D. João era motivo de muitas fofocas no Rio de Janeiro. Carlota Joaquina atribuía a eles "as desgraças de Portugal" no governo do marido, segundo contou seu secretário, José Presas. "Entregue o príncipe sempre a seus favoritos e áulicos, não tem feito mais que engrandecer a estes, com danos do reino e descontentamento geral, como sucede hoje em dia com os Lobato", teria dito Carlota a Presas.[18]

O historiador Vieira Fazenda conta que Matias Antônio, agraciado com o título de barão e, mais tarde, visconde de Magé, morava no Paço da Cidade, ao lado da Igreja de São José, em aposento contíguo ao dormitório de D. João. Ajudava o rei a despir-se e acompanhava-o, antes de dormir, na leitura do breviário. Era quem dava forças ao rei nas noites de relâmpagos e trovoadas.[19] O viajante prussiano Theodor von Leithold, que chegou ao Brasil em 1819, confirma que D. João tinha medo de trovões. "Se o rei não se sente bem, se adormece ou se sobrevém uma tempestade, o que produz sobre ele forte impressão, encerra-se em seus aposentos e não recebe ninguém", escreveu ao explicar o cancelamento de uma das cerimônias no Palácio de São Cristóvão.[20]

D. João referia-se a si mesmo sempre na terceira pessoa: "Sua Majestade quer comer", "Sua Majestade quer passear", "Sua Majestade quer dormir".[21] Era também um homem metódico, que tinha a mania de repetir sua rotina diária de forma rigorosa. "D. João VI era um homem de hábitos", relatou o pintor Manuel Porto Alegre. "Se uma vez dormia em um lugar, jamais queria dormir em outros, levando isto a ponto de não admitir que o leito ficasse mais ou menos aproximado à parede do que junto dela. Qualquer mudança que experimentasse, desconfiava dela e se aborrecia com quem a fizesse."[22]

A aversão extremada às mudanças incluía sua própria indumentária. Ao contrário dos reluzentes reis da França e Espanha que o precederam, D. João vestia-se mal. Repetia a mesma roupa todos os dias e recusava-se a trocá-la mesmo quando já estava suja e rasgada. "A sua roupa habitual era uma vasta casaca sebosa de galões velhos, puída nos cotovelos", conta Pedro Calmon. Na algibeira dessa casaca, o rei levava os famosos franguinhos assados na manteiga, sem ossos, que devorava no intervalo das refeições.[23] "Tendo horror a roupas novas, enfiava El-Rei as mesmas que tinha vestido na véspera e cada dia resistiam menos à pressão de suas nádegas e coxas espantosamente gordas", acrescenta Tobias Monteiro. "Os criados notavam os rasgões, mas nada ousavam dizer-lhe. Aproveitavam-lhe as horas de sono, durante a sesta, para então costurar-lhe os calções sobre o corpo."[24]

Três homens exerceram um papel fundamental na história de D. João VI. Foram eles que, em diferentes momentos de sua vida, além de ajudá-lo a superar o medo, a timidez, a insegurança e as crises de depressão, orientaram-no na tomada de decisões que haveriam de marcar profundamente seu reinado. O primeiro foi D. Rodrigo de Sousa Coutinho, o conde de Linhares. Herdeiro e afilhado do marquês de Pombal, líder da "facção inglesa" na corte, tornou-se o principal responsável pela mudança da família real para o Brasil. Foi ele quem "retomou o projeto de Pombal de compensar a fraqueza de Portugal na Europa promovendo o desenvolvimento de seus territórios na América", na opinião da historiadora americana Kirsten Schultz.[25] Sua morte, em 1814, abriu uma lacuna no governo que D. João jamais conseguiu preencher. O segundo foi Antônio de Araújo e Azevedo, o conde da Barca. Sucessor de D. Rodrigo no ministério de D. João, não estava à altura do primeiro como estadista, mas era considerado um dos intelectuais mais ilustres da corte no Brasil. Foi ele quem trouxe na bagagem, em 1807, as máquinas impressoras inglesas que inaugurariam a imprensa no Brasil. Coube também a ele importantes transformações na área de cultura e das ciências, incluindo a vinda da Missão Artística Francesa, em 1816. Morreu em 1817, um ano antes da coroação de D. João.

O terceiro homem decisivo na vida de D. João foi Thomaz Antônio Villa Nova Portugal, sucessor dos dois primeiros no ministério. Na fase final de seu governo no Brasil, já velho e cansado, D. João confiava cegamente em Villa Nova Portugal. "D. João não se dava ao trabalho de pensar", conta Tobias Monteiro. "Por mais insignificante que fosse a decisão para tomar, cabia a Tomás Antônio resolver."[26] A correspondência entre os dois é reveladora da timidez e da insegurança de D. João no exercício do poder. Nos seus bilhetes ao ministro, o rei pedia conselhos como "O. C. vem hoje, diga-me o que lhe devo dizer", perguntava o rei ao seu ministro em 24 de janeiro de 1821, referindo-se a uma audiência marcada para aquele dia. D. João dependia da orientação de Villa Nova Portugal mesmo nas conversas com o filho, o príncipe D. Pedro. "Até este momento ainda não falei a meu filho, quero que me diga se está na mesma opinião; diga-me o que lhe devo dizer e, se houver réplica, o que lhe devo responder", escreveu o rei no dia 31 de janeiro de 1821, a respeito da decisão de voltar para Portugal ou permanecer no Brasil. "Agora acabo de receber o voto do meu filho, diga-me o seu parecer", insistiu no dia 4 de fevereiro, tratando do mesmo assunto.[27]

Foram esses três homens que ajudaram a salvar a biografia de D. João VI, aparentemente condenada ao fracasso caso dependesse apenas dos traços de sua própria personalidade.[28] Graças a eles, D. João passou para a história como soberano relativamente bem-sucedido, especialmente quando comparado aos seus pares da época, todos destronados, exilados, presos ou mesmo executados pela onda revolucionária francesa. "A verdade é que, apesar do período de convulsões sem paralelo em que reinou, D. João viveu e morreu como rei, enquanto a maioria das cabeças coroadas da Europa sucumbiu sob Napoleão", avalia Jurandir Malerba.[29] Pedro Calmon o define como um soberano "esperto e atribulado que reinou até morrer, a despeito de Espanha e França, da mulher endiabrada e de Napoleão, das guerras, das revoluções e das conspiratas".[30] Oliveira Lima diz que, embora não tenha sido um grande soberano, capaz de proezas militares e golpes audaciosos de administração, D. João soube combinar bondade, inteligência e senso prático para se tornar um rei eficiente. "Foi brando e sagaz, insinuante e precavido, afável e pertinaz."[31] Na opinião de Oliveira Lima, graças a esses atributos, "D. João VI foi sem dúvida alguma no Brasil, e ainda é, um rei popular".[32]

14

CARLOTA JOAQUINA

Nos livros, crônicas e filmes que inspirou, Carlota Joaquina aparece como uma esposa infiel e uma mulher feia, maquiavélica e infeliz. Há suspeitas, mas nenhuma comprovação, de que realmente tenha sido infiel. Feia, maquiavélica e infeliz, com certeza foi. Poucas mulheres marcaram tanto o seu tempo quanto Carlota Joaquina. Nenhum outro personagem da época de D. João VI passou para a História com imagem tão polêmica e caricata. Inteligente, briguenta e vingativa, ela mereceu dos historiadores perfis diametralmente opostos. No filme de Carla Camurati, *Carlota Joaquina — princesa do Brasil*, é uma rainha devassa e promíscua. Na história oficial portuguesa, uma soberana carola e ultraconservadora.[1] Inegável foi a sua vocação para o poder e a ambição desmedida, que a levaram a participar de inúmeras conspirações e tentativas de golpes, algumas contra o próprio marido. Todas fracassaram.

Carlota Joaquina tinha os olhos negros e graúdos e a boca larga e voluntariosa, de lábios finos, sobre os quais se destacava o buço escuro e pronunciado. Os ângulos do rosto eram retos e viris. Magra, de estatura baixa e cabelos escuros, tinha a pele morena marcada pelas cicatrizes da varíola, contraída quando ainda era criança.[2] A duquesa de Abrantes, mulher do general Junot, comandante das tropas francesas que invadiram Portugal, a descreveu como "pequena, claudicando de uma perna, olhos travessos, o nariz arroxeado, demasiadamente desagradável para as lendas de amores que a acompanhavam".[3] Tinha ficado coxa devido a uma queda de cavalo na infância.[4] "Os traços varonis e grosseiros do seu rosto, o seu gênero de preocupações, o seu próprio impudor, denotam que em D. Carlota havia apenas de feminino o invólucro", avaliou o historiador Oliveira Lima, que também a definiu como "um dos maiores, senão o maior estorvo da vida de D. João VI".[5]

Filha de Carlos IV e irmã de Fernando VII, reis da Espanha, nasceu em 1775 e morreu em 1830, aos 54 anos. Participou de pelo menos cinco conspirações, segundo registram os livros de História. Na primeira, em 1805, tentou destronar o marido e assumir ela própria a regência de Portugal. D. João descobriu o golpe a tempo, puniu os envolvidos e passou a viver separado da mulher. Mais tarde, já no Brasil, Carlota tentou assumir o trono das colônias espanholas na América depois da deposição do irmão, Fernando VII, rei da Espanha, por Napoleão Bonaparte. D. João abortou seus planos impedindo que viajasse para Buenos Aires, onde pretendia ser aclamada princesa regente no lugar do irmão. Em 1821, já de volta a Portugal, recusou-se a assinar a Constituição liberal portuguesa, contrariando a exigência das Cortes e as orientações do marido. Como resultado, foi confinada no Palácio do Ramalhão, distante de Lisboa e do poder. Mesmo isolada, em 1824 conspirou para fazer seu filho predileto, D. Miguel, rei de Portugal no movimento conhecido como "Abrilada". Líder do partido tradicionalista, D. Miguel, à frente de um grupo de militares, aprisionou o pai, D. João VI, e tentou assumir a coroa. O golpe, uma vez mais, deu errado e D. Miguel acabou exilado, como a mãe. Até na morte do marido houve suspeitas de participação de Carlota Joaquina. D.

João VI morreu em 1826 em meio a acessos de náuseas e vômitos. Rumores na época falavam em envenenamento ordenado pela rainha. Depois da morte de D. João, envolveu-se numa derradeira conspiração, na qual tentou aclamar D. Miguel em detrimento da regente Isabel Maria. Perdeu mais uma vez.[6]

O contraste entre a rainha e o marido era notável. Pedro Calmon diz que "nenhuma outra princesa do século pareceria menos própria para mulher do calmo D. João".[7] Dificilmente um outro casal poderia ser tão diferente nas preferências e no comportamento. D. João era gordo, letárgico e bonachão. Preguiçoso, detestava andar a cavalo e uma simples caminhada de poucos metros o deixava exausto. Costumava bocejar durante festas e recepções oficiais. Seu passatempo preferido eram as cerimônias e cantos gregorianos na companhia de padres e monges.[8] Carlota Joaquina, ao contrário, era vivaz, hiperativa e falante. Mesmo claudicante, cavalgava como poucos homens de sua época. Seus passeios a cavalo pelos arredores do Rio de Janeiro ficaram famosos. Adorava festas e manejava bem um canhão.[9]

Exigia, sob ameaças, que as pessoas lhe prestassem homenagem quando saía pelas ruas do Rio de Janeiro. Pelo protocolo, os homens tinham de tirar o chapéu e se ajoelhar diante da família real, em sinal de respeito. Isso causou uma série de incidentes diplomáticos, uma vez que a maioria dos representantes estrangeiros se recusava a cumprir o ritual. O mais famoso deles envolveu Thomas Sumpter, ministro dos Estados Unidos, republicano convicto e vizinho de Carlota no bairro de Botafogo. Sumpter estava passeando a cavalo quando a comitiva da rainha se aproximou a galope. O ministro cumprimentou-a polidamente, mas sem tirar o chapéu ou se ajoelhar. Carlota não se deu por satisfeita e exigiu que os guardas o obrigassem a desmontar e cumprir o protocolo. Os soldados cercaram o diplomata e ameaçaram chicoteá-lo. Irritado, Sumpter puxou um par de pistolas e avisou os soldados que estava disposto a matá-los caso usassem o chicote contra ele. Em seguida, foi se queixar a D. João. Num outro incidente, Lord Strangford, representante da Inglaterra, teria levado algumas chicotadas do estribeiro de Carlota Joaquina. Foram tantas as reclamações que D. João decidiu isentar todos os estrangeiros de qualquer gesto de deferência à família real portuguesa.[10]

Carlota Joaquina e D. João casaram-se por procuração, como era hábito nas cortes europeias. Ela só foi conhecer o marido um mês depois do casamento. Tinha dez anos. Ele, dezessete. Eram, portanto, duas crianças, cujo destino estava traçado pelo jogo de interesses das potências da época. O casamento era uma das formas mais práticas de tentar manter alguma estabilidade na Península Ibérica e evitar as inúmeras guerras que tantos sacrifícios haviam imposto a Espanha e Portugal nos séculos anteriores. A menina Carlota chegou a Portugal em maio de 1785. Por cortesia, o garoto D. João foi recebê-la na fronteira, mas as confusões do casamento, resultantes do caráter indomável da princesa, não tardariam a aparecer. Na noite de 9 de junho, durante uma festa no Palácio de Vila Viçosa, Carlota teria mordido a orelha do marido e lhe atirado um castiçal na testa.[11] Fazia apenas dois meses que estavam casados.

Como eram impúberes, Carlota e D. João só consumaram o casamento seis anos mais tarde, quando a princesa completou quinze anos. Enquanto não foi autorizada a compartilhar a mesma cama com o marido, Carlota passou seus dias em brincadeiras de rodas no Palácio de Queluz, aos cuidados da rainha Maria I, cujos sinais de loucura já começavam a se manifestar.[12]

O casal teve nove filhos num período de treze anos:

- Maria Teresa, em 29 de abril de 1793, um ano depois de D. João assumir a regência do reino;
- Antônio, em 25 de março de 1795, morreu em 11 de junho de 1801, aos seis anos de idade;

- Maria Isabel, em 10 de maio de 1797, casou-se com o rei da Espanha, Fernando VII, e morreu pouco depois, em 2 de dezembro de 1818;
- Pedro, em 12 de outubro de 1798, futuro primeiro imperador Pedro I do Brasil e rei Pedro IV de Portugal;
- Maria Francisca, em 22 de abril de 1800, casou-se com o infante D. Carlos, da Espanha, irmão de Fernando VII;
- Isabel Maria, em 4 de junho de 1801, foi regente de Portugal entre 1826 e 1828;
- Miguel, em 22 de outubro de 1802, foi rei de Portugal entre 1828 e 1834, e perdeu o trono para o irmão Pedro, que havia abdicado ao império brasileiro. Fugiu para a Alemanha, a bordo de um navio inglês, e lá morreu em 1866, aos 64 anos;
- Maria da Assunção, em 25 de junho de 1805, morreu em janeiro de 1834;
- Ana Maria de Jesus, em 23 de dezembro de 1806, assumiu o título de duquesa de Loulé.

Alguns historiadores levantam a suspeita de que alguns desses filhos não seriam de D. João, mas frutos de relacionamentos extraconjugais da princesa. Oliveira Lima diz que D. João "não tinha grande certeza da paternidade dos últimos filhos" e que Carlota Joaquina foi "traidora como cônjuge, conspiradora como princesa, desleal sempre e sem interrupção".[13] Nunca houve evidências conclusivas de sua infidelidade. Apenas suspeitas. O caso mais nebuloso ocorreu em outubro de 1820. Gertrudes Pedra Carneiro Leão, nora de D. Ana Francisca Rosa Maciel da Costa, baronesa de São Salvador de Campos dos Goitacazes, foi assassinada a tiros de bacamarte, ao apear da carruagem em frente a sua casa, no bairro do Catete, no Rio de Janeiro. O crime ocorreu um ano antes de a família real portuguesa voltar a Lisboa e deu origem a uma onda de boatos, segundo os quais a mandante do crime seria Carlota Joaquina, que teria um relacionamento amoroso com Fernando Carneiro Leão, marido de Gertrudes, conde de Vila-Nova de São José e diretor do Banco do Brasil.[14] O crime, que aparece no roteiro do filme de Carla Camurati, nunca foi esclarecido.

Outra insinuação de infidelidade envolveu o comandante da esquadra britânica no Rio de Janeiro, almirante Sidney Smith. Num livro polêmico, o catalão José Presas, ex-secretário particular de Carlota Joaquina, contou que a princesa teria tido um encontro com o almirante numa casa de campo, situada nos subúrbios do Rio de Janeiro. Presas não explica a natureza desse encontro. Nessa época, Carlota e Smith eram aliados políticos na chamada Questão do Prata, em que a princesa lutava para assumir a regência das colônias espanholas, contra a vontade de D. João e do representante inglês, Lord Strangford. Segundo Presas, ela também teria presenteado o almirante com uma espada cravejada de brilhantes, acompanhada de um bilhete: "A gratidão da Princesa do Brasil aos serviços de Sir Sidney Smith".[15]

O problema é que, nessa história, o maior suspeito é o próprio José Presas, e não Carlota Joaquina. Um dos personagens mais pitorescos da época de D. João, Presas ficou conhecido como o autor de um caso explícito de chantagem literária. Sua origem era misteriosa. Teria nascido na região da Catalunha, na Espanha. Ainda menino, mudou-se para a Argentina, onde viveu aos cuidados de um tio e formou-se em Direito. Em 1806, quando a Inglaterra invadiu Buenos Aires, numa represália à aliança da Espanha com Napoleão, Presas imediatamente aderiu ao "partido inglês", achando que a vitória britânica era inevitável. Calculou mal. Os ingleses foram derrotados e expulsos da região do Prata. Procurado como traidor, Presas fugiu para o Rio de Janeiro, onde se colocou aos serviços de Carlota Joaquina, como seu secretário particular, por indicação do próprio Sidney Smith, que o havia conhecido em Buenos Aires. Mais do que secretário, tornou-se homem de confiança, confidente, conspirador e, suspeita-se, talvez amante da princesa.[16]

Com a volta da família real para Portugal, Presas obteve um emprego na corte da Espanha, graças à influência de Carlota Joaquina. Caiu em desgraça ao escrever panfletos contra o absolutismo monárquico. Ameaçado de prisão, fugiu para a França, onde escreveu um livro chamado *Memórias secretas de D. Carlota Joaquina*, repleto de intrigas, fofocas e insinuações. Era uma represália pelo não pagamento de uma pensão vitalícia que a rainha lhe teria prometido. Nele, Presas dá a entender que teria em mãos correspondência da própria Carlota Joaquina — que ele chama de "confissões" —, na qual haveria informações comprometedoras sobre sua vida e seu comportamento. Dá a entender que poderia usá-las, caso não recebesse o dinheiro prometido. "Medite bem sobre as fatais consequências que lhe poderia ter acarretado, pondo em mãos do próprio príncipe (D. João) a confissão geral que, involuntariamente, e por esquecimento, me entregou", escreve, dirigindo-se a Carlota Joaquina. No final, vai direto ao ponto: "Uma pequena resposta, acompanhada de uma letra de câmbio de modesta quantia, teria sido suficiente para que eu me calasse".

Presas gastou papel, tinta e dinheiro em vão. Carlota Joaquina morreu no começo de 1830, quando o livro ainda estava sendo impresso em Bordeaux, na França. Não chegou a ler as inconfidências do seu ingrato e traiçoeiro secretário. Ainda que tivesse lido, dificilmente a chantagem produziria efeito. Na época em que Presas o escreveu, Carlota já era uma rainha viúva, vivendo no ostracismo em Portugal e mergulhada em dívidas.

Carlota Joaquina detestava o Brasil. Em 1807, resistiu o quanto pôde a sair de Portugal. "Neste país nada resiste", escreveu depois de chegar ao Rio de Janeiro. "Até as carnes salgadas não duram nada, logo apodrecem."[17] Ao embarcar de volta para Portugal, em 1821, tirou as sandálias e bateu contra um dos canhões da amurada do navio. "Tirei o último grão de poeira do Brasil dos meus pés", teria dito.[18] "Afinal, vou para terra de gente!"[19]

De volta a Portugal, recusou-se a jurar a Constituição, como exigiam as Cortes. Acabou perdendo todos os direitos políticos e o título de rainha. Passou o resto de seus dias presa na Quinta do Ramalhão, perto da cidade de Sintra. Numa carta a D. João, explicou que não jurava só porque já tinha dito que não juraria. A atitude, dizia, não era por soberba nem por ódio às Cortes, mas simplesmente porque "uma pessoa de bem não se retratava". E acrescentou: "Serei mais livre em meu desterro do que vós em vosso palácio. Minha liberdade pelo menos me acompanhará. Minha alma nunca se escravizou nem nunca se humilhou na presença desses rebeldes vassalos, que ousaram impor-vos leis e esforçaram-se para compelir-me a prestar um juramento que a minha consciência repelia".[20] Era Carlota Joaquina no papel que desempenhou a vida inteira: teimosa, dura, turrona, irredutível.

Foi controvertida até a morte. Pela versão oficial, teria morrido de uma doença no útero, provavelmente um câncer. Os boatos na época, no entanto, diziam que teria apressado o próprio fim tomando chá misturado com arsênico. Nos últimos tempos, era "um farrapo de gente", na descrição do historiador Alberto Pimentel. Vivia no mais completo abandono. "Andava malvestida, suja, com um casaco de chita e um turbante de musselina na cabeça."[21] Dois anos antes de morrer fez um testamento. Estava pobre, falida, mas teve dinheiro para encomendar 1200 missas. Cem delas para a alma do marido, o rei D. João VI, morto quatro anos antes. Foi, segundo o historiador Magalhães Jr., "uma "reconciliação de última hora".

15

O ATAQUE AO COFRE

A corte chegou ao Brasil empobrecida, destituída e necessitada de tudo. Já estava falida quando deixara Lisboa, mas a situação se agravou ainda mais no Rio de Janeiro. Deve-se lembrar que entre 10 000 e 15 000 portugueses atravessaram o Atlântico junto com D. João. Para se ter uma ideia do que isso significava, basta se levar em conta que, ao mudar a sede do governo dos Estados Unidos da Filadélfia para a recém-construída Washington, em 1800, o presidente John Adams transferiu para a nova capital cerca de 1 000 funcionários. Ou seja, a corte portuguesa no Brasil era entre 10 e 15 vezes mais gorda do que a máquina burocrática americana nessa época. E todos dependiam do erário real ou esperavam do príncipe regente algum benefício em troca do "sacrifício" da viagem.[1] "Um enxame de aventureiros, necessitados e sem princípios, acompanhou a família real", notou o historiador John Armitage. "Os novos hóspedes pouco se interessavam pela prosperidade do Brasil. Consideravam temporária a sua ausência de Portugal e propunham-se mais a enriquecer-se à custa do Estado do que a administrar justiça ou a beneficiar o público."[2]

O historiador Luiz Felipe Alencastro conta que, além da família real, 276 fidalgos e dignatários régios recebiam verba anual de custeio e representação, paga em moedas de ouro e prata retiradas do tesouro real do Rio de Janeiro. Com base nos relatos do inglês John Luccock, Alencastro acrescenta a esse número mais 2000 funcionários reais e indivíduos exercendo funções relacionadas à Coroa, setecentos padres, quinhentos advogados, duzentos praticantes de Medicina e entre 4000 e 5000 militares.[3] Um dos padres recebia um salário fixo anual de 250 000 réis — o equivalente hoje a 14 000 reais — só para confessar a rainha.[4] "Poucas cortes europeias têm tantas pessoas ligadas a ela quanto a brasileira, incluindo fidalgos, eclesiásticos e oficiais", escreveu o cônsul inglês James Henderson.[5] Ao visitar as cocheiras da Quinta da Boa Vista, onde D. João morava, Henderson se surpreendeu com o número de animais e, principalmente, de serviçais ali empregados. Eram trezentas mulas e cavalos, "com o dobro do número de pessoas para cuidar deles do que seria necessário na Inglaterra".[6]

Era uma corte cara, perdulária e voraz. Em 1820, ano anterior ao retorno a Portugal, consumia 513 galinhas, frangos, pombos e perus e 90 dúzias de ovos por dia. Eram quase 200 000 aves e 33 000 dúzias de ovos por ano, que custavam cerca de 900 contos de réis ou quase 50 milhões de reais em dinheiro atual. A demanda era tão grande que, por ordem do administrador da Ucharia Real, a repartição responsável pelos depósitos de comida da corte, todas as galinhas à venda no Rio de Janeiro deveriam ser, prioritariamente, compradas por agentes do rei. A decisão provocou escassez dessas penosas no mercado e revolta nos moradores da cidade. Numa carta a D. João VI, eles reclamaram da falta de galinhas e também do comportamento dos funcionários da despensa real, que passaram a vendê-las no mercado paralelo, cobrando um sobrepreço.[7]

Nos treze anos em que D. João viveu no Brasil, as despesas da mal administrada e corrupta Ucharia Real mais do que triplicou. O *deficit* crescia sem parar. No último ano, 1821, o buraco no orçamento tinha aumentado mais de vinte vezes — de 10 contos de réis para 239 contos de réis.[8] Apesar disso, a corte continuou a bancar todo mundo, sem se preocupar com a origem dos recursos. "Todos, sem exceção, recebiam ração, de acordo com seu lugar e valimento", explica o historiador Jurandir Malerba. "Nobres, mas também cada artista contratado, como os cantores e músicos italianos, ou pintores e arquitetos franceses e naturalistas austríacos, embaixadores e funcionários das repartições recebiam sua cota de víveres à custa da Ucharia Real, prática extinta apenas no governo do austero D. Pedro I."[9]

Onde achar dinheiro para socorrer tanta gente? A primeira solução foi obter um empréstimo da Inglaterra, no valor de 600 000 libras esterlinas. Esse dinheiro, usado em 1809 para cobrir as despesas da viagem e os primeiros gastos da corte no Rio de Janeiro, seria um pedaço da dívida de 2 milhões de libras esterlinas que o Brasil herdaria de Portugal depois da Independência.[10] Outra providência, igualmente insustentável no longo prazo, foi criar um banco estatal para emitir moeda. A breve e triste história do primeiro Banco do Brasil, criado pelo príncipe regente sete meses depois de chegar ao Rio de Janeiro, é um exemplo do compadrio que se estabeleceu entre a monarquia e uma casta de privilegiados negociantes, fazendeiros e traficantes de escravos a partir de 1808.

Pela carta régia de outubro de 1808, o capital do Banco do Brasil seria composto de 1200 ações no valor unitário de um conto de réis. Para estimular a compra dessas ações, a Coroa estabeleceu uma política de toma-lá-dá-cá. Os novos acionistas eram recompensados com títulos de nobreza, comendas e a nomeação para cargos de deputados da Real Junta do Comércio, além da promessa de dividendos muito superiores aos resultados gerados pela instituição. Em troca, o príncipe regente tinha à disposição um banco para emitir papel-moeda à vontade, tanto quantas fossem as necessidades da corte recém-chegada.[11] Como resultado, quem era rico e plebeu virou nobre. Quem já era rico e nobre, enriqueceu ainda mais.[12] A mágica funcionou durante pouco mais de dez anos.

Em 1820, o novo banco já estava arruinado. Seus depósitos em ouro, que serviam de garantia para a emissão de moeda, representavam apenas 20% do total de dinheiro em circulação.[13] Ou seja, 80% correspondiam a dinheiro podre, sem lastro. Noventa por cento de todos os saques eram feitos pela realeza. Para piorar a situação, ao retornar a Portugal, em 1821, D. João VI levou todas as barras de ouro e os diamantes que a Coroa mantinha nos cofres do banco, abalando definitivamente sua credibilidade. Falida e sem chances de recuperação, a instituição teve de ser liquidada em 1829, sete anos depois da Independência. Foi recriada duas décadas e meia mais tarde, em 1853, já no governo do imperador Pedro II. O atual Banco do Brasil vive, portanto, a sua segunda encarnação, na qual teve momentos muito semelhantes aos de sua origem, ao financiar, sem garantias, políticos, usineiros e fazendeiros quebrados.

Outra herança da época de D. João é a prática da "caixinha" nas concorrências e pagamentos dos serviços públicos. O historiador Oliveira Lima, citando os relatos do inglês Luccock, diz que se cobrava uma comissão de 17% sobre todos os pagamentos ou saques no tesouro público. Era uma forma de extorsão velada: se o interessado não comparecesse com os 17%, os processos simplesmente paravam de andar.[14] "A época de D. João VI estava destinada a ser na história brasileira, pelo que diz respeito à administração, de muita corrupção e peculato", avaliou Oliveira Lima.[15] "A corrupção medrava escandalosa e tanto contribuía para aumentar as despesas, como contribuía o contrabando para diminuir as rendas."[16]

No Rio de Janeiro, a corte portuguesa estava organizada em seis grandes setores administrativos — chamados de repartições.[17] A Mantearia Real era responsável por todos os assuntos relativos à mesa do rei e sua família, incluindo a lavagem e o fornecimento de talheres e guardanapos. Ao Guarda-Roupas cabia zelar pelas vestimentas de D. João e de toda a família real. A repartição das Cavalariças cuidava dos animais de cavalgada, de tração das carruagens e seges reais e também dos muares usados em serviços de transporte de mercadorias. A Ucharia e as Cozinhas Reais se encarregavam da alimentação e da bebida. A Real Coutada administrava as florestas e bosques reais. Por fim, cabia à Mordomia-Mor organizar e administrar tudo isso com dinheiro fornecido pelo erário real e seu braço financeiro, o Banco do Brasil.

Os responsáveis por essas repartições passariam para a história como símbolos de maracutaia e enriquecimento ilícito. A área de compras e os estoques da casa real eram administrados por Joaquim José de Azevedo — o mesmo oficial que, em novembro de 1807, fora convocado às pressas ao Palácio de Queluz para organizar o embarque da nobreza. Bento Maria Targini comandava o erário real. Os dois eram muito próximos de D. João e Carlota Joaquina, convivendo na intimidade da família real, o que lhes dava poder e influência que iam muito além das suas atribuições normais. De seus departamentos saíam a comida, o transporte, o conforto e todos os benefícios que sustentavam os milhares de dependentes da corte. Seus amigos tinham tudo. Seus inimigos, nada.

No Brasil, Azevedo enriqueceu tão rapidamente e teve sua imagem de tal modo ligada à roubalheira que no retorno de D. João VI, em 1821, foi impedido de desembarcar em Lisboa pelas Cortes portuguesas. A proibição em nada perturbou sua bem-sucedida carreira. Ao contrário. A família continuou enriquecendo e prosperando depois da Independência. Em maio de 1823, a viajante inglesa Maria Graham foi convidada para a noite do espetáculo de gala que celebraria a primeira Constituinte do Brasil independente. Ao chegar ao teatro, dirigiu-se ao camarote da mulher de Azevedo, de quem era amiga, e surpreendeu-se com o que viu. A anfitriã estava coberta com diamantes que, na estimativa de Graham, valeriam cerca de 150 000 libras esterlinas, o equivalente hoje a 34 milhões de reais. Segundo a inglesa, na ocasião a mulher também se vangloriou de ter deixado guardado em casa outro tanto de joias de igual valor.[18]

De origem italiana, Targini era de família catarinense pobre e humilde. Entrou no serviço público como guarda-livros, um trabalho menor na burocracia do governo da colônia. Como era inteligente e disciplinado, virou escrevente do erário e logo chegou ao mais alto cargo nessa repartição. Com a chegada da realeza ao Brasil, passou a acumular poder e honrarias. Encarregado de administrar as finanças públicas, o que incluía todos os contratos e pagamentos da corte, enriqueceu rapidamente. Ao final do período de D. João no Brasil, sua casa, com dois andares e sótão, situada na esquina da Rua dos Inválidos com Riachuelo, era uma das maiores do Rio de Janeiro.[19] Em meio à revolução constitucionalista de março de 1821, foi preso e teve seus bens confiscados. Duas semanas mais tarde, estava solto. Também foi proibido de retornar a Portugal com D. João VI, mas continuou a levar uma vida tranquila e confortável no Brasil.[20]

O poder desses dois personagens, Azevedo e Targini, era tão grande que, em reconhecimento aos seus serviços, durante o governo de D. João VI ambos foram promovidos de barão a visconde. O primeiro tornou-se o visconde do Rio Seco. O segundo, visconde de São Lourenço. A promoção dos dois corruptos fez com que os cariocas, fiéis a sua vocação de satirizar até suas próprias desgraças, celebrizassem a roubalheira em versos populares:

Quem furta pouco é ladrão
Quem furta muito é barão
Quem mais furta e esconde
Passa de barão a visconde.[21]

Nas suas cartas, o arquivista real Luiz Joaquim dos Santos Marrocos também reproduz um verso popular sobre eles:

Furta Azevedo no Paço
Targini rouba no Erário
E o povo aflito carrega
Pesada cruz ao Calvário.[22]

16

A NOVA CORTE

Os dois mundos que se encontraram no Rio de Janeiro em 1808 tinham vantagens e carências que se complementavam. De um lado, havia uma corte que se julgava no direito divino de mandar, governar, distribuir favores e privilégios, com a desvantagem de não ter dinheiro. De outro, uma colônia que já era mais rica do que a metrópole, mas ainda não tinha educação, refinamento ou qualquer traço de nobreza. Três séculos após o Descobrimento, o Brasil era uma terra de oportunidades imensas, típica das novas fronteiras americanas, onde fortunas eram construídas do nada e da noite para o dia.

O historiador João Luis Ribeiro Fragoso relata o caso de um imigrante que saiu pobre de Portugal, virou comerciante no Rio de Janeiro e, no ano da chegada da corte ao Brasil, havia acumulado um patrimônio de fazer inveja à maioria dos nobres acompanhantes de D. João. Braz Carneiro Leão nasceu em 3 de setembro de 1723, na cidade do Porto, em uma família de lavradores. Com dezesseis anos, imigrou para o Rio de Janeiro, onde começou a trabalhar como caixeiro na casa de um português em troca de comida e cama. Logo abriu seu próprio negócio, uma casa de consignação de importação e exportação. Em 1799, aparecia entre os comerciantes mais importantes da praça, listados pelo então vice-rei, conde de Rezende. Ao morrer, em 1808, tinha seis engenhos na região de Campos e fortuna líquida de 1500 contos de réis, cifra 25% superior ao capital inicial usado na fundação do Banco do Brasil.[1]

D. João precisava do apoio financeiro e político dessa elite rica em dinheiro porém destituída de prestígio e refinamento. Para cativá-la, iniciou uma pródiga distribuição de honrarias e títulos de nobreza que se prolongaria até seu retorno a Portugal, em 1821. Apenas nos seus oito primeiros anos no Brasil, D. João outorgou mais títulos de nobreza do que em todos os trezentos anos anteriores da história da monarquia portuguesa. Desde sua independência, no século XII, até o final do século XVIII, Portugal tinha computado dezesseis marqueses, 26 condes, oito viscondes e quatro barões. Ao chegar ao Brasil, D. João criou 28 marqueses, oito condes, dezesseis viscondes e quatro barões. Segundo Sérgio Buarque de Holanda, além desses títulos de nobreza, D. João distribuiu 4048 insígnias de cavaleiros, comendadores e grã-cruzes da Ordem de Cristo, 1422 comendas da Ordem de São Bento de Avis e 590 comendas da Ordem de São Tiago.[2] "Em Portugal, para fazer-se um conde se pediam quinhentos anos; no Brasil, quinhentos contos", escreveu Pedro Calmon.[3] "Indivíduos que nunca usaram esporas foram crismados cavaleiros, enquanto outros que ignoravam as doutrinas mais triviais do Evangelho foram transformados em comendadores da Ordem de Cristo", acrescentou John Armitage.[4]

Os exemplos de troca de títulos e comendas por dinheiro são inúmeros. Em 1809, um morador de Vila Rica, atual Ouro Preto, ofereceu ao príncipe regente 100 cruzados. Em troca, foi feito comendador da Ordem de Cristo e fidalgo da Sua Real Casa. Seus dois filhos, que eram cadetes no Regimento de Cavalaria, foram imediatamente promovidos ao posto de alferes.[5] O comerciante paulista Manuel Rodrigues Jordão recebeu a comenda da Ordem de Cristo em 1818 "por ter concorrido com avultada soma para se preencher o fundo do Banco do Brasil, a fim de poder o Estado colher as mais amplas e preciosas vantagens deste útil e importante estabelecimento", segundo explicava o decreto que lhe concedeu a honraria, assinado por D. João VI.[6]

Coube a essa nova nobreza socorrer D. João nas suas atribulações financeiras. Parte dela tornou-se acionista do Banco do Brasil. Outra assinou as inúmeras "listas de subscrição voluntária", que circularam pelo Rio de Janeiro logo após a chegada da corte. Eram listas de doações, destinadas a angariar fundos para cobrir as despesas da Coroa. O historiador Jurandir Malerba calculou em cerca de 1500 o total de subscritores. Desses, 160 fizeram contribuições individuais superiores a 150 000 réis, valor suficiente para comprar um escravo com idade entre dez e quinze anos. "Os grandes que socorreram o rei buscavam e receberam distinção, honra, prestígio social, em forma de nobilitações, títulos, privilégios, isenções, liberdades e franquias, mas igualmente favores com retorno material, como os postos na administração e na arrematação de impostos."[7]

Na primeira lista de subscrições, de 1808, a metade dos contribuintes era traficante de escravos.[8] Um deles, José Inácio Vaz Vieira, responderia sozinho por 33% do tráfico catalogado entre 1813 e 1822. Foi agraciado com o hábito da Ordem de Cristo em 1811. Amaro Velho da Silva, aquele traficante que em 1808 segurara um dos varões do pálio encarnado na chegada de D. João no cais do Rio de Janeiro, também aparece na lista dos grandes doadores da corte. Foi regiamente recompensado pelos seus serviços. Em 28 de agosto de 1812, o príncipe regente assinou decreto nomeando Amaro e o irmão, Manuel, para a função de conselheiros de Sua Majestade, com a seguinte justificativa: "Depois de terem dado muitas provas do seu zelo e patriotismo em diferentes ocasiões de urgências do Estado, suprindo com grandes somas o meu Real Erário, fizeram ultimamente o donativo gratuito de cinquenta mil cruzados, para eu mandar dispor deles como bem me aprouvesse, mostrando por essa forma os honrados sentimentos, e o maior zelo pelo meu Real Serviço e bem público".[9] Além de conselheiro real, Amaro receberia também os títulos de primeiro visconde de Macaé, cavaleiro professo da Ordem de Cristo, fidalgo da Casa Real e fidalgo de armas.[10]

A nova nobreza criada por D. João no Brasil tinha dinheiro, títulos e poder, mas nenhum traço de bom gosto ou sofisticação. Todos os cronistas e viajantes da época se referem ao Rio de Janeiro como uma cidade rica e próspera, sem refinamento. "Percebe-se a exibição da quantidade, talvez uma forma de auto afirmação da nova elite", ponderou o historiador Jurandir Malerba. Ao chegar ao Brasil, em 1817, como ministro dos Negócios Estrangeiros e da Guerra, o conde de Palmela achou tudo muito estranho. "Falta gente branca, luxo, boas estradas, enfim faltam muitas coisas que o tempo dará", escreveu à mulher, que ficara em Portugal.[11] "Apesar de todas as despesas, não há sinais de esplendor ou elegância", observou James Henderson, o cônsul inglês, referindo-se ao caráter perdulário da corte.[12]

O oficial da Marinha americana Henry Marie Brackenridge ficou intrigado ao notar nas ruas do Rio de Janeiro o número de pessoas que portavam fitas, laços, medalhas e condecorações, na tentativa de se distinguir umas das outras. Isso incluía os nobres, comerciantes, funcionários públicos e também os escravos, que exibiam fitas e outros adereços coloridos: "Neste país, ninguém guarda nenhuma insígnia de distinção para ser mostrada em dias de paradas ou cerimônia. Nada me surpreendeu mais do que ver o número de pessoas que usavam condecorações em dias comuns nas ruas. Seu uso é tão frequente que já deixou de simbolizar qualquer traço de dignidade ou importância para seus portadores".[13]

O encontro das duas nobrezas — a nova e rica com a velha e pobre — se dava nos inúmeros rituais que cercavam a realeza no

Rio de Janeiro. Incluíam concertos musicais, procissões, missas e outros cerimoniais religiosos. Nada, porém, se comparava ao beija-mão. Era o momento em que o rei, acompanhado de toda a família real, abria as portas do palácio para que os súditos pudessem lhe oscular as mãos, prestar homenagens e fazer diretamente qualquer pedido ou reclamação. Esse ritual, muito antigo, já tinha sido abolido havia bastante tempo pelas demais cortes europeias, mas ainda era praticado em Portugal e pelos vice-reis no Brasil colônia.

Uma das descrições mais detalhadas da cerimônia do beija-mão foi feita por autor anônimo e misterioso, que assinava seus textos e ilustrações com a sigla APDG. Sua identidade nunca foi revelada. Aparentemente, era um funcionário inglês que conviveu com a nobreza em Lisboa e no Rio de Janeiro. Em tom caricato, desenhos e relatos satirizam os costumes antiquados e carolas de Portugal na época de D. João VI — o que explica o seu anonimato. APDG refere-se ao ritual da seguinte forma:

> *Quando o sinal é dado para a abertura do salão real, a banda de música da corte, no seu costume muito antigo, começa a tocar e toda a cena assume uma aparência muito imponente. Os nobres caminham em fila para dentro do salão, um após o outro, em passos lentos. Quando chegam a alguns passos do trono, inclinam-se profundamente. Em seguida, avançam mais um pouco, ajoelham-se e beijam a mão do soberano, que a estende para todos os seus súditos com ar verdadeiramente paternal. Feito isso, os nobres repetem a mesma homenagem em direção à rainha e a cada um dos membros da família real. Por fim, saem em fila pela outra porta, na mesma ordem em que entraram.*[14]

APDG conta que algumas cerimônias chegavam a durar até sete horas, "para grande fadiga dos príncipes e princesas que permaneciam de pé". Outra testemunha, o cônsul inglês James

Henderson, diz que o beija-mão acontecia toda noite no Palácio de São Cristóvão, por volta de oito horas, com exceção de feriados e domingos. "As estradas que vinham da Cidade Nova, Catumbi e Mata Porcos ficavam repletas de oficiais e pessoas comuns, que para lá se dirigiam em cabrioletes, na garupa de cavalos ou a pé, todos à cata de alguma graça real", relata Henderson. "Quando as portas se abrem, acontece uma corrida promíscua para diante, e um mulato será visto pisando os calcanhares de um general. Eles avançam numa mesma formação em direção ao andar superior, onde Sua Majestade está sentada, acompanhado pelos seus fidalgos."[15]

Todos tinham o direito de beijar a mão do rei, mesmo quem não era nobre nem fidalgo. "Era uma cerimônia que punha o monarca em contato direto com o vassalo, que lhe apresentava as devidas vênias e suplicava por alguma mercê", explica o historiador Malerba. "Reforçava-se nela a autoridade paternal do soberano protetor da nação."[16] Em 1816, um despacho do intendente de Polícia, Paulo Fernandes Viana, fazia referência a um grupo de índios que queria participar da cerimônia. Viana pede ao comandante da Guarda Real que "mande a esta Intendência um inferior de Cavalaria, para ir por terra ao Rio Doce pela Vila de Campos, e Capitania do Espírito Santo, para acompanhar certa porção de índios, que querem ter a honra de beijarem a mão de Sua Majestade". Viana recomenda que o oficial deve "trazê-los com humanidade e atenção".[17]

17

A SENHORA DOS MARES

No dia 25 de junho de 1808, cinco meses após a assinatura da carta régia de abertura dos portos do Brasil, 113 comerciantes ingleses se reuniram numa taverna de Londres. Estavam ali a convite de D. Domingos de Sousa Coutinho, o embaixador português na Inglaterra. D. Domingos era irmão do homem forte do novo ministério organizado por D. João no Rio de Janeiro, D. Rodrigo de Sousa Coutinho, futuro conde de Linhares. Três semanas antes, tinha mandado publicar nos jornais londrinos uma nota na qual exortava a se organizarem todos os homens de negócio eventualmente interessados em desbravar o até então virgem mercado brasileiro.[1] As oportunidades, assegurava D. Domingos, eram enormes. O Brasil, que por três séculos tinha sido uma terra misteriosa e proibida para os estrangeiros, agora se abria ao mundo. Seus portos, até então restritos aos navios de Portugal — e só de Portugal — estavam, finalmente, autorizados a receber embarcações de outros países.

Na prática, o cenário para os ingleses era ainda melhor do que prometia o embaixador. Como a Europa estava ocupada pelos exércitos de Napoleão, naquele momento nenhum outro país europeu tinha condições de comercializar com o Brasil. Vencedora da Batalha de Trafalgar, em 1805, na qual as forças combinadas da Espanha e da França tinham sido aniquiladas pela esquadra de Lord Nelson, a Inglaterra era a única potência com livre trânsito nos mares. Era, portanto, a grande beneficiária da abertura dos portos, como se comprovaria nos meses seguintes. Para os homens de negócios reunidos na taverna de Londres, a chance era imperdível e tinha de ser aproveitada de imediato. No encontro, relatado nas páginas do *Correio Braziliense*, os 113 comerciantes fundaram a Sociedade dos Negociantes Ingleses que Traficam para o Brasil, sob a presidência de John Princep.[2] A partir daí, os portos brasileiros se viram atulhados de produtos ingleses, numa escala nunca antes imaginada.

Chegava de tudo. Muitas coisas eram práticas e úteis, como tecidos de algodão, cordas, pregos, martelos, serrotes, fivelas de arreios e ferragens em geral. Mas havia também excentricidades como patins de gelo e pesadas mantas de lã, que causavam espanto sob o calor úmido e abafado dos trópicos. Eram produtos que as fábricas inglesas despejavam em quantidades monumentais e a preços baixos, graças às novas técnicas de produção desenvolvidas pela Revolução Industrial do final do século XVIII. Sem acesso ao mercado europeu, devido ao bloqueio continental imposto por Napoleão, a Inglaterra os despachava para o Brasil e outros países da América do Sul, onde desembarcavam por uma pechincha e causavam sensação entre os moradores, habituados à escassez e à má qualidade dos produtos pobres e artesanais que circulavam pelas colônias americanas.

Em 1808, a Inglaterra estava começando a estender aos quatro cantos da Terra o maior império que a humanidade tinha conhecido até então. No apogeu, durante as seis décadas de governo da rainha Vitória (1837-1901) — o mais longo reinado na história da Inglaterra —, os britânicos se orgulhavam de dizer que sob os seus domínios o Sol nunca se punha. Na sua porção mais oriental, o império começava da recém-descoberta Oceania, passava pela Ásia, pela África e pelas ilhas do Caribe, indo terminar na vastidão gelada do Canadá, que se mantivera fiel à monarquia britânica depois da independência americana. A força do comércio e dos canhões britânicos tinha subjugado uma das civilizações mais antigas, a Índia, que recuperaria sua independência apenas em meados do século XX. Fincaria ainda os pés na China milenar, onde o enclave de Hong Kong só voltaria aos chineses em 1997.

O poder e a influência da nova potência se faziam sentir em todas as partes do planeta. Com pouco mais de um milhão de habitantes, Londres era a maior cidade do mundo.[3] Suas chaminés lançavam uma nuvem de fuligem que cobria o telhado das casas. Fortunas se multiplicavam graças a invenções revolucionárias, como a locomotiva a vapor. Nesse ambiente criativo e dinâmico, as ideias circulavam livremente, em contraste com o ardor patriótico, porém autoritário, da França napoleônica, onde os livros e a cultura eram submissos aos caprichos do imperador. No começo do século XIX, havia 278 jornais em circulação em Londres. Esse número incluía periódicos ingleses, como o já venerável *The Times*, e também uma infinidade de jornais em língua estrangeira, ali publicados para fugir à censura e à perseguição em seus países de origem, caso do brasileiro *Correio Braziliense*, de Hipólito da Costa. A cidade era um centro de debates, pesquisas e inovações, que atraía cientistas, pensadores, escritores e poetas. Alguns dos maiores nomes da história da literatura inglesa, como Lord Byron, Percy Shelley e Jane Austen, lá estavam, escrevendo suas obras-primas. Multidões se reuniam para ouvir palestras, exposições e debates em torno de inúmeras sociedades dedicadas à pesquisa de Geografia, Astronomia, Antropologia e Geologia, entre outras áreas da ciência.[4]

Como resultado da Revolução Industrial, combinada com o domínio dos oceanos e a expansão comercial, a riqueza da Inglaterra dobrou entre 1712 e 1792.[5] Em menos de um século, o volume de comércio nos portos de Londres triplicou. Em 1800, o Rio Tâmisa, nas imediações da capital, era uma floresta de mastros de navios. Todos os dias, entre 2000 e 3000 barcos mercantes estavam ancorados à espera da vez para embarcar ou descarregar suas mercadorias. Da China chegavam chá e seda. Dos Estados Unidos, tabaco, milho e trigo. Do Brasil, açúcar, madeira, café e minérios. Da África, marfim e minérios.[6] Entre 1800 e 1830, o consumo de algodão pelas indústrias têxteis na região de Liverpool saltou de 5 milhões para 220 milhões de libras, um crescimento de 44 vezes em apenas três décadas.[7]

Esse volume monumental de comércio era protegido pelos 880 navios de guerra que a Marinha Real Britânica mantinha espalhados pelo mundo. Tratava-se da mais poderosa e eficiente força naval da época, 147 vezes maior do que a dos Estados Unidos recém-independentes, cuja armada não tinha mais que seis embarcações.[8] Num período de duzentos anos, os ingleses tinham vencido todas as batalhas navais em que se envolveram.[9] Seus navios eram equipados e organizados de forma exemplar. As tripulações eram capazes de armar e recolher as velas, carregar e disparar os canhões em menos tempo do que qualquer outra marinha da época. Também mantinham seus navios mais limpos e bem organizados, reduzindo o perigo de doenças e epidemias a bordo.

Em 1808, o recém-aberto mercado brasileiro tornou-se um alvo natural dos interesses dessa florescente potência mundial. Depois de escapar de Napoleão sob a proteção da Marinha britânica, D. João devia imensos favores à Inglaterra. Sua dependência em relação aos britânicos era tão grande que, na etapa da viagem entre Salvador e Rio de Janeiro, confiou ao capitão James Walker, comandante do navio *Bedford,* 84 cofres com parte dos tesouros reais que vinha trazendo de Lisboa.[10] Mais tarde, já no Rio de Janeiro, presenteou o contra-almirante Sidney Smith, comandante da esquadra britânica, com uma chácara na Praia de Santa Luzia, em agradecimento pelos serviços prestados. A propriedade incluía uma bonita casa de campo, terras e vários escravos para cultivá-las.[11]

O governo inglês, obviamente, sabia o quanto a monarquia portuguesa era frágil naquele momento e como obter vantagens dessa situação. Depois de coordenar a partida de D. João para o Brasil, em 1807, Lord Strangford retornou à Inglaterra, onde permaneceu por quatro meses. Chegou ao Rio de Janeiro em 17 de abril de 1808, com instruções muito precisas a respeito do tratado que deveria negociar com a corte exilada. Essas instruções, que o historiador americano Alan K. Manchester descobriu ao pesquisar a correspondência entre Strangford e o ministro das Relações Exteriores britânico, Lord Canning, mostram que, enquanto a corte portuguesa procurava salvar a própria pele fugindo para o Rio de Janeiro, a Inglaterra tinha o pleno controle da situação e sabia exatamente o que e como negociar para assegurar seus interesses políticos e comerciais na região. Uma das instruções de Canning a Strangford determinava a negociação de um acordo para "induzir os comerciantes britânicos a transformarem o Brasil num empório para as manufaturas destinadas ao consumo de toda a América do Sul". O Brasil era, portanto, parte de uma estratégia comercial maior, na qual os interesses ingleses se estendiam por todo o continente.[12]

O plano funcionou perfeitamente. No campo comercial, os privilégios concedidos à Inglaterra foram superiores até mesmo aos que a metrópole portuguesa teria no Brasil de D. João. A abertura dos portos, decretada ainda na Bahia, era apenas o começo. Seus benefícios seriam ampliados dois anos mais tarde por um tratado que transformou a Inglaterra em aliado preferencial nas relações comerciais da colônia convertida em sede da monarquia. Tão preferencial que, a partir de 1810, nem os portugueses conseguiam competir com os produtos ingleses. Pelo novo tratado, as taxas alfandegárias dos ingleses nos portos brasileiros foram reduzidas para apenas 15% do valor de importação, contra 16% pagos pelas mercadorias portuguesas.[13] Com isso, o Brasil se tornou, do ponto de visto aduaneiro, um território livre para os produtos da Inglaterra.

Além das vantagens comerciais, o tratado de 1810 deu aos ingleses prerrogativas especiais, que incluíam o direito de entrar e sair do país quando bem entendessem, fixar residência, adquirir propriedades e ter um sistema de justiça paralelo. Pelo artigo 10, de todos o mais polêmico, a Inglaterra reafirmava no Brasil um privilégio que já detinha em Portugal desde 1654: nomear magistrados especiais com a função de julgar todas as causas que envolvessem cidadãos britânicos. Os próprios ingleses residentes no país elegeriam seus juízes, que só poderiam ser destituídos pelo governo português mediante prévia aprovação do representante da Inglaterra no Brasil. Na prática, passavam a existir duas justiças no Brasil: uma para portugueses e brasileiros, outra só para ingleses, estes inalcançáveis pelas leis locais.[14]

Aos ingleses era garantido também o direito de liberdade religiosa. Numa decisão até então inédita nos domínios de Portugal na América, os protestantes ingleses passavam a ter autorização para erguer templos religiosos, desde que essas capelas e igrejas se assemelhassem a domicílios particulares e não tocassem sinos para anunciar cultos religiosos.[15] Esse artigo do tratado enfrentou feroz oposição do núncio apostólico no Rio de Janeiro, D. Lourenço Caleppi, que chegou a ameaçar D. João de excomunhão caso aceitasse as exigências dos ingleses, cujos interesses acabaram prevalecendo. Como recompensa pela proteção que lhe fora dada pela frota inglesa na viagem ao Brasil, D. João também concedia aos britânicos o privilégio de cortar madeira nas florestas brasileiras para a construção de navios de guerra. Além disso, os navios de guerra britânicos, sem limite de número, poderiam entrar em qualquer porto dos domínios portugueses, em tempos de paz ou de guerra. Os artigos finais estipulavam que o tratado teria duração ilimitada e que as obrigações e condições expressas seriam "perpétuas e imutáveis".[16] Doze anos mais tarde, quando D. Pedro I procurou o reconhecimento da Inglaterra à independência brasileira, uma parte do preço cobrado pelo governo inglês foi a ratificação, pelo novo Estado, das cláusulas do tratado de 1810.[17]

O acordo foi assinado sob a falsa aparência de reciprocidade. Na realidade, tratava-se de coisa bem diferente. Enquanto no Brasil os ingleses tinham a prerrogativa de eleger juízes e ter tribunais especiais, esse direito não era assegurado aos portugueses residentes na Inglaterra, para os quais o contrato reconhecia apenas os benefícios da "excelência reconhecida da Jurisprudência britânica". Não passava, portanto, de uma concessão pura e simples ao poder da Inglaterra, que garantia a sobrevivência da monarquia portuguesa pela força de suas tropas, armas, munições e navios. "Esses benefícios eram tão grandes e essenciais que sem eles os portugueses deixariam de ser até uma nação", escreveu Alan Manchester.[18]

As consequências da abertura dos portos e do tratado de 1810 podem ser medidas em números. Em 1808 entraram no porto do Rio de Janeiro noventa navios estrangeiros, o que correspondia a 10% do total. Os outros 90% eram embarcações portuguesas. Dois anos depois, o número de navios estrangeiros tinha aumentado cinco vezes, para 422, quase todos ingleses, enquanto os portugueses haviam diminuído.[19] Em 1809, um ano depois da abertura dos portos, já existiam mais de cem empresas comerciais britânicas operando no Rio.[20] Em 1812, o Brasil vendeu para a Inglaterra menos de 700 000 libras esterlinas em mercadorias. Na mão contrária, os ingleses exportaram para o Brasil quase três vezes mais, cerca de 2 milhões de libras esterlinas.[21] As exportações britânicas para o Brasil eram 25% maiores do que todas as vendas para a Ásia e metade de tudo o que era exportado para os Estados Unidos, a ex-colônia declarada independente em 1776. Oito de cada dez libras esterlinas exportadas para a América do Sul vinham para o Brasil.[22]

Mais do que o número de cargas e navios, impressionava a variedade de produtos que entravam no Brasil. "O mercado ficou inteiramente abarrotado", registrou o mineralogista inglês John Mawe. "Tão grande e inesperado foi o fluxo de manufaturas inglesas, [...] que os aluguéis das casas para armazená-las elevaram-se vertiginosamente. A baía estava coalhada de navios, e em breve a alfândega transbordou com o volume das mercadorias. Montes de ferragens e pregos, peixe salgado, montanhas de queijos, chapéus, caixas de vidros, cerâmica, cordoalha, cerveja em barris, tintas, gomas, resinas, alcatrão, tudo achava-se exposto não somente ao sol e à chuva, mas à depredação geral. [...] Espartilhos, caixões mortuários, selas e mesmo patins para gelo abarrotavam o mercado, no qual não poderiam ser vendidos e para o qual nunca deveriam ter sido enviados."[23] Outra testemunha da época, um viajante francês confirmou ter visto o desembarque de patins de gelo no Rio de Janeiro, além de outras "esquisitas mercadorias", que incluíam pesados cobertores de lã e fogões de calefação de cobre para aquecer a cama.[24]

Eram produtos que nada tinham a ver com o clima e as necessidades locais, mas aqui chegavam praticamente sem impostos de importação e acabavam sendo adaptados a usos nunca imaginados. O mesmo viajante francês conta que os cobertores de lã foram utilizados para substituir de forma muito mais eficiente o couro de boi na lavagem do cascalho nas minas de ouro. As bacias de cobre, furadas, viraram escumadeiras gigantes nos engenhos de açúcar. Os patins de gelo se transformaram em facas e ferraduras e outros objetos metálicos. O viajante francês disse ter visto em Minas Gerais uma maçaneta de porta feita de patins.

É um engano achar que só os ingleses se beneficiaram nessa história. Muitos brasileiros e portugueses também ficaram ricos. Alguns de maneira desonesta. Os relatos dos viajantes estão repletos de histórias de estrangeiros enganados pelos comerciantes locais, que passavam adiante produtos e mercadorias de baixa qualidade como se fossem outra coisa. "Vendiam-se turmalinas por esmeraldas, cristais por topázios, e pedras comuns e imitações de vidros por diamantes", contou John Mawe.[25] "Gamelas de latão, compradas aos ingleses, eram limadas e misturadas com o ouro (em pó) na proporção de cinco a dez por cento." Madeiras baratas e de cor avermelhada das florestas do Rio de Janeiro eram vendidas como se fossem o valiosíssimo pau-brasil, madeira de lei cujo comércio era rigorosamente fiscalizado em Pernambuco. Era a malandragem brasileira fazendo mais uma de suas *performances* de gala nas páginas da história nacional.

18

A TRANSFORMAÇÃO

Não posso explicar-te a abundância e a fartura das fazendas e quinquilharias francesas que têm inundado esta cidade. Já não se veem fazendas inglesas, que todas têm sido abandonadas, e toda a gente se vê ataviada ao gosto francês, menos eu, que sou Portugal Velho, e ninguém me tira desta cisma.

Relato do arquivista real Luiz Joaquim dos Santos Marrocos, em carta à irmã em Lisboa, sobre a invasão de produtos franceses no Rio de Janeiro em 1816[1]

Passados os atropelos da chegada, era hora de colocar mãos à obra. Os planos eram grandiosos e havia tudo por fazer no Brasil. Entre outras carências, a colônia precisava de estradas, escolas, tribunais, fábricas, bancos, moeda, comércio, imprensa, biblioteca, hospitais, comunicações eficientes. Em especial, necessitava de um governo organizado que se responsabilizasse por tudo isso. "O país era desmesurado e virgem, enquanto que o novo governo, adventício e indigente, tinha de improvisar e criar tudo", escreveu o historiador Pedro Calmon.[2] D. João não perdeu tempo. No dia 10 de março de 1808, quarenta e oito horas depois de desembarcar no Rio de Janeiro, organizou seu novo gabinete. O primeiro ministério do Brasil ficou assim constituído:

- *Negócios Estrangeiros e da Guerra*: D. Rodrigo de Sousa Coutinho, futuro conde de Linhares;
- *Negócios do Reino*: D. Fernando José de Portugal, futuro marquês de Aguiar;
- *Negócios da Marinha e Ultramar*: D. João Rodrigues de Sá e Menezes, visconde de Anadia.

Caberia a esse ministério criar um país a partir do nada. Havia duas frentes de ação. A primeira, interna, incluiu as inúmeras decisões administrativas que D. João tomou logo ao chegar para melhorar a comunicação entre as províncias, estimular o povoamento e o aproveitamento das riquezas da colônia. A outra frente era externa. Visava ampliar as fronteiras do Brasil, numa tentativa de aumentar a influência portuguesa na América. Era também uma forma de punir os adversários europeus de Portugal, ocupando seus territórios e ameaçando seus interesses americanos. Neste caso, os avanços foram precários e sem consequências duradouras.

No final de 1808, uma tropa de quinhentos soldados brasileiros e portugueses, escoltada por uma pequena força naval, invadiu a Guiana Francesa e sitiou a capital, Caiena, cujo governador se rendeu sem resistência no dia 12 de janeiro.[3] Era uma retaliação à invasão de Portugal pelas tropas de Napoleão. Uma segunda ofensiva seria a anexação da chamada Banda Oriental do Rio da Prata, atual território do Uruguai, em represália à aliança da Espanha com a França napoleônica. Foram ambas conquistas efêmeras. A Guiana seria devolvida à França oito anos mais tarde pelo Tratado de Viena, que redesenhou o mapa da Europa após a queda de Napoleão.

O Uruguai, ocupado por tropas de D. João em 1817, conseguiria sua independência em 1828.

Com os planos de expansão territorial fracassados, restou a D. João se concentrar na primeira — e mais ambiciosa — de suas tarefas: mudar o Brasil para reconstruir nos trópicos o sonhado império americano de Portugal. Nesse caso, as novidades começaram a aparecer num ritmo alucinante e teriam grande impacto no futuro do país. Na escala em Salvador, a decisão mais importante havia sido a abertura dos portos. Na chegada ao Rio de Janeiro, foi a concessão de liberdade de comércio e indústria manufatureira no Brasil. A medida, anunciada no dia 1º de abril, revogava um alvará de 1785, que proibia a fabricação de qualquer produto na colônia. Combinada com a abertura dos portos, representava na prática o fim do sistema colonial. O Brasil libertava-se de três séculos de monopólio português e se integrava ao sistema internacional de produção e comércio como uma nação autônoma.[4]

Livres das proibições, inúmeras indústrias começaram a despontar no território brasileiro. A primeira fábrica de ferro foi criada em 1811, na cidade de Congonhas do Campo, pelo então governador de Minas Gerais, D. Francisco de Assis Mascarenhas, o conde da Palma. Três anos mais tarde, já como governador da Província de São Paulo, D. Francisco auxiliaria a construção de outra indústria siderúrgica, a Real Fábrica de São João de Ipanema, em Sorocaba.[5] Em outras regiões foram erguidos moinhos de trigo e fábricas de barcos, pólvora, cordas e tecidos.

A abertura de novas estradas, autorizada por D. João ainda na escala em Salvador, ajudou a romper o isolamento que até então vigorava entre as províncias. Sua construção estava oficialmente proibida por lei desde 1733, com a desculpa de combater o contrabando de ouro e pedras preciosas. Ainda em 1809, uma estrada de 121 léguas (cerca de 800 quilômetros) foi aberta entre Goiás e a região Norte do país. Seguindo um percurso semelhante ao da atual rodovia Belém-Brasília, tinha por objetivo facilitar a comunicação com a Guiana Francesa depois da ocupação de Caiena por tropas portuguesas. Também foram abertos novos caminhos entre Minas Gerais, Bahia, Espírito Santo e o norte do atual Estado do Rio de Janeiro. A Estrada do Comércio, ligando as cidades do Vale do Paraíba, reduziu pela metade o percurso que os tropeiros tinham de percorrer para ir de São Paulo ao sul de Minas.[6]

As regiões mais distantes foram exploradas e mapeadas. O Pará e o Maranhão ganharam uma nova carta hidrográfica. Goiás, a sua primeira companhia de navegação. Expedições percorreram os rios tributários do Amazonas até as nascentes e estabeleceram a comunicação fluvial entre o Mato Grosso e São Paulo.[7] A navegação a vapor foi inaugurada em 1818 por Felisberto Caldeira Brant, futuro marquês de Barbacena e primeiro embaixador do Brasil em Londres depois da Independência. D. João concedeu a Brant o privilégio de explorar o negócio com exclusividade por catorze anos, decisão que o jornalista Hipólito da Costa criticou por considerar que a falta de concorrência inibiria a expansão do novo meio de transporte.[8]

Outra novidade foi a introdução do ensino leigo e superior. Antes da chegada da corte, toda a educação no Brasil colônia estava restrita ao ensino básico e confiada aos religiosos. As provas eram ministradas muitas vezes dentro das igrejas, com plateia para assistir ao desempenho dos alunos.[9] Ao contrário das vizinhas colônias espanholas, que já tinham suas primeiras universidades, no Brasil não havia uma só faculdade. D. João mudou isso ao criar uma escola superior de Medicina, outra de técnicas agrícolas, um laboratório de estudos e análises químicas e a Academia Real Militar, cujas funções incluíam o ensino de Engenharia Civil e Mineração. Estabeleceu ainda o Supremo Conselho Militar e de Justiça, a Intendência Geral de Polícia da Corte (mistura de prefeitura com secretaria de segurança pública), o Erário Régio, o Conselho de Fazenda e o Corpo da

Guarda Real. Mais tarde seriam criadas a Biblioteca Nacional, o Museu Nacional, o Jardim Botânico e o Real Teatro de São João.[10]

A *Gazeta do Rio de Janeiro*, primeiro jornal publicado em território nacional, começou a circular no dia 10 de setembro de 1808, impresso em máquinas trazidas ainda encaixotadas da Inglaterra. Com uma ressalva: só imprimia notícias favoráveis ao governo. "A julgar-se o Brasil pelo seu único periódico, seria um paraíso terrestre, onde nunca se tinha expressado uma só crítica ou reclamação", observou o historiador John Armitage.[11] Hipólito da Costa, que lançou o seu *Correio Braziliense* em Londres três meses antes da estreia da *Gazeta* no Rio de Janeiro, reclamava de se "gastar tão boa qualidade de papel em imprimir tão ruim matéria" e que "melhor se empregaria se fosse usado para embrulhar manteiga".[12]

As transformações teriam seu ponto culminante em 16 de dezembro de 1815. Nesse dia, véspera da comemoração do aniversário de 81 anos da rainha Maria I, D. João elevou o Brasil à condição de Reino Unido a Portugal e Algarves e promoveu o Rio de Janeiro a sede oficial da Coroa. Havia dois objetivos na medida. O primeiro era homenagear os brasileiros que o haviam acolhido em 1808. O outro era reforçar o papel da monarquia portuguesa nas negociações do Congresso de Viena, no qual as potências vitoriosas na guerra contra Napoleão discutiam o futuro da Europa. Com a elevação do Brasil à categoria de Reino Unido a Portugal, a corte do Rio de Janeiro ganhava direito de voz e voto no congresso, embora estivesse a milhares de quilômetros de Lisboa, a sede até então reconhecida pelos demais governos europeus.

Ao lado dessas iniciativas grandiosas, o príncipe também adotou providências paroquianas, como a ordem para mudar a fachada das casas do Rio de Janeiro. Quando a corte chegou, a maioria das residências cariocas tinha janelas em estilo mourisco, chamadas rótulas ou gelosias. Era uma abertura na parede, protegida por treliças de madeira, com um vão na parte inferior, onde os moradores podiam observar o movimento na rua sem serem vistos. As grades de madeira impediam a entrada do sol e tornavam o interior das casas escuro e sufocante. D. João detestou esse detalhe arquitetônico. Mandou que todas as treliças fossem removidas imediatamente e substituídas por vidraças, "no termo de oito dias", segundo edital assinado no dia 11 de junho de 1809.[13]

Numa outra decisão pitoresca, declarou guerra contra os índios botocudos que infernizavam a vida de fazendeiros e colonos na Província do Espírito Santo. Segundo o relato do inglês John Mawe, "o príncipe regente publicou uma proclamação na qual convida os índios a habitar nas aldeias, a se fazerem cristãos, prometendo-lhes, se viverem em boa inteligência com os portugueses, que seus direitos serão reconhecidos e, como os outros vassalos, gozarão da proteção do Estado; mas, se persistirem em sua vida bárbara e feroz, os soldados do príncipe terão ordem de lhes fazer guerra de extermínio".[14] De Londres, Hipólito da Costa ironizou a medida num editorial do *Correio Braziliense*: "Há muito tempo não leio um documento tão célebre; e o publicarei quando receber a resposta de Sua Excelência o Secretário de Estado dos Negócios Estrangeiros e da Guerra da Nação dos Botocudos".[15]

O esforço de mudar o Brasil não se limitou ao aspecto administrativo. Enquanto mandava abrir estradas, construir fábricas e escolas e organizar a estrutura de governo, D. João também se dedicava ao que o historiador Jurandir Malerba chamou de "empreendimentos civilizatórios". Nesse caso, a meta era promover as artes, a cultura, e tentar infundir algum traço de refinamento e bom gosto nos hábitos atrasados da colônia. A maior dessas iniciativas foi a contratação, em Paris, da famosa Missão Artística Francesa. Chefiada por Joaquim Lebreton, secretário perpétuo da seção de belas-artes do Instituto de França, a missão chegou ao Brasil em 1816 e era composta por alguns dos mais renomados

O embarque na versão oficial: a fuga foi decidida às pressas, mas a mudança da corte para o Brasil era um plano antigo.

Embarque de D. João, príncipe regente de Portugal, para o Brasil, em 27 de novembro de 1807.
Pintura de Nicolas Louis Albert Delerive, 1807-1818. Museu Nacional dos Coches, Lisboa.

Entrada dos franceses em Lisboa: soldados maltrapilhos e famintos que D. João poderia ter vencido — se tivesse coragem.

Entrada dos franceses em Lisboa. Gravura de Louis Gudin, 1820.

A coroação de Napoleão: "O mais poderoso sopro de vida humana que havia passado pela face da Terra".

Sagração do imperador Napoleão e coroamento da imperatriz Josefina na Catedral de Notre Dame, 2 de dezembro de 1804. Pintura de Jacques-Louis David, 1806-7.

Os Fuzilamentos da Moncloa: massacre dos espanhóis pelas tropas francesas na visão do pintor Francisco de Goya.

Fuzilamentos da Moncloa.
Francisco José de Goya y Lucientes, 1814.
Museu do Prado, Madri.

William Carr Beresford, o governador britânico de Portugal na ausência de D. João: olho vazado por um tiro de fuzil.

William Carr Beresford, visconde Beresford,
retrato de Sir William Beechey, 1814-1815. National Portrait Gallery, Londres.

Alegoria da chegada de D. João ao Rio de Janeiro: pela primeira vez, um soberano europeu pisava o solo americano.

Alegoria da chegada da família de D. João VI.
Pintura em óleo sobre tela de Domingos Antônio Sequeira (1768-1837).
Coleção duque de Palmela, Lisboa.

D. João: um príncipe tímido, feio e inseguro que vivia separado da mulher e tinha medo de caranguejos e trovoadas.

Retrato de D. João VI.
Atribuído a Domingos Antônio Sequeira (1768-1837), s. d.
Palácio do Itamaraty, Brasília.

D. João, por Debret: o lábio pendente, as mãos finas, os pés pequenos e o corpo delgado lhe davam uma aparência grotesca.

Retrato de D. João VI. Autoria de Jean Baptiste Debret, s. d.
Museu Histórico Nacional, Rio de Janeiro.

D. João e Carlota Joaquina: um casamento em crise devido à indecisão do marido e às conspirações da mulher.

Retrato de D. João VI e D. Carlota Joaquina. De Manuel Dias de Oliveira, início do século XIX. Museu Histórico Nacional, Rio de Janeiro.

A rainha Carlota Joaquina, por Debret: feia, maquiavélica e infeliz, mas não comprovadamente infiel.

A rainha D. Carlota Joaquina. Gravura de Jean Baptiste Debret, do livro *Voyage pittoresque et historique au Brésil*, Paris, 1834-1839. Lucia M. Loeb/Biblioteca Guita e José Mindlin.

D. João VI, de cetro e manto: apesar das deficiências pessoais, soube delegar o poder e sobreviver à turbulência.

O rei D. João VI. Gravura de Jean Baptiste Debret,
do livro *Voyage pittoresque et historique au Brésil*, Paris, 1834-1839.
Lucia M. Loeb/Biblioteca Guita e José Mindlin.

A Praça do Palácio, no Rio de Janeiro: o rei distribuiu mais títulos de nobreza no Brasil do que em três séculos em Portugal.

Vista da Praça do Palácio.
Gravura de Jean Baptiste Debret,
do livro *Voyage pittoresque et historique au Brésil*,
Paris, 1834-1839. Lucia M. Loeb/Biblioteca Guita e José Mindlin.

D. João conduzindo a própria carruagem
num passeio nos arredores do Rio de Janeiro:
vida pacata e sossegada nos trópicos.

Don John VI, king of Portugal and Brazil, his attendants at Rio de Janeiro.
Ilustração do livro *History of Brazil: comprising its geography, commerce, colonization, aboriginal inhabitants*, de James Henderson, Londres, 1821.
Lucia M. Loeb/Biblioteca Guita e José Mindlin.

A cerimônia do beija-mão, segundo APDG: uma corte corrupta e perdulária que vivia da troca de favores da monarquia.

Court day at Rio. Gravura do livro *Sketches of Portuguese life manners and costume and character*, de APDG, Londres, 1826. Lucia M. Loeb/Biblioteca Guita e José Mindlin.

Fazenda de farinha de mandioca, por Spix e Martius: uma economia rudimentar transformada pela abertura dos portos.

Mandioca, the farm of Mr. V. Langsdorff
(no pé da Serra de Estrela, continuação da Serra dos Órgãos,
Rio de Janeiro, caminho para Vila Rica).
Gravura do livro *Travels in Brazil*, de John [Johann] Baptist von Spix
e C. F. Philipp von Martius, Londres, 1824.
Lucia M. Loeb/Biblioteca Guita e José Mindlin.

artistas da época: Jean Baptiste Debret, discípulo de Jacques-Louis David, o pintor favorito de Napoleão Bonaparte; Nicolas Taunay, pintor de paisagens; seu irmão Auguste Taunay, escultor; Grandjean de Montigny, arquiteto; Simon Pradier, gravador e entalhador; Francisco Ovide, professor de mecânica aplicada; Francisco Bonrepos, ajudante de escultor; Segismund Neukomm, músico e discípulo do compositor austríaco Franz Joseph Haydn. Além desses artistas, a missão incluía dois surradores e curtidores de peles, um serralheiro, três carpinteiros de carros e um mestre de obras de ferraria.[16] D. João pagou as despesas da viagem e garantiu a todos generosas pensões, com a condição de que permanecessem pelo menos seis anos no Brasil.[17]

Oficialmente, o principal objetivo da Missão Francesa era a criação de uma academia de artes e ciências no Brasil. Esse plano nunca saiu do papel.[18] Em vez disso, o que os franceses fizeram mesmo foi paparicar o rei e a corte que garantiam seu sustento nos trópicos. Coube a eles organizar e ornamentar as grandes celebrações que a monarquia faria no Brasil nos quatro anos que antecederam a volta para Portugal e que incluiriam o casamento de D. Pedro e a princesa Leopoldina, o aniversário, a aclamação e a coroação de D. João VI. Para essas ocasiões, os franceses ergueram arcos monumentais nas ruas do Rio de Janeiro, organizaram peças e concertos e pintaram cenas que se tornaram célebres. A missão foi, portanto, útil enquanto serviu a esse propósito. Passado o período de celebrações, ela se desarticulou. Foi também duramente afetada pela morte, em 1817, do seu principal inspirador e protetor, Antônio de Araújo e Azevedo, o conde da Barca. Lebreton caiu no ostracismo e retirou-se para uma casa na praia do Flamengo, onde morreu em 1819.[19] "Os artistas tiveram as maiores desilusões", observou o historiador Tobias Monteiro. "Com exceção da música, a corte não se interessava pelas belas-artes. Nem os fidalgos nem a gente rica possuía quadros."

Apesar das dificuldades, Debret ficou quinze anos no Brasil. É o mais conhecido de todos os artistas franceses, responsável pela melhor e mais ampla iconografia da época. Seus quadros, gravuras e anotações registram de forma meticulosa a paisagem, os hábitos e costumes do Rio de Janeiro e arredores, os integrantes da família real — incluindo os retratos mais famosos do próprio D. João VI —, os rituais que cercavam a corte e a coroação de D. Pedro I. São imagens que tentam imitar o brilho e a sofisticação das monarquias europeias, quando na verdade tratava-se de uma nobreza caipira, sem cultura. Debret documentou ainda a escravidão nas cidades e fazendas brasileiras. Também nesse caso, são cenas acadêmicas, assépticas, que retratam negros e negras com perfis gregos, curvilíneos, de roupas limpas e bem assentadas. Em momento algum, conseguem refletir, em toda a sua crueza, a brutalidade dos espancamentos e dos maus-tratos a que eram submetidos os escravos.

A música era, de longe, a arte preferida pela corte portuguesa no Rio de Janeiro. Debret estimou que, em 1815, D. João gastava 300 000 francos anuais na manutenção da Capela Real e seu corpo de artistas, que incluíam "cinquenta cantores, entre eles magníficos *virtuosi* italianos, dos quais alguns famosos *castrati*, e 100 executantes excelentes, dirigidos por dois mestres de capela".[20] Em 1811, chegou ao Rio de Janeiro o mais famoso músico português, o maestro Marcos Antônio Portugal. Até a partida da corte, em 1821, ele comporia inúmeras peças e músicas sacras em homenagem aos grandes eventos da Coroa.

Os concertos eram realizados na Capela Real e no recém-inaugurado Teatro São João, com 112 camarotes e lugares para 1020 pessoas na plateia. Theodor von Leithold, capitão de cavalaria da Prússia, que visitou o Rio de Janeiro em 1819, descreveu esses espetáculos da seguinte forma:

> *São quatro ou cinco apresentações semanais, que variam entre comédias, dramas e tragédias em português e óperas italianas acompanhadas de bailados. As óperas italianas representam-nas de maneira toda especial. Durante minha estada, foi apresentada muitas vezes a ópera* Tancredo, *mas eu mal a reconheci de tão mutilada e estropiada por uma péssima orquestra.* Demoiselle *Faschiotti, irmã de um dos* castrati *da Capela Real, e* Madame *Sabini cantam passavelmente, sobremodo ajudadas pelos seus dotes físicos. A orquestra é muito reduzida em número, numa palavra, miserável: apenas um flautista, francês, e um violoncelista chamaram-me a atenção. Os violinistas, então, são abaixo da crítica.*[21]

O Rio de Janeiro definitivamente estava longe de se comparar a Londres ou Paris, mas os novos hábitos e rituais importados pela corte logo produziram efeito no comportamento dos seus moradores. "A abertura dos portos e a nova dignidade do Rio de Janeiro como capital de todo o império lusitano atraíram para a cidade legiões de negociantes, aventureiros e artistas", relata o historiador Jurandir Malerba.[22] Ex-combatente do Exército prussiano na guerra contra Napoleão, o príncipe e naturalista Alexander Philipp Maximiliano de Wied-Neuwied chegou ao Rio em 1815, esperando encontrar um pacato vilarejo colonial adormecido nas selvas tropicais e surpreendeu-se com o que viu. "Melhoramentos de todo gênero foram realizados na capital", escreveu o príncipe. "Ela muito perdeu de sua originalidade, tornando-se hoje mais parecida com as cidades europeias."[23]

Surpresa semelhante teve, três anos mais tarde, o oficial da Marinha americana Henry Marie Brackenridge ao entrar na Baía da Guanabara a bordo da corveta *Congress*. "O número de navios entrando e saindo continuamente do porto nos deu uma ideia da importância comercial da cidade que estávamos prestes a visitar", anotou em seu diário. "Quando entramos na baía, uma cena magnífica se abriu diante de nós. [...] Colinas e vales, escondidos entre majestosas montanhas, estão cobertos de conventos, igrejas e lindos jardins, enquanto as faixas de areia junto ao mar são ocupadas por elegantes casas de campo, a maioria delas construída por fidalgos portugueses ou por comerciantes ingleses que ficaram ricos depois da abertura dos portos."[24]

A maneira mais divertida de observar a sofisticação dos hábitos da sociedade carioca é ler os anúncios publicados na *Gazeta do Rio de Janeiro* a partir de 1808. No começo, oferecem serviços e produtos simples, reflexo de uma sociedade colonial ainda fechada para o mundo, que importava pouca coisa e produzia quase tudo que consumia. Esses primeiros anúncios tratam de aluguel de cavalos e carroças, venda de terrenos e casas e alguns serviços básicos como aulas de Catecismo, Língua Portuguesa, História e Geografia.[25]

Dois exemplos de anúncios publicados em 1808:

> *Quem quiser comprar uma morada de casas de sobrado com frente para Santa Rita, fale com Anna Joaquina da Silva, que mora nas mesmas casas, ou com o capitão Francisco Pereira de Mesquita, que tem ordem para as vender.*

> *Vende-se um bom cavalo mestre de andar em carrinho. Quem o pretender comprar procure Francisco Borges Mendes, morador da esquina do Beco de João Baptista por cima de uma venda.*[26]

De 1810 em diante, o tom e o conteúdo dos anúncios mudam de forma radical. Em vez de casas, cavalos e escravos, passam a oferecer pianos, livros, tecidos de linho, lenços de seda, champanhe, água de colônia, leques, luvas, vasos de porcelana, quadros, relógios e uma infinidade de outras mercadorias importadas. Na edição de 2 de março de 1816 da *Gazeta*, o francês Girard se anuncia como "cabeleireiro de Sua Alteza Real a Senhora D. Carlota, Princesa do Brasil, de Sua Alteza Real a Princesa de Galles e de sua Alteza Real a Duquesa de Algouleme". Em seguida, oferece os seguintes serviços: "Penteia as senhoras na última moda de Paris e de Londres; corta o cabelo aos homens e às senhoras; faz cabeleiras de homens e senhoras; tinge com a última perfeição o cabelo, as sobrancelhas e as suíças, sem causar dano algum à pele nem à roupa; e tem uma pomada que faz crescer e aumentar o cabelo". Em 13 de novembro do mesmo ano, Bellard, na Rua do Ouvidor, número 8, avisa ter recebido "um novo sortimento de falsa e verdadeira bijuteria, chapéus para senhoras, livros franceses, vestidos e enfeites de senhoras modernas, cheiros de todos os gêneros, pêndulos, espingardas e leques".

A influência francesa é marcante. As lojas do Rio de Janeiro estavam repletas de novidades que chegavam de Paris. Pela edição de 26 de junho de 1817 da *Gazeta*, o comerciante Carlos Durante avisava a seus clientes que havia se mudado da Rua do Ouvidor, número 28, para a Rua Direita, número 9, primeiro andar, onde oferecia os seguintes produtos: "Cheiros, água de Cologne, pomadas, diversas essências e vinagres para toucador e para mesa, luvas, suspensórios, sabão, leques de toda a sorte, escovas e pentes de todas as qualidades, sapatos, chinelas para homens e para senhoras, vestes de seda e de marroquim, todas de Paris, caixas de tabaco de toda espécie, necessário para homem, caixas de costura para senhoras, velas, azeite para luzes clarificado. Chapéus de palha e de castor para homens e para meninos; chapéus de palha para senhora, guarnecidos e não guarnecidos; chapéus de seda, penachos, fitas, filós bordados de ouro e prata, flores artificiais, casimiras, luvas, garças, véus, retrós, seda crua etc; mesas, espelhos de toucador, espelhos de todo o tamanho com molduras, e sem elas; estampas, painéis preciosos; bijuteria verdadeira e falsa, como colares, brincos, anéis e enfeites; pêndulas, relógios de repetição e de música para homens e para senhoras; vinho de Champagne a 480 a garrafa; um moinho portátil para grão, (que) um só negro pode moer; um sortimento de livros franceses, e muitas outras mercadorias a preços cômodos".[27]

Em 1824, três anos depois da partida da corte, o cronista alemão Ernst Ebel visitou uma loja chamada Vivienne, situada na Rua do Ouvidor, que o fez se sentir em Paris: "Por trás de uma mesa bem polida, senta-se *Madame* ou *Mademoiselle* elegantemente posta, ocupando meia dúzia de negrinhas, vestidas com esmero e escolhidas pelo físico, ocupadas a costurar [...]. Aí vendem tudo o que de mais exigente a dama mais elegante possa desejar; naturalmente, por bom dinheiro. No salão do *maître-coiffeur,* se quiser cortar o cabelo, será conduzido a um caprichoso gabinete, guarnecido de espelhos, onde poderá fazê-lo *à la française* ou *à l'anglaise* e com *huile antique*, à vontade, por preço deixado à sua discrição; será, todavia, malvisto se der menos de mil-réis".[28]

A indumentária e os novos hábitos transplantados pela corte eram exibidos nas noites de espetáculo do Teatro São João ou nas missas de domingo. Nessas ocasiões, um símbolo indiscutível de *status* era o número de escravos e serviçais que acompanhavam seus senhores nas ruas do Rio de Janeiro. Os mais ricos e poderosos tinham as maiores comitivas e faziam questão de exibi-las como símbolo de sua importância social. O prussiano Von Leithold diz que até as meretrizes de primeira classe — "que não são poucas" — exibiam orgulhosas suas escoltas pelas ruas. Quem não dispunha de criados particulares, os alugava para as funções dos dias santos ou missas. "É um ponto de honra apresentarem-se com um numeroso séquito. Caminham solenes, a passos medidos, pelas ruas."

"É nos domingos e nos dias de festa que se exibem toda a riqueza e magnificência das famílias brasileiras", relatou o viajante inglês Alexander Caldcleugh, que esteve no Rio de Janeiro entre 1819 e 1821. "Logo cedo o dono da casa se prepara para ir à igreja, e marcha, quase sem exceção, na seguinte ordem: primeiro, o senhor, com seu chapéu alto, calças brancas, jaqueta de linho azul, sapatos de fivelas e uma bengala dourada. Em seguida, vem a dona da casa, em musselina branca, com joias, um grande leque branco na mão, meias e sapatos brancos; flores ornamentam seus cabelos escuros. Em seguida, vêm os filhos e filhas, depois as mulatinhas favoritas da senhora, duas ou três, com meias e sapatos brancos; o próximo é um mordomo negro, com chapéu alto, calças e fivelas; por fim negros dos dois sexos, com sapatos, mas sem meias, e vários sem um nem outro. Dois ou três garotos negros, mal cobertos com algum roupa, fecham a fila."[29]

Obviamente, era uma aparência enganadora. Apesar do esforço e da velocidade das mudanças empreendidas por D. João, transformar o Brasil seria uma tarefa muito mais árdua do que se poderia imaginar observando as lojas e a pompa das famílias nas ruas da nova sede da corte portuguesa.

19

O CHEFE DA POLÍCIA

Uma bomba populacional abalou o Rio de Janeiro nos treze anos em que a corte portuguesa esteve no Brasil. O número de habitantes, que era de 60 000 em 1808, tinha dobrado em 1821. Só São Paulo, transformada na maior metrópole da América Latina na fase da industrialização, na primeira metade do século XX, veria um crescimento tão acelerado. No caso do Rio de Janeiro, havia um agravante: metade da população era escrava.[1] Pode-se imaginar o que foi isso numa cidade que já em 1808 não tinha espaço, infra estrutura nem serviços para receber os novos moradores que chegavam de Lisboa.

A criminalidade atingiu índices altíssimos. Roubos e assassinatos aconteciam a todo momento. No porto, navios eram alvos de pirataria. Gangues de arruaceiros percorriam as ruas atacando as pessoas a golpes de faca e estilete. Oficialmente proibidos, a prostituição e o jogo eram praticados à luz do dia. "Nesta cidade e seus subúrbios, temos sido muito insultados pelos ladrões", relata o arquivista real Luiz Joaquim dos Santos Marrocos numa das cartas ao pai, que ficara em Lisboa. "Em cinco dias, contaram-se em pequeno circuito 22 assassinatos, e numa noite defronte à minha porta fez um ladrão duas mortes e feriu um terceiro gravemente."[2] Marrocos reclamava que havia negros e pobres em demasia nas ruas do Rio de Janeiro e que a maioria se vestia de forma indecorosa.

A tarefa de colocar alguma ordem no caos foi confiada por D. João ao advogado Paulo Fernandes Viana. Desembargador e ouvidor da corte, nascido no Rio de Janeiro e formado pela Universidade de Coimbra, Viana foi nomeado intendente-geral da polícia pelo alvará de 10 de maio de 1808, cargo que ocupou até 1821, o ano de sua morte. Tinha funções equivalentes ao que seria hoje a soma de um prefeito com um secretário de Segurança Pública. Mais do que isso, era "um agente civilizador" dos costumes no Rio de Janeiro.[3] Cabia a ele transformar a vila colonial, provinciana, inculta, suja e perigosa em algo mais parecido com uma capital europeia, digna de sediar a monarquia portuguesa. Sua missão incluía aterrar pântanos, organizar o abastecimento de água e comida e a coleta de lixo e esgoto, calçar e iluminar as ruas usando lampiões a óleo de baleia, construir estradas, pontes, aquedutos, fontes, passeios e praças públicas. Ficou também sob sua responsabilidade policiar as ruas, expedir passaportes, vigiar os estrangeiros, fiscalizar as condições sanitárias dos depósitos de escravos e providenciar moradia para os novos habitantes que a cidade recebeu com a chegada da corte.[4]

Viana era um dos mais influentes auxiliares do príncipe regente, com quem tinha audiências a cada dois dias.[5] Afirmava ser "um dever da polícia trazer o povo entretido e promover o amor e respeito dos vassalos para com o soberano e sua real dinastia".[6] Munido de superpoderes, ele se metia em praticamente tudo. Brigas de família e vizinhos, confusões envolvendo escravos e senhores, organização de festas e espetáculos públicos, distribuição de livros e jornais estrangeiros, o comportamento das pessoas dentro e fora de casa — nada escapava de seu crivo. Em ofício ao comandante da polícia, em janeiro de 1816. mandava matar os cães vadios, "que já se fazem insuportáveis nesta cidade e de cuja tolerância podem nesta ardente estação seguirem-se males, além dos ordinários que já estão causando de investirem, morderem, e esfarraparem o povo".[7] Em outro ofício, ordenava à guarda militar reprimir "assobios, gritos, pateadas, e outros comportamentos e modos incivis que o povo pratica" durante os espetáculos de teatro.[8]

Uma das primeiras tarefas de Viana no seu novo e ingrato papel de agente civilizador do Rio de Janeiro foi mudar a própria arquitetura colonial da cidade. Coube a ele executar a ordem de D. João que determinava a substituição das austeras rótulas de madeira nas janelas das casas por vidraças. "Sendo agora uma corte, o Rio de Janeiro precisa de propriedades de outra natureza, que enobreçam e embelezem a cidade", registrou num ofício.[9] A medida foi tomada por razões estéticas, mas também por segurança: temia-se que as janelas escondidas atrás das treliças fossem usadas em emboscadas contra a corte portuguesa.

A cruzada para mudar os costumes encontrava um obstáculo na presença maciça dos escravos nas ruas da cidade. Eram uma fonte permanente de tensão social, especialmente depois que a revolta de negros cativos na Ilha de São Domingos tinha resultado num banho de sangue entre os colonos brancos — a mesma ilha abriga hoje a República Dominicana e o Haiti, este considerado o país mais pobre do mundo. "Os escravos são sempre inimigos naturais de seus senhores: eles são contidos pela força e pela violência", afirmava José Antônio Miranda, autor de um panfleto que circulou no Rio de Janeiro em 1821 com análise da situação política do Brasil e de Portugal. "Em toda parte onde os brancos são muito menos que os escravos e onde há muitas castas de homens, uma desmembração [...] pode estar ligada com a sentença de morte e um batismo de sangue para os brancos, como aconteceu em São Domingos e poderá acontecer em toda parte em que os escravos forem superiores em força e número aos homens livres."[10]

Viana era a favor da escravidão, mas achava que não pegava bem tê-la exposta publicamente numa cidade habitada por uma corte europeia. Malvestidos, os negros costumavam se reunir nas ruas e praças aos domingos e feriados para jogar, lutar capoeira e batucar. Quando cometiam algum delito, seus donos tinham a prerrogativa de mandar açoitá-los em praça pública. Relatório do intendente em 1821 revela que um terço de todas as prisões de escravos no período estavam relacionadas a "crimes contra a ordem pública", registrados nos boletins policiais sob o nome genérico de "desordens".[11] Nessa categoria incluíam-se brigas, bebedeiras, jogos proibidos — como capoeira — e agressões físicas. Pequenos furtos e porte de armas, como navalhas, eram reprimidos de forma severa. Um escravo recebia de duzentos a trezentos açoites por ser encontrado com navalhas ou lutando capoeira.[12]

"A capoeira era um símbolo de cultura africana, ostentado orgulhosamente pelos escravos nas ruas do Rio de Janeiro", relata a historiadora Leila Mezan Algranti. Era também um meio de defesa, temido pelas patrulhas policiais que rondavam a cidade. Os negros poderiam ser presos apenas por assoviarem o ritmo da capoeira ou por usarem casquete com fitas amarelas e encarnadas — símbolo dos lutadores de capoeiras — ou ainda por carregarem instrumentos musicais utilizados nesses encontros. Registro policial de 15 de abril de 1818 revela que "José Rebolo, escravo de Alexandre Pinheiro, foi preso por usar um boné com fitas amarelas e vermelhas". Tinha em seu poder uma faca de ponta. A punição: trezentos açoites e três meses de prisão![13]

Nada disso, na opinião de Viana, era condizente com o novo patamar de elegância e refinamento que o Rio de Janeiro deveria ostentar com a chegada da família real. Segundo o intendente, numa cidade que abrigava uma corte, açoitar negros em praça pública era "verdadeiramente indecente". Além do mais, poderia provocar desnecessárias revoltas.[14] Por isso, suas medidas incluíram a proibição de reunião de negros escravos em lugares públicos. Os açoitamentos continuaram a ser feitos, mas em recintos fechados, sob a supervisão da Intendência Geral de Polícia, longe dos olhos nobres e estrangeiros que circulavam pelas ruas.

No Rio de Janeiro da corte, a maioria da população andava armada. O cônsul inglês James Henderson surpreendeu-se com o número de pessoas que portavam facas escondidas nas mangas de seus capotes, "as quais tiram e usam com grande destreza".[15] Pouca gente se arriscava a sair desacompanhada à rua depois do anoitecer. Pedradas eram um tipo de agressão muito comum. Um grande número de escravos era preso por desferir pedradas em pessoas que simplesmente passavam pela rua. Em outubro de 1817, a mulher do embaixador americano Thomas Sumpter foi atingida por uma delas no olho enquanto estava dentro de sua carruagem na Rua do Ouvidor. Num outro caso, o intendente repreendia o comandante da guarda da corte porque, durante um concerto no Teatro São João, uma pedra certeira atingiu o ator Manuel Alves, pondo fim ao espetáculo.

A subversão e as ameaças à ordem social reinante preocupavam Viana constantemente. Em 1816, alarmado com as notícias da revolta de escravos no Haiti e a disseminação das ideias francesas pelo continente, decidiu organizar na Intendência Geral de Polícia um serviço de "contra espionagem". Segundo Viana, era necessário ter cuidado com os estrangeiros, em especial os franceses, "uma raça que tem se revelado muito prejudicial". Num memorando, ele recomenda que "os estrangeiros sejam vigiados sem opressão", por espiões confiáveis, "que saibam línguas, frequentem seus jantares e concorram com eles nos teatros, nos passeios e divertimentos públicos".[16] Também mandou fazer uma relação dos habitantes e suas ocupações em todos os bairros da cidade, "para se descobrir as pessoas sem ofício e suspeitosas".[17]

Viana se mostrava igualmente preocupado com a mudança acelerada dos costumes no Rio de Janeiro. Em 1820, um compositor recém-chegado à cidade pediu-lhe autorização para apresentar um espetáculo teatral durante a Quaresma. Viana recusou alegando que, embora o requerimento parecesse inocente, representava uma ruptura muito forte com a tradição de recolhimento, piedade e orações durante a Quaresma no tempo da colônia. "Como o povo do Brasil não está acostumado a ver nada além das estações do calvário, é preciso não deixar que digam que foi a chegada da corte que aboliu o costume de silêncio e abstinência (durante a Quaresma)."[18]

O intendente reclamava da falta de recursos para combater o crime e cumprir todas as grandes tarefas que lhe estavam confiadas. Sua polícia, que deveria ter 218 homens, tinha só 75.[19] Não era uma polícia ostensiva, como atualmente. Atuava em rondas dissimuladas, escondidas na escuridão dos becos e ruas, à espreita dos malfeitores. Seu regulamento dizia que os vigilantes tinham de "se ocultar em sítios mais reservados, e no maior silêncio, para poderem escutar qualquer bulha ou motim e aparecerem repentinamente sobre o lugar da desordem".[20] Devido a essa forma sorrateira de atuação, os policiais de Viana receberam o apelido de "morcegos".

Os agentes de Viana eram implacáveis e truculentos. O mais famoso deles foi o major Miguel Nunes Vidigal. Segundo-comandante da nova Guarda Real, Vidigal tornou-se o terror da malandragem carioca. Ficava à espreita nas esquinas ou aparecia de repente nas rodas de capoeira ou nos batuques em que os escravos se confraternizavam bebendo cachaça até tarde da noite. Sem se importar com qualquer procedimento legal, mandava que seus soldados prendessem e espancassem qualquer participante desse tipo de atividade — fosse um delinquente ou apenas um cidadão comum que estivesse se divertindo. Em lugar do sabre militar, os soldados de Vidigal usavam um chicote de haste longa e pesada, com tiras de couro cru nas pontas. O major também comandou pessoalmente vários assaltos a quilombos montados por escravos fugitivos nas florestas ao redor do Rio de Janeiro.[21] Em recompensa pelos seus serviços, Vidigal recebeu de presente dos monges beneditinos, em 1820, um terreno ao pé do Morro Dois Irmãos. Invadido por barracos a partir de 1940, o terreno está hoje ocupado pela Favela do Vidigal, de onde se tem uma vista privilegiada das praias de Ipanema e do Leblon.

As reformas urbanas conduzidas pelo intendente Viana foram inspiradas por dois médicos e conselheiros reais. O primeiro deles, Domingos Ribeiro dos Guimarães Peixoto, cirurgião da câmara do rei, defendia um saneamento radical da cidade. Propunha não apenas construir esgotos e redes de água tratada, mas também demolir alguns morros, aterrar os pântanos e corrigir uma paisagem que, apesar de bonita, era, na sua opinião, nociva à saúde pública. Dizia que o ar do Rio de Janeiro, devido à combinação das altas temperaturas com a baixa circulação dos ventos e a água estagnada nos pântanos e mangues, seria prejudicial à respiração humana porque resultava "num sangue pouco oxigenado" e favorável à proliferação de doenças.[22]

O segundo médico, Manuel Vieira da Silva, conselheiro do rei e autor do primeiro tratado de Medicina publicado no Brasil, também defendia o aterro dos pântanos, o escoamento das águas, o alargamento das ruas e a organização do comércio de carnes e outros alimentos. Tinha especial preocupação com o antigo hábito de sepultar os mortos nas igrejas, que era, segundo ele, fonte de propagação de doenças. "O enterro dentro das igrejas tem merecido a reprovação de todas as sociedades iluminadas, e particularmente a merecem nesta cidade em razão do valor atmosférico", dizia Vieira da Silva. "Se sepultam os corpos na (Igreja da) Misericórdia, deixando-os quase expostos ao calor, e ao ar, de onde se segue a liberação de gases sufocadores da vida." O médico propunha a criação de cemitérios "onde sejam enterrados os ricos e os pobres, estabelecendo-se aí aquelas diferenças necessárias a conservar as diferenças sociais".[23]

Nos planos de melhoria do saneamento dos dois médicos havia uma pedra — ou melhor, uma montanha. Era o Morro do Castelo. Situado no centro da cidade, nas vizinhanças do Paço Real, esse morro era, na opinião de ambos, prejudicial à saúde dos cariocas porque dificultava a circulação dos ventos e impedia o livre escoamento das águas. "O do Castelo apresenta os maiores inconvenientes", dizia Peixoto, referindo-se aos morros do Rio de Janeiro. "Não só tira-lhe aquela elegância de vista, como impede que a cidade seja banhada pela viração, que é dos ventos o mais constante e mais saudável, e conserva na sua base por muito tempo as águas que recebe das chuvas", acrescentava.[24] Vieira da Silva, dirigindo-se ao intendente Viana perguntava: "Deverá entrar no plano da Polícia do Rio de Janeiro a sua demolição?".[25]

Desde então, a cidade foi aplainada, aterrada, desmatada, perfurada, desbastada — de modo que hoje seu traçado junto ao mar é quase irreconhecível quando comparado com o dos mapas da época da chegada da corte ao Brasil. Alvo de ataques tão antigos e constantes, o pobre Morro do Castelo resistiu mais um século. Em 1922, o então prefeito do Distrito Federal, engenheiro Carlos Sampaio, decretou seu fim, como queriam Guimarães Peixoto e Vieira da Silva. Suas terras foram usadas para aterrar parte da Urca, da Lagoa Rodrigo de Freitas, do Jardim Botânico e outras áreas baixas ao redor da Baía da Guanabara.

Ao deixar o cargo, em 1821, Viana registrou os seus feitos: "Aterrei imensos pântanos da cidade, com que se tornou mais sadia [...], fiz calçadas na Rua do Sabão e de S. Pedro, na cidade Nova: na Rua dos Inválidos [...], fiz o cais do Valongo [...], por não haver na cidade abundância d'água para o uso público, consegui [...] conduzir água até para beber em uma légua de distância [...], criei e fui sempre aumentando a iluminação da cidade".[26]

Como se vê, eram todas obras materiais, de fachada, fáceis de planejar e executar. Outra coisa bem diferente era mudar os hábitos e costumes da população. Isso, nem o Super-Homem munido dos superpoderes do Super-Viana seria capaz de fazer em tão pouco tempo.

20

A ESCRAVIDÃO

Comprei um negro por 93 600 réis.
O arquivista Luiz Joaquim dos Santos Marrocos em carta ao pai, uma semana depois de chegar ao Rio de Janeiro, em 1811

Na cidade do Rio de Janeiro são muitos os monumentos e lugares históricos da época de D. João VI abandonados ou mal identificados, mas nada se compara ao que aconteceu com o Mercado do Valongo. O maior entreposto negreiro das Américas sumiu do mapa sem deixar vestígios, como se jamais tivesse existido. Sua localização é ignorada nos mapas de ruas e nos guias turísticos. Situada entre os bairros da Gamboa, da Saúde e do Santo Cristo, a antiga Rua do Valongo até mudou de nome. Hoje chama-se Rua do Camerino. Ao final dela, em direção à Praia Mauá, uma ladeira chamada Morro do Valongo, sem nenhuma placa, monumento ou explicação, é a única referência geográfica que restou. É como se a cidade, de alguma forma, tentasse esquecer o velho mercado negreiro e a mancha que ele representa na história do Brasil. Esforço inútil, porque bem ali perto fica o Sambódromo, onde, em todo Carnaval, uma escola insiste em lembrar que a escravidão faz parte da memória dos cariocas e brasileiros.

Em 1996, a história do Valongo emergiu do subsolo de forma abrupta. Um casal de moradores da Rua Pedro Ernesto, 36, no bairro da Gamboa, decidiu fazer reformas na sua casa, construída no início do século XVIII. Durante as escavações, achou em meio ao entulho centenas de fragmentos de ossos misturados a cacos de cerâmica e vidro. Eram os vestígios do até então desconhecido cemitério dos Pretos Novos. Ali, duzentos anos atrás, se enterravam os escravos recém-chegados da África e mortos antes de serem vendidos. Até o começo de 2007, os arqueólogos haviam reunido 5563 fragmentos de ossos. Pertenciam a 28 corpos de jovens do sexo masculino, com idades entre 18 e 25 anos. Todos eles apresentavam sinais de cremação. O motivo é óbvio: no Rio de Janeiro de D. João VI só os brancos tinham o privilégio de ser sepultados em igrejas, próximos de Deus e do paraíso celeste, segundo se acreditava na época. Os escravos eram jogados em terrenos baldios ou valas comuns, nas quais se atirava fogo e, depois, uma camada de cal.[1]

Quando a corte portuguesa chegou ao Brasil, navios negreiros vindos da costa da África despejavam no Mercado do Valongo entre 18 000 e 22 000 homens, mulheres e crianças por ano.[2] Permaneciam em quarentena, para serem engordados e tratados das doenças. Quando adquiriam uma aparência mais saudável, eram comercializados da mesma maneira como hoje boiadeiros e pecuaristas negociam animais de corte no interior do Brasil. A diferença é que, em 1808, a "mercadoria" destinava-se a alimentar as minas de ouro e diamante, os engenhos de cana de açúcar e as lavouras de algodão, café, tabaco e outras culturas que sustentavam a economia brasileira.

O desembarque, a compra e a venda de escravos faziam parte da rotina da colônia brasileira havia quase três séculos. Para os estrangeiros que, pela primeira vez, foram autorizados a visitar o Brasil depois da chegada da corte, era sempre uma visão constrangedora. Ao visitar o local em 1823, Maria Graham, viajante inglesa e amiga da imperatriz Leopoldina, registrou no seu diário:

> *1º de maio de 1823: vi hoje o Valongo. É o mercado de escravos do Rio. Quase todas as casas desta longuíssima rua são um depósito de negros cativos. Passando pelas suas portas à noite, vi na maior parte delas bancos colocados rente às paredes, nos quais filas de jovens criaturas estavam sentadas, com a cabeça raspada, os corpos macilentos, tendo na pele sinais de sarna recente. Em alguns lugares, as pobres criaturas jaziam sobre tapetes, evidentemente muito fracas para sentarem-se.*[3]

Outro estrangeiro, o cônsul inglês James Henderson, descreveu assim o desembarque dos escravos no porto do Rio de Janeiro:

> *Os navios negreiros que chegam ao Brasil apresentam um retrato terrível das misérias humanas. O convés é abarrotado por criaturas, apertadas umas às outras tanto quanto possível. Suas faces melancólicas e seus corpos nus e esquálidos são o suficiente para encher de horror qualquer pessoa não habituada a esse tipo de cena. Muitos deles, enquanto caminham dos navios até os depósitos onde ficarão expostos para venda, mais se parecem com esqueletos ambulantes, em especial as crianças. A pele, que de tão frágil parece ser incapaz de manter os ossos juntos, é coberta por uma doença repulsiva, que os portugueses chamam de sarna.*[4]

Um terceiro relato é o do diplomata inglês Henry Chamberlain. Ele conta como era a compra de um escravo no Valongo:

> *Quando uma pessoa quer comprar um escravo, ela visita os diferentes depósitos, indo de uma casa a outra, até encontrar aquele que lhe agrada. Ao ser chamado, o escravo é apalpado em várias partes do corpo, exatamente como se faz quando se compra um boi no mercado. Ele é obrigado a andar, a correr, a esticar seus braços e pernas bruscamente, a falar, a mostrar a língua e os dentes. Esta é a forma considerada correta para avaliar a idade e julgar o estado de saúde do escravo.*[5]

Entre os séculos XVI e XIX, cerca 10 milhões de escravos africanos foram vendidos para as Américas. O Brasil, maior importador do continente, recebeu quase 40% desse total, algo entre 3,6 milhões e 4 milhões de cativos, segundo as estimativas aceitas pela maioria dos pesquisadores.[6] O historiador Manolo Garcia Florentino estima que 850 000 escravos desembarcaram no porto do Rio de Janeiro durante o século XVIII, o equivalente à metade de todos os negros cativos trazidos para o Brasil nesse período. Com a chegada da corte e o aquecimento dos negócios na colônia, o tráfico aumentou de forma exponencial. O número de escravos desembarcados no Rio saltou de 9689 em 1807 para 23 230 em 1811 — um aumento de duas vezes e meia em quatro anos. A média anual de navios negreiros atracados no porto também aumentou de 21 no período anterior a 1805 para 51 depois de 1809.[7] "Por volta de 1807, o trabalho escravo no Brasil tinha se tornado um deus econômico, com o comércio escravo como seu poderoso braço direito. Tentar suprimir o tráfico [...] era uma atividade vã", avaliou o historiador Alan K. Manchester.[8]

O tráfico de escravos era um negócio gigantesco, que movimentava centenas de navios e milhares de pessoas dos dois lados do

Atlântico. Incluía agentes na costa da África, exportadores, armadores, transportadores, seguradores, importadores, atacadistas que revendiam no Rio para centenas de pequenos traficantes regionais, que, por sua vez, se encarregavam de redistribuir as mercadorias para as cidades, fazendas, minas do interior do país. Esses pequenos traficantes varejistas eram conhecidos como comboieiros. Em 1812, metade dos trinta maiores comerciantes do Rio de Janeiro se constituía de traficantes de escravos.[9] Os lucros do negócio eram astronômicos. Em 1810, um escravo comprado em Luanda por 70 000 réis, era revendido no Distrito Diamantino, em Minas Gerais, por até 240 000 réis, ou três vezes e meia o preço pago por ele na África. O comprador ideal tinha outro escravo, que servia de garantia no caso do não pagamento da dívida.[10] Só em impostos, o Estado recolhia cerca de 80 000 libras esterlinas por ano com o tráfico negreiro. Seria hoje o equivalente a 18 milhões de reais.[11]

Apesar de muito lucrativo, tratava-se de um negócio que envolvia grandes riscos. Oitenta por cento dos cativos vinham do Congo, de Angola ou Moçambique. A taxa de mortalidade no percurso até o Brasil era altíssima. Na África, o escravo chegava primeiro às mãos dos mercadores nativos, geralmente como prisioneiro de guerra ou oferecido como pagamento de tributo a um chefe tribal. Cabia a esse mercador levá-lo até o litoral, onde seria comprado pelos agentes dos traficantes portugueses. Até o início do século XVIII, essas compras eram feitas com barras de ouro contrabandeadas. Em 1703, a Coroa expediu alvará que proibia o uso de metal precioso nas transações e punia os transgressores com o confisco dos bens e degredo de seis anos em São Tomé. A partir daí, a compra de escravos passou a ser paga com produtos da colônia, em especial tecidos, tabaco, açúcar e cachaça, além de pólvora e armas de fogo.[12]

Na África, cerca de 40% dos negros escravizados morriam no percurso entre as zonas de captura e o litoral. Outros 15% morreriam na travessia do Atlântico, devido às péssimas condições sanitárias nos porões dos navios negreiros. As perdas eram maiores nas cargas que vinham de Moçambique e outras regiões da África oriental. Da costa atlântica, uma viagem até o Brasil durava entre 33 e 43 dias. De Moçambique, no Oceano Índico, até 76 dias.[13] Por fim, ao chegar ao Rio de Janeiro, entre 10% e 12% dos desembarcados pereciam em depósitos, como os do Mercado do Valongo, antes de serem vendidos. Em resumo, de cada cem negros capturados na África, só 45 chegavam ao destino final. Significa que, de dez milhões de escravos vendidos nas Américas, quase outro tanto teria morrido no percurso, num dos maiores genocídios da história da humanidade.[14]

Um risco adicional do tráfico eram os naufrágios e os piratas que infestavam o Atlântico Sul. Dos 43 navios que transportavam escravos para a Companhia do Grão-Pará e Maranhão durante a segunda metade do século XVIII, nada menos que catorze, ou um terço do total, naufragaram. Na década de 1820, os jornais do Rio de Janeiro registraram dezesseis ataques de piratas a navios negreiros, a maior parte de corsários norte-americanos. Um desses navios, o *Estrela do Mar*, foi roubado ainda no porto de Malembo. Perdeu todos os 213 escravos que tinha a bordo antes mesmo de iniciar a travessia.[15]

Os escravos a bordo dos navios negreiros eram considerados uma carga como outra qualquer. Um exemplo. No dia 6 de setembro de 1781, o navio inglês *Zong*, de Liverpool, saiu da África rumo à Jamaica com excesso de escravos a bordo. Em 29 de novembro, no meio do Atlântico, sessenta negros já haviam morrido por doenças, falta de água e comida. "Acorrentados aos pares, perna direita com perna esquerda e mão direita com mão esquerda, cada escravo tinha menos espaço do que um homem dentro de um caixão", escreveu F. O. Shyllon, autor de *Black slaves in Britain*. Temendo perder toda a carga antes de chegar ao destino, o capitão Luke Collingwood decidiu jogar ao mar todos os escravos doentes ou desnutridos. Ao longo de três dias, 133 negros foram atirados da amurada, vivos. Só um conseguiu escapar e subir novamente a bordo. O dono do navio, James Gregson, pediu indenização à seguradora pela carga perdida. A empresa de seguros, em Londres, recorreu à Justiça. Pelas leis inglesas, se o negro morresse a bordo, por maus-tratos, fome ou sede, a responsabilidade seria do capitão do navio. Se caísse no mar, o seguro cobriria. Nesse caso, a Justiça decidiu que a seguradora tinha razão. O capitão era culpado pelas mortes. O caso abriu os olhos dos britânicos para a crueldade do tráfico negreiro e se tornou um ícone do movimento abolicionista no mundo todo.[16]

No Rio de Janeiro, os traficantes de escravos eram empresários proeminentes, reverenciados e respeitados. Tinham influência na sociedade e nos negócios do governo. Na corte de D. João, eles se destacavam entre os grandes doadores, recompensados com honrarias e títulos de nobreza. Um caso bastante ilustrativo é o de Elias Antônio Lopes, o traficante que, em 1808, presenteou o príncipe regente com o palácio que havia construído na chácara de São Cristóvão. Natural da cidade do Porto, Elias chegou ao Rio de Janeiro no final do século XVIII. Ao doar sua própria casa a D. João, Elias fez um ótimo investimento. Ainda em 1808, recebeu do príncipe a comenda da Ordem de Cristo e a propriedade do ofício de tabelião e escrivão da Vila de Parati, em retribuição ao "notório desinteresse e demonstração de fiel vassalagem, que vem de tributar a minha Real Pessoa". No mesmo ano, o príncipe concedeu-lhe o posto de deputado da Real Junta do Comércio. Em 1810, foi sagrado cavaleiro da Casa Real e agraciado com a perpetuidade da Alcaideria-Mor e do Senhorio da Vila de São José Del Rei, na comarca do Rio de Janeiro. Também foi nomeado corretor e provedor da Casa de Seguros da Praça da Corte. Por fim, tornou-se responsável pela arrecadação de impostos em várias localidades. Ao morrer, em 1815, era dono de 110 escravos e de fortuna calculada em 236 contos de réis, distribuída em palácios, fazendas, ações do Banco do Brasil e navios negreiros.[17]

Despejados aos milhares no porto do Rio de Janeiro pelos navios negreiros, os escravos eram um bem relativamente barato e acessível mesmo às famílias de classe média da corte de D. João. James Tuckey, oficial da Marinha britânica, relatou que, em 1803, um negro adulto era vendido por 40 libras no Rio de Janeiro. Seria hoje o equivalente a cerca de 10 000 reais, menos da metade do preço de um carro popular.[18] Uma mulher custava um pouco menos, cerca de 32 libras. Um garoto, 20 libras. Um negro que tivesse sobrevivido à varíola valia mais, porque já era imune à doença e, portanto, tinha chances de viver por mais tempo.[19] "Comprei um negro por 93 600 réis", contou ao pai o arquivista Luiz Joaquim dos Santos Marrocos, numa carta escrita no dia 21 de julho de 1811, o ano de sua chegada ao Rio de Janeiro.[20] Esse valor correspondia na época a pouco mais de 20 libras esterlinas, preço de um escravo adolescente — numa outra carta, Marrocos se refere ao seu escravo como "o meu moleque".[21]

Uma forma muito comum de avaliar o preço de um escravo no Rio de Janeiro era compará-lo ao de um animal de carga. Do ponto de vista dos seus donos, a comparação fazia todo o sentido: ambos se destinavam à mesma atividade. Uma besta adestrada custava no Rio de Janeiro cerca de 28 000 réis, valor que, segundo o historiador Almeida Prado, o botânico austríaco Karl Friedrich Phillip von Martius teria pago por um animal em 1817.[22] Ou seja, o preço do escravo comprado pelo arquivista Marrocos era equivalente ao de três mulas de carga. Curiosamente, essa mesma paridade de preço entre um escravo e um animal era observada um século antes nos relatos do padre jesuíta João Antônio Andreoni, autor de *Cultura e opulência do Brasil por suas drogas e minas*, um clássico da história brasileira. Andreoni, que escreveu o livro sob o pseudônimo de André João Antonil, relata que, em 1711, "um negro bem feito, valente e ladino", custava em Minas Gerais trezentas oitavas de ouro, três vezes o preço de "um cavalo sendeiro".[23]

Escravos eram um patrimônio contabilizável, um ativo a ser explorado ao máximo em busca de retorno. No Rio de Janeiro, toda pessoa com alguma projeção social tinha negros cativos. Relato de 1782 do viajante espanhol Juan Francisco de Aguirre registra que os trinta monges do Convento de São Bento, então o mais rico do Brasil, viviam dos rendimentos proporcionados por "quatro engenhos de açúcar, que empregam 1200 escravos, e de algumas casas de aluguel espalhadas pela cidade". Segundo Aguirre, também os monges beneditinos e os padres jesuítas possuíam escravos nessa época.[24] Alguns proprietários tinham mais escravos do que o necessário para suas atividades. Os cativos excedentes eram alugados a terceiros. Dessa forma, seus donos conseguiam um ganho extra. Havia até corretores especializados em intermediar esse tipo de negócio — num sistema parecido com o funcionamento atual das imobiliárias e locadoras de máquinas e automóveis. O valor do aluguel era inteiramente repassado ao dono do escravo, sem que o cativo participasse do ganho. "Todos os que conseguem adquirir uma meia dúzia de escravos passam a viver na mais completa ociosidade — explorando os rendimentos do trabalho dos seus negros — e a caminhar pela rua solenemente, com grande empáfia", descreveu o inglês James Tuckey, em 1803.[25] "Assim, qualquer pessoa com fumaças de nobreza podia alcançar proveitos dos trabalhos mais humildes sem degradar-se e sem calejar as mãos", observou o historiador Sérgio Buarque de Holanda.[26]

O viajante alemão Ernst Ebel contou que, ao chegar ao Rio de Janeiro, em 1824, alugou um negro por 700 réis ao dia — o equivalente a pouco menos de 30 reais atualmente. Insatisfeito com o serviço, demitiu-o depois de algum tempo e colocou um anúncio no *Diário Fluminense* procurando "uma negra que soubesse lavar e passar a ferro". Conseguiu contratar uma "pretinha", segundo sua própria definição, de dezesseis anos chamada Delfina, que lhe saía por 11 000 réis mensais, sendo 6000 em dinheiro e o restante em comida e outras necessidades diárias. Por esse valor, que hoje equivaleria a aproximadamente meio salário mínimo, "eu dispunha de alguém que não somente me lavava a roupa como a consertava e, em caso de necessidade, entendia um pouco de cozinha, ficando em casa, de mais a mais, o tempo todo, para minha maior segurança", escreveu Ebel.[27]

Outra forma de escravidão que se desenvolveu, paralela ao trabalho de aluguel, foi o sistema de ganho. Eram aqueles escravos que, após fazer o trabalho na casa de seus donos regulares, iam para as ruas em busca de atividade suplementar. Vendiam seu trabalho de forma avulsa, a diversos clientes, oferecendo serviços que poderiam durar um dia ou mesmo algumas horas. Era um sistema tão popular que existiam até casas de comércio especializadas no aluguel de escravos. Os escravos de ganho faziam de tudo: iam às compras, buscavam água, removiam o lixo, levavam e traziam recados e serviam de acompanhantes para as mulheres quando iam à igreja. O inglês John Luccock conta que eram usados até para rezar Ave-Maria, em frente aos oratórios espalhados pela cidade na intenção de seus senhores.[28]

No final do dia, os escravos de ganho repassavam parte do dinheiro aos seus donos. A quantia era previamente estabelecida. O escravo que a ultrapassasse podia ficar com a diferença. Quem não alcançasse a meta, era punido. "Essa forma de trabalho era conveniente tanto para o proprietário quanto para o escravo", escreveu a historiadora Leila Mezan Algranti, uma autoridade no assunto. "O senhor não se preocupava com a ocupação de seus empregados, nem com seu controle. Os negros, por sua vez, viviam soltos pelas ruas gozando de uma liberdade jamais sonhada por seus semelhantes no campo." Segundo ela, o sistema era rentável, pois havia "senhores" que viviam apenas do trabalho de um ou dois "negros de ganho". Ao mesmo tempo, havia escravos que, no sistema de ganho, não só conseguiam pagar a quantia combinada com seus senhores como acabavam acumulando dinheiro suficiente para comprar sua liberdade.[29]

Os museus coloniais estão repletos de instrumentos pavorosos de punição e suplício dos escravos. Havia três categorias de castigo no Brasil, segundo a classificação feita em 1938 pelo historiador Artur Ramos. A primeira era a o dos instrumentos de captura e contenção. Incluíam correntes e colares de ferro, algemas, machos e peias (para pés e mãos), além do tronco — um pedaço de madeira dividido em duas metades com buracos para imobilizar a cabeça, os pés e as mãos — e o viramundo, espécie de tronco menor, de ferro. A máscara de folha de flandres era usada para impedir o escravo de comer cana, rapadura ou engolir pepitas e pedras preciosas. Os anjinhos — anéis de ferro que comprimiam os polegares — eram usados para obter confissões. Nas surras, usava-se a palmatória ou o bacalhau, chicote de cabo curto, de ouro ou madeira com cinco pontas de couro retorcido. Ferros quentes com as iniciais do proprietário ou com a letra F — de fugitivo — também eram utilizados, além do libambo, argola de ferro presa ao pescoço da qual saía uma haste longa, também de ferro, voltada para cima, até o topo da cabeça do escravo, com ou sem chocalhos nas pontas.

Na prática, três instrumentos eram usados com regularidade: o chicote, o tronco e os grilhões. A punição mais comum era o açoite do escravo, nas costas ou nas nádegas, quando fugia, cometia algum crime ou alguma falta grave no trabalho. No começo do século XVII, o frei italiano Jorge Benci recomendava que as chibatadas não ultrapassassem o número de quarenta por dia, para não mutilar o escravo.[30] Mas há relatos de viajantes e cronistas com referência a duzentos, trezentos ou até seiscentos açoites. Quantidade tão absurda de chibatadas deixava as costas ou as nádegas do escravo em carne viva. Numa época em que não havia antibióticos, o risco de morte por gangrena ou infecção generalizada era grande. Por isso, banhava-se o escravo com uma mistura de sal, vinagre ou pimenta malagueta — numa tentativa de evitar a infecção das feridas.[31]

O pintor Jean Baptiste Debret conta que, no Rio de Janeiro, escravos acusados de faltas graves, como fuga ou roubo, eram punidos com cinquenta a duzentas chibatadas. Seu dono tinha de comparecer ao calabouço munido de autorização do intendente de polícia na qual deveriam constar "o nome do delinquente e o número de chibatadas que deverá receber". O carrasco, encarregado de executar o castigo, recebia uma pataca por cem chibatadas aplicadas. Pataca era uma antiga moeda de prata no valor de 320 réis. "Todos os dias, entre 9 e 10 horas da manhã, pode-se ver a fila de negros que devem ser punidos", escreveu Debret. "Eles vão presos pelo braço, dois em dois, e conduzidos sob escolta da polícia até o local designado para o castigo. Para esse fim existem, em todas as praças mais frequentadas da cidade, pelourinhos erguidos com o intuito de exibir os castigados. [...] Depois de desamarrado (do pelourinho), o negro é deitado no chão, de cabeça para baixo, a fim de evitar-se a perda de sangue. A chaga escondida sob a fralda da camisa escapa assim à picada do enxame de moscas que logo procura esse horrível repasto. Finalmente, terminada a execução, os condenados ajustam as suas calças, e todos, dois por dois, voltam para a prisão com a mesma escolta que os trouxe. [...] De volta à prisão, a vítima é submetida a uma segunda prova, não menos dolorosa: a lavagem das chagas com vinagre e pimenta, operação sanitária destinada a evitar a infecção do ferimento."[32]

Uma diferença entre a escravidão urbana e a do campo era o regime de castigos. Nas fazendas e minas de ouro e diamante, os escravos eram punidos pelo feitor ou diretamente pelas mãos dos seus proprietários. Nas cidades, essa tarefa era delegada à polícia. O proprietário que não quisesse castigar seu escravo podia recorrer aos serviços da polícia, mediante pagamento. Os negros eram punidos em prisões ou nos diversos pelourinhos espalhados pelas cidades. O cônsul inglês James Henderson testemunhou uma dessas punições no Rio de Janeiro. O seu relato:

> *O cavalheiro obteve autorização para que um de seus escravos fugitivos fosse punido com duzentas chibatadas. Depois que seu nome foi chamado várias vezes, o escravo apareceu na porta da prisão, onde os negros ficam confinados de forma promíscua. Uma corda foi colocada ao redor do seu pescoço, enquanto ele era levado para junto de um grande poste erguido no meio da praça, ao redor do qual seus braços e pernas foram atados. Uma corda imobilizava seu corpo de tal maneira que tornava qualquer movimento impossível. O carrasco, um negro degredado, começou a trabalhar de forma quase mecânica e a cada golpe, que parecia arrancar um pedaço da carne do escravo, ele assoviava de uma forma particular. As chibatadas foram repetidas sempre no mesmo lugar e o negro suportou as primeiras cem de forma determinada. Ao receber a primeira e a segunda chibatada, ele gritou "Jesus", mas em seguida pendeu sua cabeça contra um dos lados do poste, sem dizer mais uma única sílaba ou pedir clemência.*[33]

Com exceção do crime de homicídio, a falta mais grave que um escravo podia cometer era a fuga. Quase 16% do total de prisões feitas pela polícia da corte entre 1808 e 1822 era de escravos foragidos. Era um problema antigo. Quase um século antes, em março de 1741, em resposta a um pedido dos mineiros da Província de Minas Gerais, a Coroa portuguesa tinha ordenado que todos os negros que fossem achados em quilombos, "estando neles voluntariamente", deveriam ser marcados com um F (de fugido) nas costas sobre o ombro. Os reincidentes teriam, na segunda fuga, uma das orelhas cortadas e, na terceira, seriam condenados à morte. Apesar disso, as deserções continuaram em grande número. Em 1755, a Câmara Municipal de Mariana, em Minas Gerais, chegou a propor que os fugitivos que fossem capturados tivessem o tendão de Aquiles cortado para que não pudessem mais correr, embora continuassem aptos a trabalhar capengando. A corte achou a medida por demais desumana e anticristã e recusou o pedido.[34]

As áreas ao redor da corte no Rio de Janeiro, repletas de florestas e montanhas, ofereciam refúgio para centenas de escravos fugitivos. A floresta da Tijuca, o Morro de Santa Teresa e as regiões de Niterói e da atual Lagoa Rodrigo de Freitas ficaram famosas por abrigar quilombos. Seus moradores sobreviviam dos produtos da própria mata, coletando frutas, raízes e matando pequenos animais e roedores. Seu principal sustento, porém, eram as fazendas e chácaras vizinhas, que assaltavam com frequência. Algumas vezes os escravos foragidos conseguiam até mesmo vender na própria cidade o produto dos seus roubos.[35]

Ao contrário do que se imagina, porém, o principal refúgio dos escravos foragidos não eram as florestas e lugares ermos das zonas rurais, mas a própria cidade. Como havia muitos negros e mulatos libertos no meio urbano, esse tornava-se o ambiente adequado para que um escravo se misturasse à multidão. Era praticamente impossível à polícia averiguar a identidade de cada negro nas ruas do Rio de Janeiro para descobrir se se tratava de um escravo ou de um alforriado. Por isso, os jornais da época estão repletos de anúncios descrevendo negros fugitivos e oferecendo recompensa pela sua recaptura, prática que perdurou por muitas décadas e continuou observada até pouco antes da Abolição. Exemplo de anúncio publicado na época:

> *Fugiu há dois meses da fazenda de Francisco de Moraes Campos, da Freguesia do Belém, Município de Jundiaí, Província de São Paulo, um escravo de nome Lourenço, [...] com os sinais seguin-*

tes: idade 30 anos mais ou menos, estatura regular, rosto comprido, bonito de feição, cabelos grenhos, nariz atilado, boca e beiços mais que regulares, sendo o beiço inferior mais grosso e vermelho, boa dentadura, cor retinta, pouca barba, fino de corpo, tem a coroa da cabeça pelada de carregar objetos, pernas finas, pés palhetas e pisa para fora, é muito ladino, é roceiro e muito bom tropeiro. Gratifica-se bem a quem pegar o dito escravo e paga-se todas as despesas que tiver feito até a ocasião da entrega.[36]

A tarefa de recapturar os escravos foragidos estava confiada aos capitães do mato. Seu trabalho era semelhante ao dos caçadores de recompensas do Velho Oeste. Armados de laço e mosquetão, eles percorriam as florestas e zonas rurais a cavalo em busca de fugitivos. Usavam como pistas avisos publicados em jornais ou pregados em postes ou placas de beira de estrada. O escravo recapturado era amarrado a uma corda e obrigado a seguir a pé atrás do cavalo. Alguns capitães do mato tinham troncos em casa, usados para amarrar os escravos recapturados enquanto o valor do resgate era negociado com o proprietário. "Os capitães andam armados, mas só empregam essas armas se encontram resistência", relatou o viajante prussiano Theodor von Leithold. "Aos negros mortos em escaramuças com a polícia, cortam-lhes as cabeças. Entregues à Justiça, são elas espetadas em paus e colocadas nas esquinas das ruas principais como advertência."[37] Em geral, a quantia paga a um capitão do mato girava em torno de 15% a 20% do preço estimado do escravo, incluindo a recompensa pela recaptura, a alimentação e a guarda do fugitivo até sua entrega ao proprietário.[38]

Havia no Rio de Janeiro centenas de ex-escravos, os chamados negros forros. Luccock estimou em 1000 o número deles no ano de 1808. Eram diversas as maneiras de um escravo conquistar a própria liberdade. Uma delas era comprá-la mediante o pagamento de uma quantia previamente negociada — geralmente igual ao valor que o seu dono tinha pago por ele. Esse dinheiro poderia ter sido acumulado pelo próprio escravo, em trabalhos avulsos para outras pessoas ou obtido mediante a ajuda de familiares ou mesmo uma irmandade. A liberdade também podia ser concedida pela benevolência do dono do escravo. Havia alforrias com prazo determinado. Por exemplo: o escravo deveria permanecer cativo e prestar serviços até a morte do senhor. Depois disso, estava livre. Essas condições às vezes eram registradas em testamento. Uma terceira maneira era pela intervenção do governo, em casos de abandono, doença ou maus-tratos.[39]

Além disso, havia condições especiais, previstas em lei, que autorizavam a alforria. Estava livre, por exemplo, o escravo que encontrasse um diamante de vinte quilates ou mais, sendo que, nesse caso, o seu proprietário receberia uma indenização de 400 000 réis, quantia suficiente para comprar outros quatro novos escravos. O inglês John Mawe descreve esse sistema de alforria por prêmio nas minas de diamantes do Cerro Frio, em Minas Gerais, que visitou em 1810: "Quando um negro tem a felicidade de encontrar um diamante que pese uma oitava (dezessete quilates e meio), cingem-lhe a cabeça com uma grinalda de flores e levam-no em procissão ao administrador, que lhe dá a liberdade e uma indenização ao seu senhor. Ganha também roupas novas e obtém permissão para trabalhar por conta própria. O que encontra uma pedra de oito a dez quilates, recebe duas camisas novas, um terno novo completo, um chapéu e uma bela faca".[40] Também era considerado legalmente alforriado o escravo que denunciasse seu dono por contrabando de diamantes. Nesse caso, o próprio escravo receberia um prêmio de 200 000 réis.[41]

Uma curiosidade é que muitos alforriados chegavam a enriquecer e se tornavam proprietários de escravos, terras e outros bens. Eram casos relativamente raros, mas a simples existência deles torna o mundo da escravidão no Brasil ainda mais surpreendente. O mais famoso é o da mulata Francisca da Silva de Oliveira, a Chica da Silva do distrito diamantino de Tejuco, em Minas Gerais. Celebrizada no filme do diretor Cacá Diegues, de 1976, Chica nasceu escrava, mas conquistou sua liberdade em dezembro de 1753, concedida pelo contratador de diamantes João Fernandes de Oliveira, que a comprara do médico português Manuel Pires Sardinha. Embora nunca tenham se casado oficialmente, ela e João Fernandes mantiveram um relacionamento estável de dezessete anos, período em que tiveram treze filhos. Entre os bens de Chica havia um "significativo plantel de escravos", segundo o historiador Ronaldo Vainfas.[42]

A alforria não era vista com bons olhos pelo poder público, que considerava a escravidão uma instituição e um fator econômico a ser preservado. A historiadora Leila Mezan Algranti cita o caso da negra forra Clara Maria de Jesus, que pede a D. João a libertação do filho, Jorge Pardo, escravo do padre João da Cruz Moura e Câmara. Alega ela que Jorge era filho de um homem livre, tenente-coronel da tropa de linha em Angola, concebido quando a mãe ainda estava no cativeiro. Clara Maria estava disposta a pagar 200 000 réis pela alforria do filho, mas o padre se recusava a fazer o negócio. O pedido foi recusado pelo intendente-geral de polícia, Paulo Fernandes Viana. Segundo ele, "ninguém pode ser constrangido a vender seu herdamento" porque "um escravo bom é um achado e uma propriedade preciosa". No documento, Viana desaconselha dar liberdade aos escravos porque o país não poderia correr o risco de ter uma grande população negra livre. "Os males que da gente preta devemos esperar há de vir (mais) pela de condição liberta que da cativa", advertia. Termina dizendo que não poderia atender ao pedido de Clara Maria porque "as razões políticas são mais poderosas neste país".[43]

A liberdade não significava melhoria de vida. No cativeiro, a posse e a manutenção dos escravos era regulada com algum rigor pela legislação vigente. Seus donos tinham a obrigação de alimentá-los, dar-lhes moradia e assistência mínima para garantir sua sobrevivência. A lei previa que, em caso de maus-tratos comprovados, o senhor do escravo poderia perder sua propriedade, o que representava prejuízo financeiro. Livres, no entanto, os negros forros ficavam entregues à própria sorte, marginalizados por completo de qualquer sistema de proteção legal e social. Em muitos casos, a liberdade era um mergulho no oceano de pobreza composto por negros libertos, mulatos e mestiços, à margem de todas as oportunidades, incluindo educação, saúde, moradia e segurança — um problema que, 120 anos depois da abolição oficial da escravidão, o Brasil ainda não conseguiu resolver.

21

OS VIAJANTES

Graças a D. João VI, os estrangeiros descobriram o Brasil, ainda que com três séculos de atraso. Em 1949, o pesquisador Rubens Borba de Moraes catalogou um total de 266 viajantes que haviam escrito sobre o povo, a geografia e as riquezas brasileiras. Desses, a grande maioria visitou o país nas décadas seguintes à abertura dos portos.[1] Todos registraram suas impressões em livros, cartas e relatórios oficiais, o que tornou esse um dos períodos mais bem documentados da história brasileira. Essas obras incluem descrição de cidades, paisagens, tipos humanos, hábitos e costumes, inúmeras observações e muitas descobertas científicas. São relatos deslumbrados, de pessoas surpreendidas pela beleza de uma terra idílica, intocada e repleta de novidades. "No Rio me deparei com um mundo inteiramente novo, em que me atirei para reproduzir o que via, dia e noite, até cair exausto", contou o pintor austríaco Thomas Ender,[2] que chegou ao Brasil em 1817, junto com a missão científica que acompanhou a princesa Leopoldina. "Aqui, cada objeto da natureza se apresenta em escala monumental, espetacular", anotou no ano seguinte o oficial da Marinha americana Henry Marie Brackenridge ao entrar na Baía da Guanabara.[3]

No começo do século XIX, a colônia brasileira era o último grande pedaço habitado do planeta ainda inexplorado pelos europeus que não fossem portugueses. A África, a China e a Índia já eram bem conhecidas pelos ingleses, holandeses e espanhóis, devido às intensas relações comerciais estabelecidas com essas regiões desde o século XVI. O mesmo acontecia com o restante do continente americano, incluindo Estados Unidos, Canadá e as colônias espanholas, que não impunham grandes restrições à entrada de estrangeiros. Havia, é claro, pontos remotos e de difícil acesso, como o Japão e a Oceania, último dos continentes a ser colonizado pelos europeus. Mas nada se comparava ao Brasil, até então mantido fechado e isolado do restante do mundo. Embora holandeses e franceses já tivessem ocupado por breves períodos trechos do litoral de Pernambuco e do Rio de Janeiro, respectivamente, o interior do país permanecia como uma vasta terra incógnita. A proibição de acesso imposta pelos portugueses tornava a colônia ainda mais misteriosa, devido aos rumores que circulavam na Europa sobre as imensas riquezas minerais escondidas no subsolo e as infindáveis florestas tropicais repletas de plantas e animais exóticos e índios que ainda viviam na Idade da Pedra. A chegada da corte e a abertura dos portos mudou tudo isso de forma repentina. O resultado foi uma invasão estrangeira sem precedentes.

O primeiro viajante-repórter da época de D. João VI foi o mineralogista inglês John Mawe. Seu livro, *Viagens ao interior do Brasil*, publicado em Londres em 1812, foi um sucesso instantâneo. Teve tal repercussão que, nos anos seguintes, ganharia mais nove edições em diferentes idiomas, incluindo russo, alemão, italiano e sueco.[4] Nascido em Derbyshire, interior da Inglaterra, Mawe tinha 41 anos em 1805, quando partiu de Cadiz, na Espanha, para Montevidéu, onde, ao desembarcar, foi preso como espião inglês.

Ficou um ano na cadeia. Em 1806, com a tomada da cidade pelo general inglês William Beresford, foi libertado, passou por Buenos Aires, fretou um barco e zarpou para o Brasil. Depois de visitar Santa Catarina, Paraná e São Paulo, foi recebido no Rio de Janeiro pelo príncipe regente D. João. Durante pouco mais de dois anos percorreu quase todas as regiões brasileiras. Foi o primeiro estrangeiro autorizado a visitar as minas de diamantes de Minas Gerais.

Mawe tinha uma curiosidade insaciável. Descreveu garimpos de ouro e diamante, plantas, frutas, insetos, caramujos, paisagens, pessoas, roupas, alimentação, arquitetura — tudo que lhe passava pela frente dos olhos era registrado de forma meticulosa e instigante. Também protagonizou uma história divertida envolvendo um falso diamante que D. João tinha recebido de presente de um ex-escravo de Minas Gerais. A pedra, com uma libra de peso — pouco menos de meio quilo — e uma polegada e meia de diâmetro, foi entregue pessoalmente ao príncipe pelo negro liberto, após uma viagem de 28 dias, escoltado por dois soldados. D. João acreditou que fosse realmente um diamante — o maior do mundo — e mandou guardá-lo num cofre-forte no Rio de Janeiro. Mawe, que era um especialista em minerais preciosos, derrubou tudo por terra ao identificar a pedra como um simples quartzo de rocha, sem valor comercial algum. O ex-escravo, que esperava receber uma recompensa de D. João, teve de voltar a pé e de mãos vazias para casa, situada a 1500 quilômetros do Rio de Janeiro.

Os viajantes que estiveram no Brasil no tempo da corte portuguesa podem ser classificados em cinco categorias. A primeira é a dos comerciantes, mineradores e outros homens de negócio, como os ingleses Mawe e John Luccock. A segunda é a dos nobres, diplomatas, militares e funcionários de governo, que moraram ou passaram pelo país em missão oficial, caso do americano Brackenridge e dos cônsules britânicos James Henderson e Henry Chamberlain. A terceira categoria é a dos cientistas, integrantes das inúmeras expedições que percorreram o país nesse período. Os mais famosos são os botânicos Auguste Saint-Hilaire (francês), Karl Friedrich Philipp von Martius e Johann Baptist von Spix (bávaros). O quarto grupo é o dos pintores e paisagistas, como o francês Jean Baptiste Debret e o austríaco Johann Moritz Rugendas. O quinto e último é composto por aventureiros, curiosos e gente que chegou ao país quase por acaso. É um grupo que, curiosamente, inclui duas mulheres, a francesa Rose Marie de Freycinet e a inglesa Maria Graham.

Para chegar ao Brasil, Rose Marie de Freycinet viveu uma história de romance e aventura, dessas que só aparecem no cinema. Em 1817, tinha 25 anos e era casada com o naturalista e oficial da Marinha francesa Louis Claude de Soulces de Freycinet. Foi quando soube que o marido acabara de receber o comando de uma missão que o levaria a ficar dois anos fora de casa. No comando da corveta *Uranie*, Louis Claude daria a volta ao mundo conduzindo uma missão científica que tinha o objetivo de explorar a América do Sul, as ilhas do Pacífico Sul, a Índia e a costa da África. Inconformada com a notícia, Rose Marie tomou uma atitude surpreendente: cortou os cabelos, enfaixou os seios e, disfarçada de homem, embarcou clandestinamente no navio na véspera da partida. Era uma decisão de alto risco.

Na época, a presença de mulheres era proibida nas embarcações da Marinha francesa. Numa outra circunstância, Rose Marie correria o risco de ser presa e deportada de volta para casa no primeiro porto. Felizmente para ela, neste caso tudo terminou bem. No dia seguinte, já em alto-mar, ela se apresentou ao marido que, sem alternativa, reuniu os oficiais e comunicou que a esposa estava a bordo. Em vez de puni-la, todos a cumprimentaram e deram-lhe as boas-vindas. Rose Marie e Louis Claude chegaram ao Rio de Janeiro em dezembro do mesmo ano. Achou tudo muito bonito, o clima agradável, apesar do verão escaldante, mas registrou no seu diário comentários devastadores para os portugueses e os brasileiros. "Pena que um país tão lindo não seja colonizado por uma nação ativa e inteligente", escreveu, referindo-se a Portugal. "Os brasileiros se destacam pela abundância, mais do que pela elegância do serviço", anotou num outro trecho.[5]

O casal Freycinet deixou o Brasil em 1818 e voltou em 1820, depois de fazer a volta ao mundo. No dia 16 de julho, foi recebido por D. João VI e toda a família real numa festa no Palácio de São Cristóvão. As anotações de Rose Marie mostram uma corte que, apesar de todos os esforços, ainda continuava caipira e deselegante. "O rei é simpático, porém de pouca majestade", observou. "O príncipe real (futuro imperador Pedro I) tem uma bela figura, mas suas maneiras são más e o seu ar é comum. Vestia uma casaca marrom e calças de nanquim, o que me pareceu um pouco ridículo, às oito horas da noite, em uma grande festa dada ao público." Rose Marie também faz críticas à princesa Leopoldina, mulher de D. Pedro: "Não pude ver nas maneiras da princesa real a aparência nobre e tão cerimoniosa de uma dama vinda da corte da Áustria. Aqui ela não cuida da *toilette* e da elegância natural do seu corpo. Para esta festa [...], a nossa pobre austríaca estava vestida de um traje de montar, cinzento, feito de uma fazenda ordinária, mostrando uma blusa de pregas, os cabelos em desordem e levantados por um pente de tartaruga. Não é feia. Penso até que, bem vestida, deve ficar muito bem. As outras princesas estavam com roupas de cetim, flores e plumas na cabeça".[6]

A inglesa Maria Graham também visitou o Brasil em companhia do marido a bordo de um navio da Marinha, mas, no seu caso, a viagem terminou em tragédia. Nascida em um vilarejo no interior da Inglaterra, era filha do vice-almirante George Dundas, comissário do almirantado britânico. Teve uma educação aprimorada, especializou-se em Artes e Literatura, escrevia e desenhava razoavelmente bem. Já tinha visitado a Índia e a Itália quando chegou ao Brasil, em 1821, a bordo da fragata *Doris*, comandada pelo marido, o capitão Thomas Graham. Esteve em Olinda e Recife, Salvador e chegou ao Rio de Janeiro pouco depois do retorno da corte portuguesa a Lisboa, a tempo de testemunhar o famoso Dia do Fico (9 de janeiro de 1822), em que D. Pedro, então príncipe regente, decidiu permanecer no Brasil, recusando-se a acatar as ordens das Cortes portuguesas para que retornasse a Lisboa. Em Pernambuco, Graham presenciou uma rebelião em que seu marido foi obrigado a negociar com os revoltosos concentrados na cidade de Goiana. Do Brasil, o casal seguiu para o Chile, mas o capitão Graham morreu logo depois de cruzar o Estreito de Magalhães. Viúva aos 36 anos, Maria continuou sozinha até Santiago, onde o destino a levou ao encontro de um personagem fascinante: o almirante Thomas Alexander Cochrane.

Lord inglês, membro do Parlamento britânico e herói da guerra contra Napoleão, Cochrane era, aos 49 anos, uma lenda dos mares. Contratado como mercenário na América do Sul, ajudou a fazer a independência do Chile, do Peru e do Brasil, lutando contra as forças navais da Espanha e de Portugal. Na época em que Maria Graham o conheceu, Cochrane era o comandante em chefe da Marinha chilena. Logo em seguida, foi convidado pelo já imperador Pedro I a organizar a Marinha brasileira. Cochrane e Maria Graham nunca assumiram publicamente que tivessem tido um relacionamento amoroso, mas alguns biógrafos do almirante acham que existem fortes evidências de que isso aconteceu.[7] De qualquer forma, a amizade entre os dois foi profunda e duradoura. Maria voltou com ele para o Rio de Janeiro, onde se tornou amiga e confidente da imperatriz Leopoldina e preceptora da princesa Maria da Glória. Ao voltar para a Inglaterra, casou-se com Sir Augustus Calcott, um pintor de renome, e escreveu livros de história da arte. Morreu em 1842, aos 57 anos. Seus relatos sobre o Brasil foram publicados em 1824 sob o título *Journal of a voyage to Brazil, and residence there, during parts of the years 1821, 1822 e 1823*. É considerado pelos historiadores um dos documentos mais preciosos dessa época.[8]

Outra contribuição fundamental para o entendimento do Brasil no período foi dada por Henry Koster. Nascido em Portugal, numa família inglesa, Koster chegou no final de 1809 e durante onze anos percorreu as cidades e sertões do Nordeste. Morreu em 1820, no Recife, onde foi sepultado. Seu livro, *Travels in Brazil*, publicado em Londres em 1816, foi traduzido para o português pelo mais famoso folclorista brasileiro, o potiguar Luís da Câmara Cascudo. "O depoimento de Koster é o primeiro, cronologicamente, sobre a psicologia, a etnografia tradicional do povo nordestino, o sertanejo no seu cenário", escreveu Câmara Cascudo. "Antes dele, nenhum estrangeiro atravessara o sertão do Nordeste, do Recife a Fortaleza, em época de seca, viajando em comboio, bebendo água de borracha, comendo carne assada, dormindo debaixo das árvores, tão integralmente adaptado ao mundo que escolhera para viver."[9]

Koster adorava conviver com o povo nordestino e participar de suas festas e celebrações religiosas: "Não perdi festa alguma", orgulhou-se nos seus diários. "Entre outras, fui à de santo Amaro, curador de úlceras, em cuja capela vendem pedacinhos de fitas, como amuletos, e muitos homens do povo as amarram ao tornozelo ou no pulso, usando-as até que se desfizessem." Ao viajar pelo interior do Rio Grande do Norte, ficou impressionado com o isolamento dos sertanejos. Ali, o único contato com a civilização eram os padres, que percorriam a região celebrando missas, casamentos e batizados em troca de oferendas e contribuições dos moradores.

"Certos padres obtêm licença do bispo de Pernambuco e viajam nestes lugares com um altar portátil, construído para esse fim, conduzido por um cavalo, assim como todos os objetos para as missas", escreveu Koster. "Esses padres, no decurso de um ano, ganham de 150 a 200 libras esterlinas, renda considerável para o Brasil, mas dificilmente conseguida se pensarmos nos sofrimentos e privações que foram obrigados a suportar. Eles param e erguem o altar onde existe um certo número de pessoas que podem pagar para ouvir a missa. O ofício é dito as mais das vezes por três ou quatro xelins, mas quando há um homem rico que tem o orgulho de possuir um sacerdote, ou é muito devoto, dá oito ou dez mil réis, duas ou três libras esterlinas, e há quem chegue a pagar cem mil réis, o que é raro. Também presenteiam às vezes o sacerdote com um boi, ou um ou dois cavalos."

Koster deixou ainda uma descrição detalhada do modo de vida no interior nordestino. "Os sertanejos são muito ciumentos e há dez vezes mais mortes por este motivo do que por qualquer outro", relatou. "Essa gente é vingativa. As ofensas muito dificilmente são perdoadas e, na falta de lei, cada um exerce a justiça pelas suas próprias mãos. [...] O roubo é pouco conhecido. A terra, nos bons anos, é toda fértil, impossibilitando a necessidade que justificaria a tentação criminosa, e nas más colheitas todos sofrem igualmente a penúria. [...] São extremamente ignorantes e poucos possuem os mais modestos rudimentos de instrução. [...] Os sertanejos são corajosos, sinceros, generosos e hospitaleiros. Quando se lhes pede um favor, não o sabem negar. Entrando em negócios de gado, ou qualquer outro, o caráter muda. Procurarão enganar-vos, olhando o sucesso como prova de habilidade, digna de elogio."

Existem algumas imagens recorrentes nos relatos dos inúmeros estrangeiros que visitaram o Brasil no começo do século XIX. A primeira é a de uma colônia preguiçosa e descuidada, sem vocação para o trabalho, viciada por mais de três séculos de produção extrativista. O inglês Thomas Lindley, que percorreu o litoral próximo a Porto Seguro, na Bahia, ficou surpreso ao constatar que a abundância de recursos naturais do Brasil não resultava em riqueza, desenvolvimento ou conforto material para os brasileiros. "Num país que, com o cultivo e a indústria, chegaria à fartura com as benções excessivas da natureza, a maior parte do povo sobrevive em necessidade e pobreza, enquanto mesmo a minoria restante não conhece os desfrutes que fazem a vida desejável", escreveu.[10]

A mesma reação teve John Mawe ao conhecer a produção de queijo numa região próxima de Vila Rica e Mariana, em Minas Gerais. "Esse queijo era tão rançoso e de gosto tão desagradável que se tornava perigoso à saúde, e esta particularidade me fez julgar que o preparavam com grande relaxamento", criticou. "Todas as fazendas que visitei [...] confirmam minha opinião, porque nelas a queijeira era a parte mais descuidada [...]. Em alguns lugares [...], não só os diversos utensílios se encontravam extremamente sujos, como o coalho estava tão pútrido que chegava ao último grau de deterioração." Mawe diz ter tentado, mais de uma vez, ensinar aos fazendeiros técnicas mais higiênicas de produção de queijo e manteiga, mas sabia de antemão que o esforço seria inútil. "O pessoal da fazenda parecia muito satisfeito com o bom êxito da operação, mas tenho fortes dúvidas de que a adotassem depois da minha partida, porque são inimigos do trabalho e dos cuidados que ele exige."

Outra imagem muito frequente nesses relatos dos viajantes é a do analfabetismo, da falta de cultura e instrução. "O Brasil não é lugar de literatura", afirmou James Henderson. "Na verdade, a sua total ausência é marcada pela proibição geral de livros e a falta dos mais elementares meios pelos quais seus habitantes possam tomar conhecimento do mundo e do que se passa nele. Os habitantes estão mergulhados em grande ignorância e sua consequência natural: o orgulho."[11] James Henderson, que saiu de Londres em 11 de março de 1819 a bordo do navio *Echo*, é um dos viajantes tardios do período de D. João VI no Brasil. Seus diários de viagem incluem um mapa do país e oito gravuras feitas em pedra, retratando paisagens e tipos brasileiros. "Neste país de analfabetismo, não se encontra ninguém que tenha intimidade com a noção de ciência", observou o botânico inglês William John Burchell, que percorreu o Brasil alguns anos mais tarde, entre 1825 e 1830, quando a corte já tinha voltado para Portugal.

"Aqui, a natureza tem feito muita coisa — o homem, nada. Aqui, a natureza oferece inumeráveis temas de estudo e admiração, enquanto os homens continuam a vegetar na escuridão da ignorância e na extrema pobreza, consequência apenas da preguiça."[12]

Para a ciência, a abertura dos portos e o fim da proibição de acesso ao Brasil representou um salto quântico. O país que se abria aos geógrafos, botânicos, geólogos e etnógrafos era um laboratório imenso, riquíssimo e repleto de novidades. Nascido em Orleans, na França, dez anos antes da Revolução Francesa, o botânico Auguste de Saint-Hilaire permaneceu no Brasil entre 1816 e 1822. Visitou Goiás, São Paulo, Rio Grande do Sul, Minas Gerais e Espírito Santo, percorrendo cerca de 15 000 quilômetros no total. Professor de Botânica do Museu de História Natural de Paris, veio na companhia do duque de Luxemburgo, nomeado embaixador da França junto à corte do Rio de Janeiro em 1816. Nos seus anos seguintes, coletaria cerca de 15 000 espécies de plantas e animais, da região norte de Goiás — onde hoje está situado o Estado de Tocantins — ao Rio Grande do Sul. Descobriu duas novas famílias botânicas, as paronícias e as tamarísceas, e mais de mil espécies até então desconhecidas. Na volta ao seu país, publicou catorze volumes, incluindo memórias de viagens, descrições botânicas e relatórios agrícolas.[13]

Saint-Hilaire chegou a São Paulo carregando dezoito malas e hospedou-se numa chácara onde hoje está situado o bairro do Brás.[14] Achou a região agradável, mas ficou impressionado com a bagunça e a sujeira das lojas no centro da cidade. "Não devemos esperar encontrar nessas lojas limpeza e ordem", reparou. "O toucinho, os cereais e a carne ficam ali atirados de qualquer jeito, misturados uns com os outros, e os lojistas ainda estão muito longe de possuir a arte de nossos comerciantes em Paris, que sabem dar uma aparência apetitosa até aos mantimentos mais grosseiros." Também ficou impressionado com a prostituição nas ruas da cidade: "Em nenhum outro lugar vi um número tão grande de prostitutas.

Havia-as de todas as raças, e as calçadas ficavam, por assim dizer, fervilhantes delas. Passeavam vagarosamente de um lado para o outro ou esperavam nas esquinas os fregueses". Acrescentava que "nada é mais difundido na região do que as doenças venéreas".

A mais famosa expedição científica desse período desembarcou junto com a princesa Leopoldina, em 1817. Era chefiada pelo botânico bávaro Karl Friedrich Philipp von Martius, de 23 anos. Incluía, além do próprio Martius, o pintor Thomas Ender e o também botânico Johann Baptist von Spix. Incumbida de estudar plantas, animais, minérios e os indígenas brasileiros, a expedição de Martius e Spix acabou percorrendo, entre 1817 e 1820, mais de 10 000 quilômetros pelo interior do Brasil. Foi uma das maiores aventuras científicas do século XIX. Os dois pesquisadores começaram pelo Rio de Janeiro e foram parar na fronteira do Brasil com a Colômbia, depois de passar por São Paulo, Minas Gerais, Bahia, Pernambuco, Piauí, Maranhão, Pará e, finalmente, o atual Estado do Amazonas, transportados por tropas de mulas e em canoas. Ao final da viagem, levaram para Munique 85 espécies de mamíferos, 350 de aves, 130 de anfíbios, 116 de peixes, 2700 de insetos, 80 de aracnídeos e crustáceos e 6500 de plantas.[15] O resultado desse trabalho, publicado na Alemanha em três volumes entre 1823 e 1831, é considerado ainda hoje uma referência no estudo das ciências naturais no Brasil.

No alto Rio Japurá, um dos afluentes do Rio Solimões, quase na fronteira com a Colômbia, Martius e Spix encontraram um personagem pitoresco. O índio João Manoel era um imperador da selva. Chefe da tribo dos miranhas, constituída por 6000 índios nos cálculos dos dois pesquisadores, Manoel havia escravizado os povos vizinhos. Seu poder se estendia por uma área duas vezes e meia maior do que a do atual Estado do Sergipe. Como não sabia falar português, comunicava-se na língua geral, idioma comum da maioria das tribos indígenas do Brasil nessa época. Vestia calça e camisa de algodão, como os colonizadores portugueses, comia em pratos de louça, usava chapéu e fazia a barba diariamente.

Ali, os botânicos austríacos também observaram um curioso meio de comunicação desenvolvido pelos índios do Alto Solimões. Era um instrumento de percussão, na forma de uma tora de madeira oca ou escavada chamado "trocano", pelo qual os índios emitiam sinais sonoros intermitentes, como um telégrafo primitivo, para informar as tribos vizinhas sobre o que estava acontecendo. Dependendo da batida, os índios sabiam, por exemplo, que a tribo havia acabado de receber a visita de dois homens brancos, ou que, num determinado momento, eles estavam comendo ou dormindo. Graças aos sinais emitidos por esse instrumento, no dia seguinte de sua chegada à aldeia dos miranhas, Martius e Spix receberam a visita de centenas de outros índios vizinhos,[16] curiosos para saber quem eram aqueles estranhos que haviam aparecido do nada.

É uma cena ilustrativa das transformações então em andamento no Brasil. Do ponto de vista da civilização europeia, o Alto Solimões podia ser considerado o coração das trevas, um local isolado, perdido no tempo e no espaço. Martius e Spix vinham de Viena, uma das cidades mais cultas e ilustradas da época, onde Ludwig von Beethoven estava compondo a sua *Quinta sinfonia*. Ao se embrenhar pelas selvas da Amazônia, tinham ido mais longe do que qualquer outro viajante no sertão brasileiro. E lá se depararam com seres humanos primitivos que, ainda assim, já possuíam um sistema rudimentar de comunicação para anunciar a grande notícia do Brasil de D. João VI: os estrangeiros estavam chegando.

22

O VIETNÃ DE NAPOLEÃO

Uma das obras mais visitadas no Museu do Prado, em Madri, é um quadro do pintor Francisco de Goya chamado *Os fuzilamentos da Moncloa*. Retrata uma cena assustadora ocorrida na noite de 3 de maio de 1808 em Montana Del Príncipe Pio, nos arredores da capital espanhola. Do lado direito do quadro, sobre um fundo de tom escuro e pesado, uma fileira de soldados aponta seus fuzis para um grupo de pessoas ajoelhadas à esquerda. No centro, uma lanterna no chão projeta uma luz fantasmagórica sobre um homem que, de camisa branca e calça bege, ergue os braços em direção aos atiradores. Pede clemência? Tenta explicar alguma coisa? Faz um último ato de protesto? Ninguém nunca saberá. O instante congelado pelas tintas de Goya é de puro medo e desespero. Aos pés do homem de camisa branca estão empilhados três ou quatro cadáveres cobertos de sangue. Ao seu lado, outras pessoas esperam pelo tiro fatal. Algumas cobrem os olhos. Outras pendem a cabeça, num gesto de resignação.

O quadro de Goya é um trágico testemunho dos acontecimentos que abalaram a Península Ibérica no ano em que a família real portuguesa chegou ao Brasil. Na véspera daquelas execuções em massa, os espanhóis se rebelaram contra a invasão das tropas francesas e a deposição do rei Carlos IV. A repressão foi violenta e implacável. Entre a tarde do dia 2 e a noite do dia 3, centenas de rebeldes foram fuzilados nos subúrbios de Madri. Começava ali um dos confrontos mais sangrentos das guerras napoleônicas — e que teriam consequências profundas para os dois lados em disputa.

Entre 1807 e 1814, Portugal e Espanha foram para Napoleão o que o Vietnã seria para os Estados Unidos quase dois séculos depois. Anos mais tarde, já exilado na Ilha de Santa Helena, o próprio Napoleão registraria em suas memórias: "Foi (a guerra espanhola) o que me destruiu. Todos os meus desastres tiveram origem nesse nó fatal". E acrescentou um argumento que ao longo da história costuma ser usado de forma abusiva por uma infinidade de líderes e governantes fracassados: "O que tentei fazer na Espanha foi para o bem daquele país, mas o povo não entendeu. Por isso, eu falhei".[1]

A chamada Guerra Peninsular, travada nesses dois países entre 1807 e 1813, envolveu uma série de embates não convencionais, de guerrilhas e emboscadas. Era um ambiente ao qual as disciplinadas tropas francesas não estavam habituadas. Senhor dos campos de batalha até então, Napoleão baseava sua estratégia militar na concentração maciça de tropas com o objetivo de decidir os confrontos o mais rapidamente possível e forçar os inimigos a aceitar seus termos de rendição. Nesses embates planejados de forma meticulosa e disputados em campo aberto, sob controle dos generais, as forças e fraquezas de cada lado ficavam rapidamente evidentes. Na Espanha e em Portugal, ao contrário, os franceses tiveram de enfrentar bandos armados com foices, tridentes, paus e pedras, que preferiam emboscadas a batalhas convencionais num terreno montanhoso e difícil.

Os erros de avaliação cometidos por Napoleão na Península Ibérica, que haveriam de selar seu destino, começaram pela escolha do homem encarregado de comandar a invasão de Portugal. Embora fosse um velho amigo do imperador francês, o general Jean Andoche Junot estava longe de ser um oficial de primeira linha. Tinha feito uma carreira mediana quando comparado aos grandes generais de Napoleão, como André Masséna, Nicolas Soult ou Louis Davoust. Antes de Portugal, não havia comandado nenhuma grande expedição militar. "Junot era um dos mais ativos e enérgicos oficiais de Napoleão, mas nunca foi um grande estrategista", escreveu Sir Charles Oman, autor de *A history of the Peninsular War*, um dos mais importantes livros sobre o conflito na Península Ibérica. "Era um bom combatente, mas um general medíocre."

Aparentemente, havia três razões para a escolha de Junot. A primeira: era um velho companheiro de armas de Napoleão. Os dois tinham se conhecido logo no início da carreira militar de ambos, no famoso cerco à cidade de Toulon, em 1793, no qual o futuro imperador francês se destacou pela coragem e pela astúcia ao derrotar os ingleses. Depois disso, Junot combatera ao lado de Napoleão na Itália, no Egito, na Palestina e na Batalha de Austerlitz. Na época em que recebeu a missão de invadir Portugal, estava com pouco mais de trinta anos. Conhecido pelo apelido "A Tempestade" devido à índole feroz e irascível, exibia no rosto as marcas das batalhas de que havia participado. Num lado da face, uma cicatriz profunda, de alto a baixo, era o resultado de um golpe de sabre recebido durante a campanha da Itália.[2]

A segunda razão era sua intimidade com a política portuguesa. Junot tinha sido embaixador francês em Lisboa por um breve período, entre 1804 e 1805. Era casado com Laura Junot, a duquesa de Abrantes, que entrou para a história como autora dos comentários mais picantes e irreverentes sobre os costumes na corte portuguesa. Registradas em seu diário pessoal, as críticas da duquesa fazem até hoje a delícia dos historiadores e estudiosos do período. O terceiro e último motivo era o óbvio despreparo do exército de Portugal. Napoleão e Junot não esperavam qualquer resistência por parte dos portugueses, o que, à primeira vista, tornava desnecessário mobilizar um general de primeira linha. Junot, apesar de suas limitações, poderia dar conta do recado. Ele próprio acreditava nisso. Em 1808, semanas depois de ocupar Lisboa, o general escreveu em seu diário: "Este povo é fácil de controlar. Eles me obedecem melhor e mais prontamente do que o próprio príncipe regente jamais conseguiu".[3]

Era um terrível engano. Como se veria nos anos seguintes, apesar da pobreza e dos parcos recursos que lhes restavam, portugueses e espanhóis fariam uma resistência obstinada que seria fatal para os destinos de Junot e do próprio Napoleão. De um total de 29 000 soldados que participaram da invasão de Portugal,[4] só 22 000 voltaram para casa. Os outros 7000 — quase um quarto do total — morreram nas marchas forçadas, nos campos de batalha ou nas emboscadas armadas pelos portugueses.[5] Devido ao fracasso da campanha na Península Ibérica, Junot foi submetido à corte marcial. Acabou perdoado por Napoleão, mas sua carreira estava destruída. Em 1813, o general cometeu suicídio num acesso de loucura, pulando de uma janela em Paris.

São inúmeros os exemplos de resistência em Portugal. A veneranda Universidade de Coimbra, templo de saber e de formação da elite portuguesa, converteu-se em arsenal militar. O laboratório químico foi transformado em fábrica de pólvora. Um professor de metalurgia passou a orientar a fabricação de balas e cartuchos e o conserto das armas. No dia 24 de junho de 1808, quarenta estudantes à frente de 2000 camponeses cercaram uma guarnição francesa encarregada de vigiar a Fortaleza de Santa Catarina na cidade de Figueira da Foz. Pegos de surpresa e sem provisões para resistir por muito tempo dentro da fortificação, os soldados se renderam três dias mais tarde e foram levados em triunfo como prisioneiros para o *campus* da universidade.[6]

A repressão dos franceses foi duríssima. Pelotões de fuzilamento foram organizados em várias cidades e aldeias numa tentativa de liquidar os rebeldes. Os habitantes da histórica cidade de Évora, na região do Alentejo, foram massacrados depois de tentarem resistir inutilmente aos avanços das tropas comandadas pelo general Loison. Homens, mulheres, crianças e velhos foram caçados sem dó nem piedade pelas ruas, que ficaram banhadas com o sangue de mais de 2000 mortos numa única tarde. A crueldade do general Loison o tornou uma figura odiada pelos portugueses até hoje. Ferido numa batalha, Loison tivera a parte de um dos braços amputada. Por isso, era conhecido como "Maneta". Em 1808, ao entrar no Porto para exigir a rendição da cidade, o general francês Maximilien Sébastien Foy quase foi linchado pela população que o tomou pelo célebre Maneta. Foy conseguiu salvar a vida erguendo os dois braços para a multidão, mas acabou preso. Libertado depois de algumas semanas, o general se tornaria um dos principais historiadores da campanha de Napoleão em Portugal e Espanha.

Dos 110 000 soldados que participaram da Guerra Peninsular sob as ordens de Napoleão, apenas 34 000 pertenciam ao Exército francês regular. Os outros 76 000 eram recrutas mal treinados ou legionários estrangeiros — uma força de reserva que o imperador mantinha no interior da França enquanto empregava seus melhores soldados nas memoráveis campanhas contra os austríacos, russos e prussianos.[7] O resultado, catastrófico, mudou o curso da História ao pôr fim à sequência de mais de uma década de vitórias ininterruptas de Napoleão na Europa. Demonstrou que os exércitos franceses não eram invencíveis e deram ânimo redobrado aos seus inimigos.

"Na Península Ibérica, o imperador embarcou numa aventura que, no final, demonstrou ser o principal motivo da sua queda", escreveu David Gates, autor do livro *The Spanish ulcer: a history of the Peninsular War*. "Foi uma prova de avareza e ambição desmedidas e de sua incapacidade de avaliar corretamente a situação." Em Portugal e na Espanha, o imperador francês viu despontar também o homem que haveria de derrotá-lo definitivamente nos campos de batalha de Waterloo, em 1815. Nascido em Dublin, na Irlanda, Sir Arthur Wellesley, futuro duque de Wellington, tinha 39 anos quando foi incumbido de organizar a defesa de Portugal, após a partida do príncipe regente e da família real para o Brasil. Era um mestre de planejamento das marchas e do suprimento das tropas. Ao contrário de Napoleão, raramente tomava a ofensiva nas batalhas. Preferia a defesa cautelosa, estudada, mas preparada de forma sistemática, detalhada. Tinha a seu favor um outro fator decisivo: a extraordinária capacidade da indústria britânica de fornecer armas, equipamentos e suprimentos para as tropas no campo de batalha. Saindo da primeira fase da Revolução Industrial, as fábricas inglesas estavam no seu auge produtivo em 1808. A pólvora inglesa era considerada a melhor do mundo. Seus fuzis, incomparáveis. [8]

Ao todo, a Guerra Peninsular consistiu de duas grandes campanhas. A primeira começou em outubro de 1807, quando Napoleão pressionou o governo espanhol a dar assistência aos 25 000 soldados franceses que haviam cruzado os Pirineus, a cadeia de montanhas entre a França e a Espanha, sob o comando do general Junot para atacar o pequeno e insolente Portugal. Embora a Espanha tenha cooperado, a marcha foi difícil e custou caro aos franceses. Junot entrou em Lisboa no dia 1º de dezembro de 1807, dois dias depois da partida da família real para o Brasil, deixando para trás uma linha indefesa de 644 quilômetros de comunicações e suprimentos com a França — longa demais para garantir a segurança e a sobrevivência de suas tropas.

Nesse meio-tempo, a subserviente monarquia espanhola era traída por Napoleão. No começo de 1808, uma segunda linha de forças francesas, sob o comando do general Murat, invadiu a Espanha. Em poucas semanas, Murat ocupou todas as fortalezas ao norte e no centro do país e, à frente de 82 000 homens, entrou em Madri no dia 14 de março. Percebendo a manobra, o rei Carlos IV ainda tentou uma última e desesperada providência: a exemplo de D. João, mandou que seu ministro Manoel de Godoy preparasse os navios no porto de Sevilha com o objetivo de transportar a família real espanhola para a América. Não deu tempo. Surpreendido pelas tropas francesas antes de embarcar, o rei e seu herdeiro, o príncipe Fernando, foram obrigados a abdicar em favor de José Bonaparte, irmão de Napoleão e até então rei de Nápoles.

No começo, a resistência foi pequena, mas a deposição do rei e a brutalidade das forças francesas na Espanha criaram o ressentimento popular que acabou explodindo na revolta de 2 de maio em Madri — brutalmente reprimida, como se vê no quadro de Goya. No interior do país, a resistência seria ainda mais feroz. Em 20 de julho, uma força de 20 000 franceses foi cercada e obrigada a capitular na cidade de Bailén. A notícia dessa derrota produziu uma onda de choque na Europa. Em Portugal, a resistência, organizada pelos ingleses, também acabaria sendo maior do que se imaginava. No dia 1º de agosto de 1808, um exército de 15 000 soldados ingleses comandado pelo general Wellesley desembarcou no litoral português e três semanas mais tarde derrotou o general Junot na cidade de Vimeiro.

A segunda fase da Guerra Peninsular envolveu a intervenção pessoal de Napoleão e o envio de seus melhores generais para as frentes de batalha na Espanha e em Portugal. Em dezembro de 1808, o imperador francês entrou em Madri à frente de um monumental exército de 305 000 homens. Foi uma vitória efêmera. Logo em seguida, preocupado com as notícias de conspirações em Paris e de reorganização das forças austríacas, o imperador retornaria à França, enquanto na Espanha o cenário da sua queda definitiva começava a se avolumar. A derrota na primeira fase da Guerra Peninsular tinha abalado a confiança no poder dos franceses e reforçado a coragem dos espanhóis e portugueses. Mais do que isso, dera tempo para que os ingleses pusessem um pé no continente e reorganizassem os desmantelados exércitos espanhol e português. Treinadas e comandadas pelo general William Carr Beresford entre 1809 e 1812, as tropas regulares do Exército português, estimadas em 40 000 soldados, também se tornaram mais profissionais e perigosas para os franceses.

Em maio de 1809, enquanto Napoleão se ocupava em tentar vencer os austríacos uma vez mais em Wagram, Sir Arthur Wellesley, que havia se retirado para a Inglaterra ao final da primeira fase da guerra, retornava a Portugal com um exército reforçado. Nos quatro anos seguintes, ele expulsou os franceses da península mediante uma combinação de guerrilha com batalhas convencionais e lances geniais. Em outubro de 1809, engenheiros britânicos e trabalhadores portugueses começaram a construir uma das grandes maravilhas da moderna história militar. Eram as Torres Vedras, uma sequência de cem fortificações erguidas em posições estratégicas, que começava às margens do Rio Tejo e se estendia até o Oceano Atlântico, formando um cinturão de 48 quilômetros em torno de Lisboa.

As torres, que serviam simultaneamente de postos de observação e de defesa em caso de ataque, revelaram-se intransponíveis. Em julho de 1810, Masséna, um dos mais experientes generais de Napoleão, tentou cruzá-las à frente de 70 000 homens e 126 canhões. Foi inútil. Obrigado a recuar, Masséna abriu caminho para que Arthur Wellesley progredisse lentamente rumo à fronteira com a França. Enquanto isso, Napoleão perdia 250 000 soldados na fracassada tentativa de invasão da Rússia. Dali até a derrota final, em Waterloo, seria só uma questão de tempo.

23

A REPÚBLICA PERNAMBUCANA

Em maio de 1817, um misterioso personagem percorria as ruas batidas pelo vento frio da primavera na cidade de Filadélfia, a antiga capital dos Estados Unidos. O comerciante Antônio Gonçalves Cruz, o Cabugá, era o agente secreto de uma conspiração em andamento em Pernambuco. Levava na bagagem 800 000 dólares, quantia assombrosa para a época. Atualizada pelo valor de compra, seria equivalente em 2007 a cerca de 12 milhões de dólares.[1] Aos chegar aos Estados Unidos, Cabugá tinha três missões. A primeira era comprar armas para combater as tropas do rei D. João VI. A segunda, convencer o governo americano a apoiar a criação de uma república independente no Nordeste brasileiro. O terceiro e mais espetacular de todos os objetivos era recrutar alguns antigos revolucionários franceses exilados em território americano para, com a ajuda deles, libertar Napoleão Bonaparte, prisioneiro dos ingleses na Ilha de Santa Helena, no Atlântico Sul, desde a derrota na Batalha de Waterloo. Pelo plano de Cabugá, Napoleão seria retirado da ilha na calada da noite e transportado ao Recife, onde comandaria a revolução pernambucana para, em seguida, retornar a Paris e reassumir o trono de imperador da França.[2]

Cruz Cabugá é hoje o nome de uma das principais artérias viárias do bairro de Santo Amaro, no Recife. Por ali, todos os dias milhares de motoristas passam apressados, em direção a Olinda ou ao centro da capital pernambucana, provavelmente sem se darem conta de quem foi esse personagem. Em 1817, os planos de Cabugá eram mirabolantes, mas estavam condenados ao fracasso antes ainda de serem colocados em prática. Quando chegou aos Estados Unidos, com dinheiro arrecadado entre senhores de engenho, produtores de algodão e comerciantes favoráveis à república, os revolucionários pernambucanos já estavam sitiados pelas tropas leais à monarquia portuguesa. A rendição era inevitável. Sem saber de nada disso, Cabugá conseguiu recrutar quatro veteranos dos exércitos de Napoleão: o conde Pontelécoulant, o coronel Latapie, o ordenança Artong e o soldado Roulet. Todos eles chegaram ao Brasil muito depois de terminada a revolução e foram presos antes de desembarcar.[3]

Mesmo derrotado, o movimento pernambucano custou caro aos planos da corte portuguesa no Brasil. Os revolucionários ficaram no poder menos de três meses, mas conseguiram abalar a confiança na construção do império americano sonhado por D. João VI. Também contribuíram para acelerar o processo de independência do Brasil em relação a Portugal. "Embora a crise de 1817 não tenha produzido nenhuma consequência imediata e visível no Brasil e em Portugal, na realidade ela afetou as fundações do sistema vigente", escreveu o historiador americano Roderick J. Barman.[4] "A estrutura da autoridade entrou em colapso porque os elementos da sociedade mais identificados com a Coroa tinham colaborado ativamente com o movimento rebelde." Por essa razão, segundo Barman, a Coroa nunca mais estaria segura de que seus súditos eram imunes à contaminação das ideias responsáveis pela subversão da antiga ordem na

Europa. O historiador Manuel de Oliveira Lima considerou a rebelião de 1817 como "o primeiro movimento genuinamente republicano do Brasil" e também "a mais espontânea, a menos desorganizada e a mais simpática das nossas numerosas revoluções".[5]

No começo do século XIX, Olinda e Recife, as duas maiores cidades pernambucanas, tinham juntas cerca de 40 000 habitantes. Era muita gente, considerando que o Rio de Janeiro, capital da colônia, tinha 60 000. O porto do Recife, um dos mais movimentados do Brasil, escoava a produção de açúcar de centenas de engenhos da Zona da Mata, a faixa úmida do litoral nordestino que vai da Bahia ao Rio Grande do Norte. O segundo produto mais exportado era o algodão. Além de sua importância econômica e política, os pernambucanos ganharam fama pelas lutas libertárias. A primeira e mais importante tinha sido a expulsão dos holandeses, em 1654. Meio século depois, na Guerra dos Mascates, aventou-se até a possibilidade de proclamar a independência de Olinda.[6] "Pernambuco era a capitania onde mais pronunciadas e enraizadas eram as antigas rivalidades entre os colonos nascidos no Brasil e os nascidos em Portugal", escreveu o historiador Francisco Adolfo Varnhagen.[7]

A revolução estourou em Pernambuco, mas refletia o descontentamento de todas as províncias com os aumentos de impostos para financiar as despesas da corte portuguesa no Rio de Janeiro. Havia um sentimento de insatisfação generalizado no ar, especialmente nas províncias do Norte e do Nordeste, as mais prejudicadas pela voracidade fiscal de D. João VI. "Paga-se em Pernambuco um imposto para a iluminação das ruas do Rio de Janeiro, quando as do Recife ficam em completa escuridão", escreveu o inglês Henry Koster, que morava no Recife na época da revolução. Koster dizia ainda que os salários dos numerosos funcionários públicos eram baixos e mal garantiam a sobrevivência das famílias. "Consequentemente, o peculato, a corrupção e outros delitos são frequentes e quase sempre escapam à punição", observou.[8]

"O povo do Recife e de suas vizinhanças havia-se embebido de algumas das noções de governo democrático através de seus antigos dominadores holandeses", escreveu outra viajante estrangeira, a inglesa Maria Graham, que visitou Pernambuco em 1821. "Lembrava-se, além disso, de que por seus próprios sacrifícios, sem qualquer auxílio do governo, havia expulsado estes conquistadores e restituído à Coroa a parte norte de seu mais rico domínio. Estava, portanto, inclinado a ser particularmente invejoso das províncias do sul, especialmente do Rio, que considerava mais favorecidas. Estava aborrecido com os pagamentos das taxas e contribuições, das quais nunca se havia beneficiado e que só serviam para enriquecer os favoritos da corte, enquanto grassavam enormes abusos."[9]

Além do aumento dos impostos, Pernambuco, em particular, passava por um momento difícil devido a uma conjunção de três fatores que afetaram profundamente sua economia. O primeiro tinha sido o aumento da produção mundial de açúcar durante o século XVIII, que resultara na queda do preço do produto, principal item de sua economia. Simultaneamente, a crescente pressão dos abolicionistas na Europa vinha criando restrições gradativas ao tráfico de escravos, que se tornavam mão de obra cada vez mais cara. A escravidão era nessa época o motor de toda a economia agrária pernambucana. O terceiro fator, que havia contribuído para agravar muito a situação, foi a seca devastadora que atingiu o sertão nordestino em 1816.[10]

A crise econômica e o descontentamento com a administração portuguesa fizeram com que as ideias liberais francesas e americanas encontrassem em Pernambuco um campo fértil. Um exemplo era o próprio Cruz Cabugá, próspero comerciante, ávido leitor das obras dos filósofos franceses que tinha se tornado um propagandista das teses liberais e republicanas. Despachado para os Estados Unidos logo nos primeiros dias da revolta, voltou praticamente de mãos vazias. Cabugá chegou a se encontrar com o secretário de Estado,

Richard Rush, a quem solicitou o envio de tropas e armas para a revolução.[11] Tudo que conseguiu foi o compromisso de que, enquanto durasse a rebelião, os Estados Unidos autorizariam a entrada de navios pernambucanos em águas americanas mesmo contra a vontade de D. João VI. Também aceitariam dar asilo ou abrigo a eventuais refugiados, em caso de fracasso do movimento.

Embora tivesse inaugurado a primeira grande república moderna, os americanos estavam, nessa época, mais interessados em fazer acordos comerciais com Portugal e a Inglaterra. Portanto, não queriam se envolver com a causa republicana no Brasil para não desagradar a Coroa portuguesa e seus aliados ingleses. Esse mesmo comportamento os Estados Unidos teriam sete anos mais tarde, ao recusar ajuda aos revolucionários da Confederação do Equador, liderada pelo carmelita Frei Caneca.[12] "Não queremos converter ninguém ao republicanismo", observou o americano Henry Marie Brackenridge, que entre 1817 e 1818 esteve no Brasil como enviado especial do seu governo. "Para nós, é o suficiente saber que as nossas instituições são as melhores."[13]

Os revolucionários ocuparam Recife em 6 de março de 1817. No regimento de artilharia, situado no bairro de Santo Antônio, um dos líderes da conspiração, o capitão José de Barros Lima, conhecido como Leão Coroado, reagiu à voz de prisão e matou a golpes de espada o comandante Barbosa de Castro. Em seguida, na companhia de outros militares rebelados, tomou o quartel e ergueu trincheiras nas ruas vizinhas para impedir o avanço das tropas fiéis à monarquia. O governador Caetano Pinto de Miranda Montenegro — um homem fraco e pouco inclinado ao trabalho — refugiou-se no Forte do Brum, junto ao porto. Cercado, acabou se rendendo.[14]

Com a prisão de Caetano Pinto, os revolucionários constituíram um governo provisório, que se apossou do tesouro da província e proclamou a república. Depois de três semanas, no dia 29 de março, foi anunciada a convocação de uma assembleia constituinte, formada por representantes eleitos em todas as comarcas da província. Uma nova "lei orgânica" estabeleceu a separação entre os poderes Legislativo, Executivo e Judiciário. O catolicismo foi mantido como religião oficial, mas as demais igrejas cristãs seriam toleradas. Por fim, proclamava a liberdade de imprensa — uma grande novidade no Brasil, onde as ideias, o direito de opinião e a publicação de livros haviam sido controlados com rigor nos três séculos desde o Descobrimento. A escravidão era mantida, para não ferir os interesses dos senhores de engenho adeptos do movimento. Foram abolidos os impostos sobre o comércio. Os militares receberam aumento nos soldos. Os que tinham participado da rebelião foram beneficiados com promoções-relâmpago. Domingos Teotônio, um dos chefes da nova junta de governo, promoveu a si próprio de capitão a coronel.[15]

Desenhou-se uma nova bandeira, com as cores azul-escura, branca, amarela e vermelha. Na parte superior foi desenhado um arco-íris com uma estrela em cima e o Sol embaixo, representando a união de todos os pernambucanos. No interior, uma cruz vermelha simbolizava a fé na justiça e no entendimento. Embora a revolução tenha fracassado, essa é ainda hoje a bandeira do Estado de Pernambuco, adotada oficialmente em 1917 pelo governador Manoel Antônio Pereira Borba. É também, na simbologia e na elegância visual, um dos mais bonitos entre os estandartes dos 27 estados brasileiros.

Além dessas medidas republicanas, os revolucionários tomaram algumas decisões pitorescas. Uma delas foi a abolição de todos os pronomes de tratamento que indicassem hierarquia ou autoridade de uma pessoa sobre a outra, como "vossa excelência" ou "sua senhoria". A expressão "senhor" foi substituída por "patriota".[16] O historiador Tobias Monteiro conta que o chefe rebelde Domingos José Martins e sua esposa convidaram as senhoras pernambucanas a cortar os cabelos, considerados "vãos ornamentos", como sinal de adesão à república. Por isso, segundo Monteiro, nessa época, toda mulher que usasse cabelos compridos no Recife e em Olinda passou a ser vista com suspeição.[17] Providências como essas revelavam nas atitudes dos pernambucanos a forte influência da Revolução Francesa, na qual o ímpeto das mudanças incluiu, além de um novo sistema de pesos e medidas, a troca dos nomes dos meses do ano.

O novo governo republicano permaneceu no poder até o dia 20 de maio. Durante esse período, todas as tentativas de obter apoio das províncias vizinhas fracassaram. Na Bahia, o enviado da revolução, José Inácio Ribeiro de Abreu e Lima, o Padre Roma, foi preso ao desembarcar e imediatamente fuzilado por ordem do governador, o conde dos Arcos. No Rio Grande do Norte, o movimento conseguiu a adesão do proprietário de um grande engenho de açúcar, André de Albuquerque Maranhão. Depois de prender o governador, José Inácio Borges, e mandá-lo escoltado para Recife, Maranhão ocupou a vila de Natal e formou uma junta governativa, que não despertou o menor interesse da população. Foi apeado do poder em poucos dias.

Na Inglaterra, os revolucionários tentaram obter o apoio do jornalista Hipólito José da Costa, fundador do *Correio Braziliense*, oferecendo-lhe o cargo de ministro plenipotenciário da nova república. Hipólito recusou.[18] Como já foi visto, sem que os pernambucanos soubessem, a Coroa portuguesa havia feito um acordo secreto com o dono do *Correio* em 1812, que previa a compra de um determinado número de exemplares do jornal e um subsídio para o próprio jornalista, em troca de moderação nas suas críticas contra a monarquia. Num despacho oficial de Londres, o embaixador português, D. Domingos de Sousa Coutinho, avaliava os resultados do acordo: "Eu tenho-o contido em parte até aqui com a esperança da subscrição que pede. Eu não sei outro modo de o fazer calar".[19] O historiador Oliveira Lima, ao avaliar essa relação secreta, dizia que Hipólito José da Costa, "se não foi propriamente venal, não foi todavia incorruptível, pois se prestava a moderar seus arrancos de linguagem a troco de considerações, de distinções e mesmo de patrocínio oficial".[20]

A reação portuguesa foi imediata e violenta. Da Bahia, tropas enviadas pelo conde dos Arcos avançaram pelo sertão pernambucano, enquanto uma força naval, despachada do Rio de Janeiro, bloqueava o porto do Recife. Em poucos dias, um total de 8000 homens cercou a província rebelada. No interior, a batalha decisiva foi travada na localidade de Ipojuca, hoje sede do município em que está a Praia de Porto de Galinhas. Derrotados, os revolucionários tiveram de recuar em direção a Recife. Frei Caneca, o futuro líder da Confederação do Equador, participou dessa batalha.

No dia 19 de maio, dois meses depois de iniciada a rebelião, tropas portuguesas entraram no Recife. Encontraram a cidade abandonada e sem defesa. Isolado, o governo provisório se rendeu no dia seguinte. A repressão, como sempre, foi implacável. A sentença contra os revoltosos determinava que, "depois de mortos [...], serão cortadas as mãos, e decepadas as cabeças e se pregarão em postes [...] e os restos de seus cadáveres serão ligados às caudas de cavalos e arrastados até o cemitério".[21] Como punição adicional, a Capitania de Pernambuco foi desmembrada da Comarca de Alagoas, cujos proprietários rurais haviam se mantido fiéis à Coroa e, como recompensa, ganharam o direito de constituir uma província independente.[22]

As notícias sobre Pernambuco causaram grande apreensão no Rio de Janeiro e obrigaram D. João a mudar o cronograma de alguns dos atos mais grandiosos que havia planejado para sua temporada brasileira. Um deles foi a sua própria sagração oficial como rei do Brasil, Portugal e Algarves. Pelos planos originais, a coroação deveria ocorrer após um ano de luto pela rainha D. Maria I, falecida em março de 1816. Depois da revolução pernambucana, D. João decidiu adiá-la por mais um ano. Não queria passar ao mundo a imagem de um rei coroado enquanto o seu poder estava sendo contestado e dividido. Pela mesma razão, pensou-se em adiar o casamento de D. Pedro. Isso só não aconteceu porque, quando as notícias da agitação pernambucana chegaram à Europa, a noiva, futura imperatriz Leopoldina, já havia casado por procuração em Viena e embarcado para o Brasil.

Sufocada a rebelião, era hora de celebrar. Em 6 de fevereiro de 1818, um decreto real punha fim às investigações sobre a rebelião. Quatro líderes revoltosos já haviam sido executados, mas todos os demais foram anistiados, num gesto de concórdia e magnanimidade do novo soberano. Entre os perdoados pelo rei estava Cabugá, o agente dos revolucionários nos Estados Unidos. Começava ali a etapa mais gloriosa e festiva dos treze anos em que a corte portuguesa viveu no Brasil. Seriam dois anos de celebrações, pompa e exibição de poder como nunca o Rio de Janeiro havia presenciado.

24

VERSAILLES TROPICAL

O ano de 1818 é considerado o mais feliz de toda a temporada brasileira de D. João VI. Apesar das dificuldades financeiras da Coroa, o reino estava em paz, o monarca gozava de boa saúde, Carlota Joaquina tinha sido derrotada nas suas conspirações, a colônia enriquecia e prosperava, os hábitos tinham mudado no Rio de Janeiro e, na Europa, a ameaça de Napoleão tornara-se apenas uma lembrança distante. Derrotado por Lord Wellington na Batalha de Waterloo, em 1815, o imperador francês estava preso havia três anos na Ilha de Santa Helena, um rochedo remoto e solitário no Atlântico Sul. Mesmo empobrecida, restava à corte portuguesa celebrar e aproveitar o clima ameno e tranquilo do Rio de Janeiro.[1] O sonho de D. João, de reconstruir seu império nos trópicos, parecia enfim ter chances de se realizar. Era uma ilusão. Dentro de dois anos, acontecimentos inesperados dos dois lados do Atlântico o obrigariam a mudar de planos e a reassumir o papel que o destino lhe havia imposto — o de um rei forçado a agir sempre na defensiva, pressionado por eventos que não estavam sob seu controle.

O breve período de festejos da corte portuguesa no Brasil começou em 1817, ano do casamento e do desembarque da princesa Leopoldina, e prosseguiram com a aclamação, a coroação e o aniversário do rei D. João VI, no ano seguinte. A morte da rainha Maria I, aos 82 anos, na prática não mudava muita coisa. D. João já ocupava o trono havia mais de duas décadas — desde que a mãe demente tinha sido considerada incapaz de governar. Ainda assim, fez questão de assumir oficialmente a coroa, com pompa e circunstância. Antes teve de debelar a revolução pernambucana e casar os três filhos, incluindo o primogênito e herdeiro do trono, D. Pedro. A coroação aconteceu em 6 de fevereiro de 1818. Foi a primeira e única vez que um soberano europeu foi aclamado na América. "Desde o desembarque de dona Leopoldina até o aniversário de D. João, a corte do Rio de Janeiro foi, por assim dizer, uma festa só", observou o historiador Jurandir Malerba. "O Rio tornou-se nesses dias grandiosos da monarquia, literalmente, o anfiteatro onde a família real fez representar com esplendor os momentos mais elevados de sua passagem pelo Brasil."[2]

A forma como esses rituais foram encenados demonstram claramente que D. João VI não estava muito preocupado com a opinião dos súditos brasileiros. O objetivo era impressionar seus pares na Europa. Banido de sua própria capital, Lisboa, exilado em terras distantes, explorado e oprimido pelos vizinhos mais poderosos, submetido a atos de humilhação, como a fuga às pressas por não ter condições de se defender por conta própria, ainda assim o rei português tentava manter a pose. Não foi por acaso, portanto, que a maior demonstração de pompa e riqueza da corte portuguesa no Brasil foi feita em Viena, a mais de 10 000 quilômetros do Rio de Janeiro. Ali se realizaram, entre fevereiro e junho de 1817, as inúmeras cerimônias que marcaram o casamento por procuração da princesa Leopoldina com o futuro imperador Pedro I.

Encarregado de negociar o casamento e assinar os papéis em nome de D. Pedro, o então embaixador português, marquês de Marialva, protagonizou em Viena um dos espetáculos mais grandiosos e caros que a capital do então Império Austro-Húngaro já havia presenciado. A descrição é do historiador Malerba: "No dia 17 de fevereiro de 1817, Marialva entrava em Viena com um cortejo formado por 41 carruagens puxadas por seis cavalos, acompanhadas por criados de ambos os lados, vestidos com ricas librés. A *entourage* compunha-se de 77 pessoas, entre pajens, criados e oficiais, a pé e montados. Seguiam-se os coches da casa imperial, ladeados por seus lacaios e aparados pelos homens de serviço, logo atrás. Fechavam o cortejo as carruagens dos embaixadores da Inglaterra, França e Espanha. No dia 1º de junho, houve um baile para 2000 pessoas em salões especialmente construídos nos jardins do Augarten de Viena. Estavam presentes a família imperial austríaca, o corpo diplomático e toda a nobreza. A dança começou às oito horas. Às onze, foi servida a ceia, de quarenta talheres. O imperador e a família foram servidos em baixela de ouro. Os demais convidados, em baixela de prata. Custo: 1 milhão de florins ou 1,5 milhão de francos".[3] Atualizado pela inflação dos últimos duzentos anos, seria hoje o equivalente a cerca de 18 milhões de reais.[4] É um número espantoso: aproximadamente 9000 reais por pessoa.

Além de patrocinar a festa de arromba, Marialva levou para distribuir como presentes na corte austríaca 167 diamantes, no valor total de 6873 libras esterlinas, dezessete barras de ouro, no valor de 1100 libras, além de condecorações cravejadas de pedras preciosas e muitas joias avaliadas em 5800 libras. O príncipe de Metternich, responsável pela assinatura do tratado e encarregado oficial da entrega da noiva ao embaixador, recebeu um total de 3600 libras esterlinas em presentes, incluindo um medalhão e uma caixa com efígie e retrato de D. João VI e a Grã-Cruz de Cristo com placa incrustada com diamantes. O padre celebrante da cerimônia de casamento recebeu uma cruz peitoral de pedras preciosas no valor de 1200 libras.[5]

A demonstração de fausto do embaixador Marialva em Viena contrastava com as dificuldades vividas pela realeza no Brasil. No Rio de Janeiro, também havia bailes e festas na corte, mas D. João VI continuava cada vez mais endividado e dependente da emissão de moedas do Banco do Brasil e das listas "voluntárias" de doações que os ricos da terra se dispunham alegremente a subscrever, em troca de favores, privilégios e honrarias. No dia a dia, essa corte nada tinha de esplendorosa nem de requintada, como atestam os relatos dos diplomatas e viajantes que a conheceram de perto. A antiga sede do vice-reino, no centro da cidade, convertido em Paço Imperial, era modesta, incompatível com uma residência real. "É um edifício vasto e irregular, do pior gênero da arquitetura", definiu o pintor Johann Moritz Rugendas.[6] "Um casarão sem nenhum mérito arquitetônico", confirmou o alemão Ernst Ebel.[7] O palácio da Quinta da Boa Vista, presente do traficante de escravos Elias Antônio Lopes, foi considerado pelo inglês John Luccock "acanhado, despretensioso, mal-construído e pessimamente mobiliado".[8]

A pobreza da arquitetura se refletia nos hábitos da corte. Jacques Étienne Victor Arago, cronista francês da corveta *Uranie*, que, comandada pelo capitão Louis Claude de Freycinet, fez duas escalas no Rio de Janeiro entre 1817 e 1820, teve péssima impressão ao ver a rainha Carlota Joaquina numa recepção no Palácio de São Cristóvão. "Vestia-se como uma cigana, dentro de uma espécie de camisola toda pregada de alfinetes", registrou Arago. "Os cabelos despenteados, em fúria, viúvos de pente, atestavam a ausência de um cabeleireiro no paço ou de um zeloso camarista."[9] Essa impressão foi confirmada, em 1817, num relatório diplomático pelo embaixador alemão, conde von Flemming: "Com exceção da semi-asiática corte de Constantinopla, provavelmente não existe nenhuma outra na Europa tão estranha quanto esta. Apesar de ter se estabelecido na

América há pouco tempo, ela pode ser considerada totalmente estranha aos hábitos europeus e completamente exótica. Nenhuma outra corte tem tantos empregados, guarda-roupas, assistentes, servos uniformizados e cocheiros. Essa tendência ao orientalismo de forma alguma corresponde ao seu luxo".[10]

As celebrações de 1817, iniciadas em Viena, continuaram com a chegada da princesa Leopoldina ao Rio de Janeiro. Os preparativos foram organizados pelo intendente-geral de polícia, Paulo Fernandes Viana. As praias, que em situações normais eram um depósito de esgoto a céu aberto, foram saneadas. As ruas, varridas e lavadas, receberam a cobertura de uma fina camada de areia branca e foram salpicadas com flores aromáticas. As janelas dos casarões foram ornamentadas com toalhas e colchas de renda e damasco. Nas ruas que seriam percorridas pela corte foram construídos três arcos triunfais, desenhados pelos artistas da Missão Francesa. Durante três noites seguidas a cidade se iluminou em profusão.[11]

A princesa Leopoldina chegou ao Rio de Janeiro no dia 5 de novembro de 1817. Ao descer do navio, teve uma atitude inusitada: ajoelhou-se diante da sogra, a rainha Carlota Joaquina, abraçou-a pelos pés e beijou-lhe as mãos. Em seguida, dirigiu-se ao rei e repetiu os mesmos gestos. Depois, abraçou e beijou os cunhados — os príncipes e princesas irmãos de D. Pedro. O primeiro encontro se resumiu a essa troca de cumprimentos e gentilezas. Depois disso, a princesa voltou para o navio que a tinha trazido da Europa e lá permaneceu até as duas horas da tarde do dia seguinte, quando, aí sim, ocorreu o desembarque oficial.

Amparada pelo braço do marido D. Pedro, Leopoldina chegou ao cais acompanhada por toda a família real. A princesa vestia um manto de seda branca, bordado de prata e ouro. Um finíssimo véu lhe pendia da cabeça sobre o rosto. No momento em que pisou em terra pela primeira vez, salvas de canhões foram disparadas pelas fortalezas e pelos navios ancorados no porto. Sinos de todas as igrejas começaram a repicar ao mesmo tempo. Aclamado pelo povo que se aglomerava nas ruas, o cortejo seguiu em direção à Capela Real, situada na Rua Direita, a alguns metros de distância do Paço Real. Cerca de cem carruagens desfilaram acompanhadas de criadagem paramentada a rigor. Um coche trazia o rei e a rainha, o príncipe e a princesa. "Em terra, atrás do arco do triunfo, vê-se a carruagem atrelada com oito cavalos de penachos vermelhos e com arreios de veludo bordados a ouro", anotou o pintor Jean Baptiste Debret, ao descrever a cena.[12] Depois de uma cerimônia de ação de graças e um jantar de gala, o casal se apresentou ao povo pelas janelas do paço. Às onze horas da noite estavam todos de volta ao Palácio de São Cristóvão, onde D. Pedro e Leopoldina passaram sua primeira noite de lua de mel.

Para a coroação de D. João VI, os pintores, escultores e arquitetos da Missão Francesa se esmeraram ainda mais nos preparativos. O acanhado Largo do Paço se transformou repentinamente numa praça imperial com alegorias às maiores civilizações que a humanidade havia testemunhado nos dois milênios anteriores. Numa referência ao Império Romano, Grandjean de Montigny construiu na beira do cais a reprodução de um templo de Minerva, a deusa da guerra. Um pouco mais adiante, junto ao chafariz, Debret desenhou uma cópia do Arco do Triunfo que Napoleão Bonaparte havia mandado erguer em Paris para a chegada de sua segunda mulher, a imperatriz Maria Luísa, da Áustria. No centro da praça, havia um obelisco egípcio desenhado por Auguste Taunay. "Fazia uma agradável sensação a vista simultânea destes monumentos gregos, romanos e egípcios, não só pela beleza da iluminação que os decorava, mas também pelo bom gosto de sua arquitetura, que só pessoas inteligentes podiam conhecer e apreciar", comemorou Luis Gonçalves dos Santos, o Padre Perereca.[13]

O americano Henry Marie Brackenridge chegou ao Rio de Janeiro bem no meio dessas grandes celebrações da corte. Quando a corveta *Congress*, da qual era secretário, entrou na Baía da Guanabara, em janeiro de 1818, a princesa Leopoldina já havia desembarcado, enquanto os preparativos para a coroação do rei, marcada para o dia 6 de fevereiro, estavam em pleno andamento. Ao descer do navio, Brackenridge encontrou as ruas todas decoradas para o evento: "Fileiras de colunas revestidas de lona haviam sido pintadas para dar a aparência de monumentos de mármore, obeliscos e arcos triunfais. Um templo grego, sustentado por pilares feitos do mesmo material, se destacava como o elemento mais exótico entre eles". O americano observou também que alguns desses monumentos, erguidos para a chegada da princesa e que seriam usados também na coroação do rei, já estavam se dissolvendo sob a ação da chuva e do vento. "Vi parte de um deles literalmente em farrapos", anotou.[14]

Como se vê, eram todos monumentos falsos e efêmeros. Ao imitar a textura e a aparência de sólidos mármores, bronzes e granitos, lembravam igualmente a precariedade e o caráter ilusório da celebração dessa monarquia europeia enfraquecida e exilada num país tropical, a milhares de quilômetros de casa. "O segredo era agir em duas frentes", observou a historiadora Lilia Schwarcz no livro *A longa viagem da biblioteca dos reis*. "Por um lado, decorava-se o evento com monumentos frágeis como o momento político. Por outro, alegorias clássicas e referências ao passado conferiam às celebrações a tradição que lhes faltava e a história de que careciam."[15]

No dia da coroação, o rei D. João VI usava um manto de veludo escarlate coberto com fios de ouro. Como havia feito ao chegar ao Rio, em 1808, caminhou novamente do Paço até a Capela Real, acompanhado pelos membros da nobreza e os embaixadores estrangeiros. Depois do juramento, exibiu-se pela primeira vez de cetro e coroa. Os príncipes, seus filhos, estenderam a mão sobre o missal, prometendo-lhe obediência. A cerimônia foi seguida pelos vivas da multidão concentrada em frente ao Paço Real, pelas salvas de canhões e pelo repique ininterrupto dos sinos das igrejas. Festas populares, corridas de touros, desfiles militares, espetáculos de música e danças tomaram conta da cidade durante toda a semana.

Brackenridge, que observava tudo do cais situado bem em frente à Praça do Paço, conta um episódio engraçado envolvendo o comandante do seu navio. Segundo ele, ao amanhecer do dia da coroação, todos os fortes e navios começaram a disparar seus canhões em homenagem ao rei. Entusiasmado com o que via, o capitão da corveta americana decidiu juntar-se à celebração e mandou que seus marinheiros também disparassem os canhões. Depois de alguns tiros, deu-se conta de que cometera uma gafe diplomática. Seu país, os Estados Unidos, era adversário da monarquia e havia travado uma longa guerra contra o rei da Inglaterra para garantir a independência como república. Tendo em vista que a tripulação da corveta *Congress* estava no Rio de Janeiro em missão oficial, não ficava bem homenagear um rei, ainda que fosse o simpático e bonachão D. João VI. Ao perceber que nenhum outro navio americano havia aderido às salvas de canhões, o capitão determinou que também os marinheiros interrompessem os tiros e se limitassem a observar os festejos, sem deles participar.[16]

Fora desses momentos de celebração, o rei D. João VI levava no Rio de Janeiro uma vida pacata e tranquila. Acordava às 6h, vestia-se com a ajuda de seu camareiro, Matias Antônio Lobato, o visconde de Magé, e ia rezar no oratório. Comia frangos com torradas durante as audiências matinais, nas quais recebia os fidalgos mais íntimos e os serviçais da corte. Seu interlocutor mais frequente era Viana, o intendente-geral da polícia, recebido três vezes por dia para discutir melhorias urbanas e problemas de segurança no Rio de Janeiro. As refeições principais eram feitas junto com os filhos. Na sobremesa, havia sempre a pequena cerimônia conhecida como "o lava-mãos": o príncipe D. Pedro, filho mais velho, segurava uma bacia de prata, enquanto o mais novo, D. Miguel, despejava água para que D. João lavasse as mãos sujas de gordura. Depois do almoço, o rei dormia uma ou duas horas e, no final da tarde, saía para passear, às vezes dirigindo ele próprio uma pequena carruagem puxada por mulas.[17]

O historiador Tobias Monteiro acrescenta um detalhe pitoresco desses passeios: o ritual que envolvia as necessidades fisiológicas do rei. Segundo ele, à frente da comitiva ia um moço de cavalariça, a que o povo chamava de "toma largas" — talvez porque abria espaço à passagem do rei ou por usar vestimentas de abas enormes. Esse vassalo montava uma besta, de cuja sela pendiam dois alforjes. Num ia a merenda de D. João VI. No outro, um penico e uma armação composta de três peças que funcionava como um vaso sanitário portátil, para ser usado em campo aberto. A certa altura do passeio, o rei murmurava alguma ordem, o moço descia da mula e montava o equipamento. "Então", acrescenta o historiador, "o rei descia da carruagem e dele aproximava-se o camarista, que lhe desabotoava e arriava os calções. Diante dos oficiais e outras pessoas da comitiva, até da princesa Maria Teresa, sua filha predileta, quando esta o acompanhava, sentava-se beatamente, como se ninguém lhe estivesse em torno. Satisfeito o seu desejo, vinha um criado particular limpá-lo e de novo chegava o camarista, para ajudá-lo a se vestir."[18]

Cumprida essa etapa, D. João retomava o passeio, até chegar a hora da merenda. Além da comida guardada no alforje do moço de cavalariça, o rei levava também um estoque extra de galinhas assadas e desossadas. Guardava os pedaços na algibeira do seu casacão encardido e ia comendo enquanto contemplava a paisagem ou parava para conversar com as pessoas que o saudavam pelo caminho. À noite, recebia seus súditos para o beija-mão. Ia se deitar por volta das 23h.[19]

Tobias Monteiro tem mais uma informação curiosa a respeito da intimidade do rei. Ele conta que os quartos do Palácio de São Cristóvão se abriam para uma varanda. D. João VI dormia sozinho num deles. Numa sala contígua, que dava para o interior do edifício, costumava receber visitas e despachar com ministros e oficiais do governo. Como essa sala de reuniões era o único acesso ao quarto do rei, os criados do palácio também tinham de passar por ela quando, pela manhã, precisavam esvaziar os penicos usados durante a noite por D. João. Dependendo da hora, essa tarefa era executada enquanto o monarca recebia alguns de seus convidados. Para evitar constrangimentos, os vasos eram cobertos com uma tampa de madeira, emoldurada por uma pequena cortina de veludo encarnado. "Mas esse fechamento era imperfeito e deixava escapar os elementos voláteis, que denunciavam seu conteúdo", conta o indiscreto Monteiro.[20]

Pode-se dizer que, a esta altura, nem tudo cheirava bem na corte do Rio de Janeiro. Mas este nem de longe era o maior dos problemas.

25

PORTUGAL ABANDONADO

Se a realidade de uma nação pudesse ser resumida numa obra de arte, a do império português em 1820 caberia perfeitamente dentro de um quadro do acervo da National Portrait Gallery, em Londres. É o retrato de William Carr Beresford, o marechal irlandês que governou Portugal enquanto a corte permaneceu no Brasil. Pintado em óleo sobre tela por Sir William Beechey, o quadro mostra um homem severo, que inspira temor e respeito. Alto, corpulento e calvo, com tufos de cabelos que circundam a cabeça na altura da nuca, Beresford enverga um jaquetão escuro, fechado no pescoço e coberto de condecorações. Na face esquerda, entretanto, há um detalhe que lhe dá uma aparência sinistra e enigmática. É o olhar — murcho, parado e sem vida. Vazado por um tiro de fuzil numa das inúmeras batalhas em que o marechal se envolveu com as tropas de Napoleão, o olho esquerdo forma um contraste assustador com o do lado direito. É como se houvesse duas personalidades antagônicas dentro de uma mesma pessoa. A da esquerda é inerte, morta e inexpressiva. A da direita, ágil e vivaz, parece buscar no horizonte longínquo o que o futuro lhe reserva.

Essa também era a imagem de Portugal e seus domínios em território brasileiro na véspera do retorno de D. João VI a Lisboa. De um lado do Atlântico, ancorada na Europa cansada de guerra, havia uma metrópole amorfa, empobrecida e humilhada pela longa ausência do rei. Do outro, uma ex-colônia que, no mesmo período e pela mesma razão, havia mudado, enriquecido, prosperado e agora contemplava o futuro com esperança e otimismo. Eram realidades irreconciliáveis. Dentro de dois anos, o Brasil se tornaria um país independente. Portugal, ao contrário, continuaria ainda muito tempo imerso num redemoinho de conspirações e revoltas políticas. O antigo império colonial terminava seus dias de glória assim, em frangalhos, pagando um alto preço pelas escolhas feitas nos tumultuados dias de 1807 e 1808.

Os treze anos em que D. João VI permaneceu no Rio de Janeiro foram de fome e grandes sofrimentos para o povo português. Na manhã de 30 de novembro de 1807, dia seguinte ao da partida da família real, as velas da esquadra portuguesa ainda não tinham desaparecido no horizonte quando o pânico tomou conta de Lisboa. Um pequeno terremoto sacudiu a cidade. Foi interpretado como um presságio sinistro.[1] E era mesmo. Sabendo que seriam o primeiro alvo dos ataques franceses, agricultores abandonaram suas propriedades e fugiram para a capital. Quem já estava lá, correu antes de mais nada para comprar comida. Depois se trancou dentro de casa. "Na mente de todos restava a perspectiva terrível do que os aguardava", escreveu o general Maximilien Sébastien Foy, um dos oficiais franceses que participaram da invasão de Portugal. "O príncipe os havia abandonado. O país tinha sido conquistado sem luta ou resistência. Estavam entregues à própria sorte e cabia a cada um cuidar da sua segurança."[2]

Antes de ocupar Lisboa, o general Jean Andoche Junot ainda tentou, inutilmente, tranquilizar os portugueses com uma proclamação na qual prometia protegê-los e preservar os seus direitos. "O meu exército vai entrar na vossa cidade", avisava o general francês. "Eu vim salvar o vosso porto e o vosso príncipe da influência maligna da Inglaterra. Mas este príncipe, aliás respeitável pelas suas virtudes, deixou-se arrastar pelos conselheiros pérfidos, [...] para ser entregue aos seus inimigos. Moradores de Lisboa, vivei sossegados. Não receeis coisa alguma do meu exército nem de mim. O Grande Napoleão, meu amo, envia-me para vos proteger; eu vos protegerei."[3] Como se previa, não foi o que aconteceu. Quando as tropas exaustas e maltrapilhas de Junot entraram na capital, as ruas estavam desertas. Ao chegar às docas, só encontraram à vista um solitário navio cargueiro, cujo comandante foi obrigado a retornar ao porto sob o fogo dos canhões disparados da Torre de Belém. Em seguida, começou o saque da cidade. As bagagens e cargas deixadas no cais durante a apressada fuga da corte foram confiscadas. Lojas e casas, arrombadas. Os preços dos alimentos dispararam. A moeda se desvalorizou em 60%. As casas de câmbio fecharam por falta de dinheiro em circulação.[4]

Sentindo-se enganado pela fuga da corte para o Brasil, Napoleão impôs a Portugal punições duríssimas. A primeira foi uma indenização de guerra no valor de 100 milhões de francos[5] — uma cifra astronômica, equivalente hoje a cerca de 400 milhões de euros ou 1,2 bilhão de reais, que o país, na situação de penúria em que se encontrava, jamais teria condições de pagar.[6] Além disso, confiscou as propriedades de todos os portugueses que haviam partido junto com o príncipe regente, incluindo as terras e os palácios reais. A prataria das igrejas, que, na apressada fuga, ficara abandonada no cais, foi derretida. Parte dos 40 000 soldados do exército português foi incorporada às tropas francesas e despachada para a Alemanha, onde seria dizimada em 1812, durante a fracassada tentativa de invasão da Rússia por Napoleão. O governo provisório nomeado por D. João no dia da partida foi destituído e substituído por um "conselho administrativo" subalterno ao general Junot. Por fim, como o imperador francês havia prometido meses antes pelo seu jornal oficial *Le Moniteur*, a própria dinastia real de Bragança foi declarada extinta.[7]

Nesses dias de medo e incerteza, duas atitudes diametralmente opostas podiam ser observadas em Portugal. Com privilégios e propriedades a resguardar, os nobres procuraram aderir rapidamente ao conquistador. Mal o príncipe regente havia embarcado para o Brasil, uma numerosa delegação da elite portuguesa foi à cidade de Bayonne, na França, prestar homenagens a Napoleão. O grupo incluía quatro marqueses, um conde, um visconde, o inquisidor-mor e o bispo de Coimbra. Essa mesma delegação publicou um manifesto em Lisboa na qual conclamava os portugueses a aceitar o domínio francês "debaixo da magnânima proteção do herói do mundo, do árbitro dos reis e dos povos", de modo que a nação portuguesa pudesse "formar, um dia, parte da grande família de que Sua Majestade (Napoleão) era o pai benéfico".[8] Satisfeito com esse tratamento, Junot compareceu à ópera logo na primeira noite depois da invasão e prometeu respeitar todos os bens e privilégios da nobreza — com exceção dos que haviam fugido para o Brasil.

Atitude bem diferente foi a do povo português, que tinha tudo a perder e nada a ganhar com a invasão francesa. Sem a opção de fugir, como fizera o príncipe regente, ou bajular, como fazia a elite remanescente, os portugueses comuns ignoraram as proclamações do general Junot e o manifesto da nobreza, e resistiram ao invasor. Motins e sublevações populares irromperam por toda a parte. Os problemas começaram logo no dia 13 de dezembro, duas semanas depois da partida da família real. Foi quando o general Junot ordenou que a bandeira portuguesa fosse arriada do alto do Castelo de São Jorge, cuja vista domina a cidade sobre o bairro da

Alfama, e substituída pelas cores francesas. No mesmo dia, Junot ordenou que 6000 de seus soldados desfilassem na Praça do Rossio ao som de marchas militares. Essa demonstração de força, inesperada e desnecessária, provocou uma insurreição popular, prontamente reprimida pelo general.[9] Nos dias seguintes, os confrontos se espalharam pelo interior do país. No Bispado de Coimbra, os moradores aterrorizados fugiram para as montanhas, onde foram perseguidos e cercados pelos soldados franceses. Alguns conseguiram se salvar em troca de ouro, joias ou dinheiro. Os demais foram fuzilados. Cerca de 3000 pessoas morreram. Mais de 1000 casas foram queimadas.[10]

Entre 1807 e 1814, Portugal perdeu meio milhão de habitantes. Um sexto da população pereceu de fome ou nos campos de batalha ou simplesmente fugiu do país.[11] Nunca, em toda sua história, o país havia perdido um número tão grande de habitantes em tão pouco tempo. Em maio de 1808, o embaixador de Portugal em Londres, D. Domingos de Sousa Coutinho, escrevia a D. João no Rio de Janeiro dizendo que o número de refugiados portugueses na Inglaterra era enorme. "Tem vindo toda a qualidade de gente, em número tal que eu não sei como lhe acudir", contou o diplomata. "A maior parte vem carente de tudo, quase nus."[12] Como a corte portuguesa estava falida, D. Domingos era obrigado a pedir ajuda financeira ao governo inglês para socorrer todos esses refugiados. Enquanto isso, em Portugal, os mais ricos pagavam propinas ao próprio Junot em troca da autorização para embarcar nos navios que partiam de Lisboa.

"Portugal ficou num estado lamentável de penúria", escreveu o historiador inglês Sir Charles Oman.

Com seus portos bloqueados, era impossível vender vinhos para seus antigos compradores ingleses ou manufaturas para os colonos brasileiros. O desemprego tomou conta de Lisboa. Famintos, os moradores migraram em bando para o interior do país, em busca do que comer. A capital ficou deserta. Nas ruas não se via nenhum veículo ou pedestre, com exceção de 20 000 pessoas reduzidas à condição de mendigas, tentando viver de esmolas.[13]

Graças à resistência obstinada de portugueses e espanhóis, a Inglaterra conseguiu, finalmente, furar o bloqueio continental imposto por Napoleão e iniciar a série de campanhas vitoriosas da Guerra Peninsular que, mais tarde, resultaria na queda definitiva do imperador francês em Waterloo. Portugal, no entanto, não se beneficiou de imediato dessas vitórias. No confronto entre as duas grandes potências europeias — França e Inglaterra —, os portugueses eram tratados como parceiros de segunda linha. Uma demonstração disso ocorreu logo depois da primeira grande vitória dos ingleses sobre os franceses, na cidade de Vimeiro, em 21 de agosto de 1808. Foi um confronto tão decisivo que o general Junot preferiu fazer um acordo de retirada, deixando Portugal sob o controle britânico. Esse acordo, conhecido como Convenção de Sintra, em referência ao local onde foi negociado, previa que os franceses desocupariam imediatamente os fortes e praças militares e entregariam aos ingleses todos os bens, suprimentos, munições, cavalos e outros meios de transporte que haviam tomado dos portugueses. Em troca, teriam a proteção britânica para retornar à França com todas as suas armas, sem serem molestados.

Era uma situação inacreditável, em que as duas potências repartiam entre si o butim da guerra, sem levar em conta os direitos dos portugueses. Os bens saqueados pelos franceses não seriam devolvidos aos seus proprietários originais, vítimas da invasão, mas simplesmente repassados aos novos ocupantes — os ingleses. Esses bens incluíam 40 000 libras esterlinas da prata das igrejas, já derretida e pronta para ser transportada para a França, mais 25 000 libras confiscadas do tesouro português e outras 16 000 de mercadorias roubadas dos armazéns públicos. O acordo causou revolta geral em Portugal e, mais tarde, foi parcialmente revogado pelo Parlamento britânico, que o julgou excessivamente injusto para os portugueses.[14]

Na ausência da corte, Portugal se transformou na prática num protetorado britânico. Incumbido de comandar e reestruturar o destroçado Exército português, o marechal Beresford assumiu, de fato, o governo do país entre 1809 e 1820. E fez isso com mão de ferro. Em 1817, ao descobrir uma conspiração militar que pretendia derrubá-lo do poder, o marechal reagiu com uma crueldade surpreendente. O líder da rebelião, general Gomes Freire de Andrade, e outros doze revolucionários foram enforcados. Alguns deles, incluindo o próprio Gomes Freire, tiveram suas cabeças decepadas e reduzidas a cinzas, que foram lançadas ao mar.

Mesmo sufocada, a rebelião foi um sinal de alerta para o que viria nos anos seguintes. Gomes Freire era um golpista com expressiva folha corrida de conspirações. Em 1805 tinha participado da fracassada tentativa de golpe de Estado liderada pela princesa Carlota Joaquina contra o marido. Por isso, tornou-se um pária no Exército português e aderiu a Napoleão. Em 1805, colaborou ativamente com os invasores franceses. Depois da derrota de Napoleão, voltou a Portugal imbuído de ideias liberais. Seu movimento pregava não só o fim do domínio inglês, mas também da monarquia absoluta. Alguns revolucionários mais exaltados chegavam a propor a destituição da dinastia de Bragança e a substituição de D. João VI pelo duque de Cadaval no trono português.[15]

Os sinais de preocupação estavam por todo lado. Ao fazer um balanço do fracassado movimento liderado pelo general Gomes Freire, os governadores portugueses fiéis a D. João VI alertavam o rei para o crescente clima de insatisfação na metrópole e do risco que ele corria permanecendo no Brasil. "Não devemos, senhor, ocultar a Vossa Majestade, por nossa honra e obrigação, o descontentamento de todos os seus fiéis vassalos pela demora de Vossa

Majestade no Reino do Brasil, depois dos extraordinários sacrifícios que fizeram para conseguir a salvação da Monarquia", alertavam os governadores. "Esse descontentamento tem aumentado agora nesta cidade e se aumentará em todas as terras destes Reinos."[16]

A insatisfação era resultado menos das humilhações que o país havia sofrido na guerra e mais dos crescentes privilégios assegurados por D. João a ingleses e brasileiros depois da mudança para o Rio de Janeiro. Do ponto de vista dos portugueses, essa situação era insustentável. Eles tinham ficado com todo o ônus da mudança, cabendo ao Brasil e à Inglaterra todos os benefícios. A abertura dos portos da antiga colônia, em 1808, e o tratado especial de comércio com os ingleses, em 1810, haviam sido golpes duríssimos para os comerciantes portugueses, que quase foram à falência. Além disso, os impostos extraordinários criados pela corte para financiar a luta contra Napoleão foram mantidos mesmo depois de terminada a guerra, sobrecarregando comerciantes e funcionários urbanos, em especial de Lisboa e do Porto.[17]

Prejudicado pela concorrência britânica, o comércio de Portugal com o Brasil despencou. As exportações para a colônia, que eram de 94 milhões de cruzados entre 1796 e 1807, caíram para apenas 2 milhões de cruzados nos dez anos seguintes. No sentido contrário, as exportações do Brasil para Portugal se reduziram de 353 milhões de cruzados para a metade, 189 milhões.[18] Em 1810, 1214 navios portugueses tinham entrado no porto do Rio de Janeiro. Dez anos mais tarde, em 1820, não passaram de 212, sendo que, desses, somente 57 vinham de Lisboa. Os demais tinham partido da Índia, da África ou de outros portos da América do Sul.[19] "À fome generalizada, à carência de gêneros alimentícios, à desorganização da produção de vinho e azeite, somava-se a paralisação dos portos, de início fechados por Junot e depois desvitalizados e sem movimento por causa do tratado de 1810", observou a historiadora Maria Odila Leite da Silva Dias.[20]

Um exemplo do favorecimento do Rio de Janeiro nas novas relações comerciais foi a redistribuição do fornecimento de pólvora no império português. Antes da chegada da corte ao Brasil, a venda desse produto era monopólio absoluto da antiga Fábrica Real de Pólvora, situada em Portugal. Era ela que fornecia, sem concorrentes, para a metrópole e todas as suas colônias. Depois de 1808, a situação se inverteu. A nova fábrica instalada por D. João no Rio de Janeiro ganhou o privilégio de vender pólvora para a parte mais atraente e lucrativa do mercado, que incluía Pernambuco, Bahia, São Paulo, Rio Grande do Sul, os portos da costa da África, além da própria corte. Enquanto isso, a antiga fábrica do reino ficou relegada a mercados marginais e secundários, as ilhas de Açores, Madeira e Cabo Verde, e as províncias de Maranhão, Pará e Ceará.[21]

Em Portugal, alimentava-se a esperança de que, terminada a guerra, o tratado seria revogado e a corte retornaria a Lisboa. Não aconteceu uma coisa nem outra. O tratado continuaria em vigor ainda por muito tempo. E D. João simplesmente não queria voltar tão cedo. A rigor, depois de 1810, ele já não tinha razões para permanecer no Brasil. Nesse ano, as últimas tropas francesas haviam sido expulsas de Portugal. A partir daí, a Guerra Peninsular se concentraria na Espanha, onde duraria mais três anos. Se quisesse, o príncipe regente poderia ter retornado em segurança a Lisboa sem problema algum apenas dois anos depois de ter partido. Seus planos, porém, eram outros. D. João sabia que, se o império português tinha algum futuro, suas chances de sobrevivência estavam mais no Brasil do que em Portugal. Por isso, resistiu enquanto pôde às pressões para retornar. Em 1814, o próprio governo inglês tentou levá-lo de volta e despachou para o Rio de Janeiro uma esquadra comandada pelo almirante John Beresford, irmão do marechal que governava Portugal, com a missão de transportar toda a família real. O governo britânico temia que, se a corte não voltasse, o clima de insatisfação em Portugal se tornaria incontrolável. D. João se recusou a embarcar. E os temores ingleses se confirmaram.[22] O fantasma da revolução sufocada em 1817 ressurgiu em 1820, na cidade do Porto.

Na manhã de 24 de agosto, tropas rebeladas reuniram-se no Campo de Santo Ovídio, no Porto, e se declararam contra o domínio inglês. No manifesto que distribuíram à população, os militares lamentavam a situação de penúria em que o país se encontrava e a ausência do rei: "Para cúmulo de desventura, deixou de viver entre nós o nosso adorável Soberano. Portugueses! Desde esse dia fatal, contamos nossas desgraças pelos momentos que tem durado a nossa orfandade. Perdemos tudo!".[23] Três semanas mais tarde, no dia 15 de setembro, a revolta chegou a Lisboa, onde se registraram várias manifestações populares pedindo o fim do absolutismo monárquico.[24] No dia 27 foi constituída na cidade de Alcobaça a Junta Provisional Preparatória das Cortes, que ficariam encarregadas de redigir uma nova constituição liberal. As Cortes eram um conselho de Estado previsto no regime monárquico português, que havia se reunido pela última vez em 1698, mais de 120 anos antes. Sua simples convocação, depois de tanto tempo ausente do cenário político português, indicava o quanto o poder do rei estava ameaçado. Pela decisão dos revoltosos, a dinastia de Bragança seria poupada, mas a volta do rei a Portugal virava uma questão de honra.

No dia 10 de outubro, o marechal Beresford, que tinha viajado ao Rio de Janeiro com o objetivo de pedir mais poderes e recursos a D. João VI para conter a rebelião, foi impedido de desembarcar ao retornar a Lisboa, e destituído de suas funções. Em seu lugar, formou-se uma nova Junta de Governo, composta por representantes da burguesia e da nobreza, clérigos e militares, sob a liderança do Sinédrio, organização secreta criada no Porto em 22 de janeiro de 1818 e cujas ideias e articulações haviam sido fundamentais para o sucesso da Revolução Liberal.[25]

Reunidas em fevereiro de 1821, as Cortes tinham uma pauta extensa de trabalho: liberdade de imprensa, elaboração de um novo código civil e criminal, supressão da Inquisição, redução do número de ordens religiosas, anistia aos presos políticos e instalação de um banco em Portugal, entre outras medidas. A principal exigência, no entanto, era a volta do rei a Portugal. No Rio de Janeiro, o chamado Partido Português, integrado por militares de alta patente, funcionários públicos e comerciantes interessados em restabelecer o antigo sistema colonial e os privilégios da metrópole, também defendia o retorno.[26]

O clima de ressentimento dos portugueses em relação ao Brasil pode ser medido no panfleto assinado por Manuel Fernandes Thomaz, um dos chefes revolucionários de 1820, no qual atacava de forma preconceituosa os brasileiros. Thomaz definia o Brasil como "um gigante em verdade, mas sem braços nem pernas, não falando no seu clima ardente e pouco sadio, [...] reduzido a umas poucas hordas de negrinhos, pescados nas costas da África, os únicos e só capazes de suportarem os dardejantes raios de uma zona abrasada". O panfleto, que provocou indignação no Rio de Janeiro, perguntava que lugar D. João deveria escolher para morar — "a terra dos macacos, dos pretos e das serpentes, ou o país de gente branca, dos povos civilizados, e amantes do seu Soberano". E terminava dizendo: "Voltemos agora os olhos daquele país selvagem e inculto, cá para esta terra de gente, para Portugal!".[27]

Ao ouvir as exigências dos revoltosos, que chegaram ao Rio de Janeiro em 17 de outubro de 1820 pelo brigue *Providência*, D. João VI enfrentou um dilema insolúvel, que dizia respeito ao futuro do próprio império português. Se voltasse a Portugal, poderia perder o Brasil que, seguindo o caminho das vizinhas colônias espanholas, acabaria por declarar a sua independência. Se, ao contrário, permanecesse no Rio de Janeiro, perderia Portugal, onde o vendaval revolucionário, produzido pelos ressentimentos acumulados em uma década e meia, parecia incontrolável. De início, D. João cogitou a hipótese de enviar a Portugal o príncipe herdeiro, D. Pedro, enquanto ele próprio permaneceria no Brasil. Seria uma forma de satisfazer as exigências das Cortes e apaziguar os revolucionários. D. Pedro não queria ir por duas razões. A primeira é que se sentia mais à vontade no Brasil, onde havia chegado com apenas dez anos e tinha todos os seus amigos e conselheiros. A segunda é que sua mulher, a princesa Leopoldina, estava nas últimas semanas de gravidez e poderia ter o filho em alto-mar — uma situação de alto risco para a época. Pior: uma parte dos ministros queria que D. Pedro viajasse a Portugal e deixasse a mulher sozinha no Rio de Janeiro, sugestão contra a qual a princesa lutou desesperadamente por várias semanas. Depois de muitas discussões, D. João surpreendeu os seus auxiliares com a seguinte frase: "Pois bem, se o meu filho não quer ir, irei eu".[28]

Era uma atitude inesperadamente corajosa para um rei que sempre dera mostras de insegurança, medo e indecisão.

26

O RETORNO

Na noite de 24 de abril de 1821, um cortejo fúnebre atravessou em silêncio as ruas do Rio de Janeiro. Transportava para a câmara ardente de uma fragata ancorada no porto os restos mortais da rainha D. Maria I, falecida em 1816, e do infante D. Pedro Carlos, vítima da tuberculose em 1812. D. João VI acompanhou a procissão à luz dos archotes, atrás dos dois esquifes — um retirado do Convento da Ajuda, o outro, do Convento de Santo Antônio. Era o ato final da corte portuguesa no Brasil. Dois dias mais tarde, o rei partia do Rio de Janeiro, contra a sua vontade e sem saber exatamente o que o esperava em Portugal. Deixava para trás um país completamente mudado, que o acolhera com tanta alegria treze anos antes e no qual o processo de independência era já previsível e inevitável. Tão certa era essa possibilidade que, poucas horas antes da cerimônia fúnebre do dia 24, D. João chamou o filho mais velho e herdeiro da coroa, então com 22 anos, para uma última recomendação: "Pedro, se o Brasil se separar, antes seja para ti, que me hás de respeitar, que para algum desses aventureiros".[1]

As semanas que antecederam a partida foram tensas e repletas de aflição. Os ecos da Revolução do Porto haviam chegado ao Brasil em meados de outubro do ano anterior e bastaram algumas semanas para inflamar os ânimos dos brasileiros e portugueses que cercavam a corte. Na manhã de 26 de fevereiro, uma multidão aglomerada no Largo do Rocio, atual Praça Tiradentes, exigia a presença do rei no centro do Rio de Janeiro e a assinatura da Constituição liberal. Ao ouvir as notícias, a alguns quilômetros dali, D. João ficou muito assustado e mandou fechar todas as janelas no Palácio São Cristóvão, como fazia em noites de trovoadas. "Como devo tratar os revoltosos?", perguntou ao conde de Palmela, ministro dos Negócios Estrangeiros e da Guerra. "Infelizmente, senhor, não há que deliberar; é preciso fazer tudo quanto vos pedirem", respondeu o conde.[2]

Pouco depois chegou o príncipe D. Pedro, que passara a madrugada em conversas com os rebeldes. Vinha buscar o rei, como exigia a multidão. D. João ficou apavorado com a lembrança de uma cena da ainda recente Revolução Francesa. Foi a noite em que milhares de pessoas cercaram o Palácio de Versailles, capturaram o rei Luís XVI e a rainha Maria Antonieta e os levaram até Paris, onde, tempos mais tarde e após uma fracassada tentativa de fuga, seriam decapitados na guilhotina. Apesar do medo que o episódio lhe inspirava, D. João embarcou na carruagem que o aguardava e seguiu para o centro da cidade. A caminho, no entanto, percebeu que, em lugar de ofensas e gritos de protestos, a multidão aclamava seu nome. Ao contrário do odiado Luís XVI, o rei do Brasil era amado e querido pelo povo carioca. Depois de uma viagem de meia hora, apareceu trêmulo na sacada do Paço Real. Mal conseguiu balbuciar as palavras que lhe ditaram e que tiveram de ser repetidas por D. Pedro em alta voz, para delírio da multidão. D. João VI, o último rei absoluto de Portugal e do Brasil, aceitava, sim, jurar e assinar a Constituição, que lhe tirava parte de seus poderes.[3]

A euforia de 26 de fevereiro, porém, logo deu lugar a novas agitações. Os líderes mais radicais achavam as reformas constitucionais insuficientes. Queriam que o rei cedesse mais. Por isso, uma segunda manifestação popular foi marcada para o dia 21 de abril, aniversário do enforcamento de Tiradentes. Aos gritos de "aqui quem manda é o povo" e "haja revolução", a multidão reunida na então Praça do Comércio exigia que D. João jurasse a Constituição espanhola, documento mais radical do que o primeiro, adotado na cidade de Cadiz em 1812, durante os levantes da Guerra Peninsular, e que havia se tornado uma inspiração para os revolucionários portugueses em 1820. Queria também que o rei permanecesse no Brasil, contrariando a decisão das Cortes portuguesas. Desta vez, a manifestação terminou em tragédia, violentamente reprimida pelas tropas comandadas pelo príncipe D. Pedro. Trinta pessoas morreram e outras dezenas ficaram feridas. No dia seguinte, a fachada do elegante prédio desenhado pelo francês Grandjean de Montigny na Praça do Comércio amanheceu pichada com os dizeres "Açougue dos Bragança", numa referência à dinastia portuguesa.[4]

D. João partiu do Rio de Janeiro em 26 de abril, cinco dias depois do massacre da Praça do Comércio. Sua comitiva incluía cerca de 4000 portugueses — um terço do total que o havia acompanhado na fuga para o Rio de Janeiro, treze anos antes.[5] Conta-se que o rei embarcou chorando de emoção. Se dependesse apenas de sua vontade, ficaria no Brasil para sempre. Porém, uma vez mais, aquele rei gordo, bonachão, sossegado, solitário, indeciso e, muitas vezes, medroso, curvava-se ao peso das responsabilidades que a História lhe impunha.

Uma prova de que o rei não queria voltar é um panfleto que circulou no Rio de Janeiro e nas principais cidades brasileiras em janeiro de 1821. Escrito por Francisco Cailhé de Geine, o texto em francês defendia a permanência de D. João VI no Rio de Janeiro. Dizia que o Brasil poderia viver sem Portugal, mas não o contrário. Alertava ainda que a partida do rei levaria à Independência — o que de fato ocorreu no ano seguinte. "O rei não deve abandonar o país quando a tempestade revolucionária o ameaça, e quando ele é mais do que nunca necessário aqui."[6] O folheto foi impresso na gráfica régia em 1820 por ordem de Thomaz Antônio Villa Nova Portugal, ministro e conselheiro privado de D. João VI. O historiador Tobias Monteiro encontrou provas de que D. João não só tomou conhecimento do texto como autorizou sua divulgação.[7] Era, portanto, um documento que defendia ideias compartilhadas pelo rei e seu principal auxiliar.

O retorno da corte deixou o Brasil à míngua, às vésperas de sua Independência. Ao embarcar, D. João VI raspou os cofres do Banco do Brasil e levou embora o que ainda restava do tesouro real que havia trazido para a colônia em 1808. "A realeza, que acabava de viver na corrupção, fizera um verdadeiro assalto ao erário brasileiro", escreveu o historiador Oliveira Lima.[8] Testemunha ocular dos acontecimentos, a viajante inglesa Maria Graham conta que "o tesouro ficou tão pobre" que D. Pedro foi obrigado a adiar o reajuste dos soldos dos militares, prometido antes da partida do rei. Isso só aumentou o clima de descontentamento e insegurança no Brasil. "Os fundos para a manutenção de diversos ramos da indústria e várias obras de interesse público desapareceram com esse grande e repentino sangradouro", observou a inglesa. "Assim, muita coisa começada com a chegada da corte, e que se esperava fosse de grande benefício para o país, cessou."[9]

O saque dos recursos do tesouro teve consequências dramáticas na economia brasileira e, na prática, "equivalia a uma bancarrota, posto que não declarada", na avaliação do historiador Pereira da Silva.

O ouro não se encontrou mais em circulação. A prata subiu a sete e oito por cento de ágio. O descrédito das notas do banco paralisou, atormentou, prejudicou e arrastou o comércio a uma liquidação lenta. Suspendeu-se o giro regular das transações. Faliram muitas casas. Formou-se uma crise medonha. Apoderou-se dos ânimos um terror pânico. Aumentou-se o preço dos objetos necessários à sobrevivência, e influiu poderosamente este fato sobre tudo e todos, multiplicando os desastres resultantes da inquietação dos espíritos, da anarquia das ideias e da desordem geral em que parecia a sociedade mergulhada.[10]

D. João VI chegou a Lisboa no dia 3 de julho, depois de 68 dias de viagem, tão vulnerável quanto havia partido. Quando saíra, em 1807, era refém da Inglaterra e fugitivo de Napoleão. Agora tornava-se novamente refém, desta vez das Cortes portuguesas. Segundo o historiador Oliveira Martins, antes de colocar os pés em terra o rei foi "humilhado e insultado".[11] Ainda a bordo do navio, teve de jurar a nova Constituição, elaborada à sua revelia. José Honório Rodrigues conta que "D. João prestou o juramento a meia voz, balbuciante, com aquela covardia que lhe era própria".[12]

O rei teve ainda de aceitar algumas imposições que na época da monarquia absoluta seriam inimagináveis. Uma delas proibia o desembarque de vários de seus acompanhantes, acusados de corrupção e roubo na administração dos cofres públicos no Rio de Janeiro. Um dos nomes vetados era Joaquim José de Azevedo, o visconde do Rio Seco, o oficial que em novembro de 1807 tinha sido convocado ao Palácio de Queluz para organizar a partida para o Brasil. No Rio de Janeiro, onde ocupou o cargo de tesoureiro-mor do Real Erário, tinha se tornado um dos homens mais ricos do Brasil. Também foram proibidos de desembarcar em Lisboa Bento Maria Targini, o visconde de São Lourenço, além dos irmãos Lobato, camareiros e conselheiros particulares de D. João.[13]

Para os portugueses, que por tantos anos ansiavam pela volta da família real, o retorno de D. João ao cais de Lisboa foi um espetáculo surpreendente, tanto quanto havia sido para os brasileiros treze anos antes. É o que se pode ver nesta descrição de Oliveira Martins:

> *Já velho, pesado, sujo, gorduroso, feio e obeso, com o olhar morto, a face caída e tostada, o beiço pendente, curvado sobre os joelhos inchados, balouçando como um fardo entre as almofadas de veludo dos velhos coches dourados [...] e seguido por um magro esquadrão de cavalaria — era, para os que assim o viram, sobre as ruas pedregosas de Lisboa, uma aparição burlesca.*[14]

27

O NOVO BRASIL

Em maio de 1821 a esquadra de D. João VI ainda estava na altura do Nordeste brasileiro, a caminho de Lisboa, quando, a milhares de quilômetros a leste de seu curso, nos rochedos solitários da Ilha de Santa Helena, Napoleão Bonaparte deu o último suspiro. O homem responsável pela fuga da corte portuguesa para o Brasil e por quase todos os tormentos da vida de D. João morreu na manhã de 4 de maio, assistido pelo seu médico particular, em meio a ataques de vômitos de sangue e acessos de delírio nos quais chamava pelo filho, o rei de Roma, um menino franzino, de apenas dez anos, que àquela altura era prisioneiro da corte austríaca no Palácio de Schönbrunn, em Viena. A causa da morte do imperador francês foi, por muito tempo, alvo de polêmica. De início, suspeitou-se que tivesse sido envenenado com arsênico. Pesquisas mais recentes apontam que a causa mais provável seria um câncer no estômago. Enquanto esteve preso em Santa Helena, Napoleão ditou suas memórias, nas quais fez um balanço da vida e da carreira militar, com suas conquistas e derrotas. Para D. João VI reservou uma só frase, lacônica: "Foi o único que me enganou".[1]

Esses dois homens, cujos destinos se cruzaram pela última vez nos mares do Atlântico Sul, deixavam legados que haveriam de afetar profundamente o futuro de milhões e milhões de pessoas. O de Napoleão, já bem avaliado pelos historiadores, incluía o redesenho do mapa político da Europa. No prazo de vinte anos, o antigo regime monárquico, que por tantos séculos havia dominado o continente, entraria em colapso, dando lugar a um mundo agitado por revoluções em que a autoridade e a legitimidade dos governantes seriam o tempo todo postas em dúvida. No caso de D. João VI, o legado ainda é motivo de controvérsia. Alguns atribuem ao seu caráter tímido e medroso a derrocada final da monarquia e do próprio império colonial português. Outros, no entanto, o consideram um estrategista político que, sem recorrer às armas, enfrentou com sucesso os exércitos de Napoleão e conseguiu não só preservar os interesses de Portugal como deixar um Brasil maior e melhor do que havia encontrado ao chegar ao Rio de Janeiro, em 1808.

Nenhum outro período da história brasileira testemunhou mudanças tão profundas, decisivas e aceleradas quanto os treze anos em que a corte portuguesa morou no Rio de Janeiro. Num espaço de apenas uma década e meia, o Brasil deixou de ser uma colônia fechada e atrasada para se tornar um país independente. Por essa razão, o balanço que a maioria dos estudiosos faz de D. João VI tende a ser positivo, apesar de todas as fraquezas pessoais do rei. Para o historiador Oliveira Lima, ele foi "o verdadeiro fundador da nacionalidade brasileira", por duas razões principais: assegurou a integridade territorial e deu início à classe dirigente que se responsabilizaria pela construção do novo país.[2] "Com ele começou a descolonização efetiva", afirmou o escritor e crítico literário paranaense Wilson Martins. "Não só pelo ato de elevar o Brasil a reino, mas também, e sobretudo, por lhe dar desde logo e em breve espaço de tempo as estruturas de uma nação propriamente dita."[3]

Uma forma de avaliar a herança de D. João VI é abordar a questão pelo avesso: como seria hoje o Brasil se a corte não tivesse vindo para o Rio de Janeiro? Apesar da relutância em fazer conjecturas, boa parte dos historiadores concorda que o país simplesmente não existiria na sua forma atual. Na hipótese mais provável, a Independência e a República teriam vindo mais cedo, mas a antiga colônia portuguesa se fragmentaria em um retalho de pequenos países autônomos, muito parecido com seus vizinhos da América espanhola, sem nenhuma outra afinidade além do idioma.

É fácil imaginar as consequências dessa separação:

- Esse Brasil dividido em pedaços autônomos nem de longe teria o poder e a influência que o país exerce hoje sobre a América Latina. Na ausência de um Brasil grande e integrado, o papel provavelmente caberia à Argentina, que seria, então, o maior país do continente.
- Brasília, a capital federal plantada no cerrado por Juscelino Kubitschek em 1960 para estimular e simbolizar a integração nacional, nunca teria existido. O esforço de integração teria dado lugar à rivalidade e à disputa regional.
- Na escola, quando abrissem seus livros de Geografia, as crianças gaúchas aprenderiam que a floresta amazônica é um santuário ecológico de um país distante, situado ao norte, na fronteira com a Colômbia, a Venezuela e o Peru.
- As diferenças regionais teriam se acentuado. É possível que, a esta altura, as regiões mais ricas desse mosaico geográfico estariam discutindo medidas de controle da imigração dos vizinhos mais pobres, como fazem hoje os americanos em relação aos mexicanos.
- Nordestinos seriam impedidos de migrar para São Paulo. Em contrapartida, ao viajar de férias para as paradisíacas praias da Bahia ou do Ceará, os paulistas te-

riam de providenciar passaportes e, eventualmente, pedir visto de entrada.

- O comércio e o intercâmbio entre as diversas regiões seriam muito menores e mais complicados. Ao vender seus produtos para Goiás, Mato Grosso ou Tocantins, os cariocas, paulistas e paranaenses teriam de pagar tarifas de importação — e vice-versa.

À luz da realidade do Brasil atual, tudo isso parece mero devaneio. Ainda assim, não se deve subestimar a importância de D. João VI na construção da identidade dos brasileiros de hoje. É preciso levar em conta que, dois séculos atrás, a unidade política e territorial do Brasil era muito frágil. Uma prova dessa fragilidade pôde ser medida na própria delegação brasileira enviada a Portugal para participar das votações das Cortes entre 1821 e 1822. Embora o Brasil tivesse direito a 65 deputados,[4] só 46 compareceram às sessões em Lisboa, o que os deixava em minoria diante da representação portuguesa, composta por cem delegados. Apesar da inferioridade numérica, os brasileiros se dividiram nas votações. Os delegados das províncias do Pará, Maranhão, Piauí e Bahia se mantiveram fiéis à Coroa portuguesa e votaram sistematicamente contra os interesses brasileiros das demais regiões.[5] Numa nova demonstração de falta de consenso, em 1822 essas províncias do Norte e Nordeste não aderiram à Independência. D. Pedro I teve de recorrer à força militar para convencê-las a romper com Portugal. Mesmo assim, o ambiente político brasileiro continuaria instável ainda por muitas décadas, sujeito a inúmeras rebeliões e movimentos separatistas regionais.

Com base nessas divergências regionais, o americano Roderick J. Barman, autor do livro *Brazil: the forging of a nation*, levanta algumas hipóteses sobre qual teria sido o destino dos territórios portugueses na América sem a vinda da corte para o Rio de Janeiro.

Barman acredita que o Brasil poderia ter se desintegrado em três diferentes países. O primeiro, que ele chamou de República do Brasil, abrangeria as atuais regiões Sul e Sudeste, incluindo as províncias de Minas Gerais, Rio de Janeiro, Espírito Santo, São Paulo, Santa Catarina, Rio Grande do Sul, Goiás e Mato Grosso — nessa época, o atual Estado do Paraná ainda fazia parte da Província de São Paulo. Eram essas as províncias que gravitavam em torno da região onde, no final do século XVIII, tinha acontecido a Conjuração Mineira de Tiradentes. Sua repetição, na opinião de Barman, teria o potencial de atrair todas elas para um mesmo eixo capaz de se consolidar numa única república independente.

Na opinião de Barman, um segundo país, chamado de República do Equador, seria formado na região Nordeste, incluindo Bahia, Sergipe, Alagoas, Pernambuco, Paraíba, Rio Grande do Norte e Ceará. Essa região tinha sido agitada por três grandes insurreições em menos de três décadas. A primeira foi a Revolta dos Alfaiates de 1798, na Bahia. A segunda, a Revolução Pernambucana de 1817. Por fim, a Confederação do Equador, novamente em Pernambuco, em 1824. Era, portanto, uma região candidata à autonomia, caso não houvesse um governo central no Rio de Janeiro forte o suficiente para controlar suas rebeliões. O terceiro país, na avaliação do historiador americano, seria criado na região Norte, abrangendo Maranhão, Grão-Pará e a Província do Rio Negro, no atual Estado do Amazonas. Essas províncias, que ainda na época da colônia já constituíam um território autônomo com relações diretas com Lisboa, provavelmente seriam as últimas a se desligar de Portugal. O Piauí, na avaliação de Barman, constituiria uma incógnita: tanto poderia aderir à República do Equador como permanecer fiel à Coroa portuguesa e ligado às províncias do Norte.[6]

A preservação da integridade territorial foi, portanto, uma grande conquista de D. João VI. Sem a mudança da corte portuguesa, os conflitos regionais teriam se aprofundado, a tal ponto que a separação entre as províncias seria quase inevitável. "Essas colônias estariam de fato perdidas para a metrópole se D. João não migrasse para o Brasil", afirmou em suas memórias o almirante Sir Sidney Smith, comandante da esquadra que trouxe a corte para o Rio de Janeiro. "Os ingleses iriam ocupá-las sob pretexto de as defender e, se isto não acontecesse, a independência da América portuguesa se teria efetuado ao mesmo tempo e com muito menos resistência do que a da América espanhola."[7]

Graças a D. João VI, o Brasil se manteve como um país de dimensões continentais, que hoje é o maior herdeiro da língua e da cultura portuguesas. "D. João VI veio criar e realmente fundou na América um império, pois merece bem assim ser classificado o ter dado foros de nacionalidade a uma imensa colônia amorfa", escreveu Oliveira Lima.[8] Ironicamente, esse legado não seria desfrutado por D. João ou pela metrópole portuguesa. "Ele próprio regressava menos rei do que chegou", acrescentou Oliveira Lima. "Deixava contudo o Brasil maior do que o encontrara." Em outras palavras, ao mudar o Brasil, D. João VI o perdeu para sempre. O resultado foi a Independência, em 1822. "As portas fechadas durante trezentos anos estavam abertas de repente, e a colônia ficou fora do controle da metrópole", assinalou o historiador Alan K. Manchester. "O contato com o mundo exterior despertou a colônia entorpecida: introduziram-se nova gente, novo capital e novas ideias. Como consequência, os brasileiros acharam que seu destino era maior e mais importante."[9]

Ao contrário do que se imagina, porém, a independência brasileira resultou menos do desejo de separação dos brasileiros do que das divergências entre os próprios portugueses. O historiador Sérgio Buarque de Holanda a definiu como "uma guerra civil entre portugueses", desencadeada pela Revolução do Porto, e não por um processo de mobilização da colônia na defesa de interesses comuns contra a dominação da metrópole.[10] "A Revolução de 1820 foi um

Engenho de açúcar, por Henry Koster: um viajante britânico apaixonado pela cultura nordestina.

A sugar mill.
Gravura do livro *Travels in Brazil*, de Henry Koster, Londres, 1816.
Lucia M. Loeb/Biblioteca Guita e José Mindlin.

Mineração de diamantes, pelo inglês John Mawe: o primeiro repórter-viajante da época de D. João no Brasil.

View of negroes washing for diamonds at Mandango on the River Jigitonhonha in Cerro do Frio, Brazil.
Gravura do livro *Travels in interior of Brazil, particularly in the gold and diamond districts*, de John Mawe, Londres.
Lucia M. Loeb/Biblioteca Guita e José Mindlin.

Rancho na Serra do Caraça, em Minas Gerais, por Martius e Spix: uma aventura científica no sertão brasileiro.

Rancho near the Serra do Caraça (Minas Gerais). Gravura do livro *Travels in Brazil*, de John [Johann] Baptist von Spix e C. F. Philipp von Martius, Londres, 1824. Lucia M. Loeb/Biblioteca Guita e José Mindlin.

Villa Velha, na Bahia, por Martius e Spix: 10 000 quilômetros percorridos em lombo de mula, de canoa ou a pé.

Villa Velha (interior da Bahia). Gravura do livro *Travels in Brazil*, de John [Johann] Baptist von Spix e C. F. Philipp von Martius, Londres, 1824. Lucia M. Loeb/Biblioteca Guita e José Mindlin.

Família no Rio de Janeiro de D. João VI, por Chamberlain: uma cidade rica e próspera, mas sem refinamento.

A Brazilian family, de Henry Chamberlain.
Gravura do livro *Views and costumes of the city and neighbourhood of Rio de Janeiro*, Londres, 1822.
Lucia M. Loeb/Biblioteca Guita e José Mindlin.

Tropeiros, por Chamberlain: encarregados de abastecer uma colônia mergulhada na ignorância e no isolamento.

Troperos or muleteers, de Henry Chamberlain. Gravura do livro *Views and costumes of the city and neighbourhood of Rio de Janeiro*, Londres, 1822. Lucia M. Loeb/Biblioteca Guita e José Mindlin.

Procissão do Senhor dos Passos em Portugal, por APDG: um império carola, empobrecido e decadente.

Procession of the Senor dos Passos da Graça, gravura do livro *Sketches of Portuguese life, manners and costume and character*, de APDG, Londres, 1826. Lucia M. Loeb/Biblioteca Guita e José Mindlin.

Cadeira usada para transportar pessoas ricas ou da nobreza: andar a pé ou fazer exercícios era só para o povo.

The chege and cadeira, de Henry Chamberlain.
Gravura do livro *Views and costumes of the city and neighbourhood of Rio de Janeiro*, Londres, 1822. Lucia M. Loeb/Biblioteca Guita e José Mindlin.

Uma cena carioca, por Chamberlain: a vida no Rio de Janeiro era provinciana, apesar da presença da corte.

Huma história — gossiping, de Henry Chamberlain.
Gravura do livro *Views and costumes of the city and neighbourhood of Rio de Janeiro*, Londres, 1822. Lucia M. Loeb/Biblioteca Guita e José Mindlin.

Rede com varões sustentados por escravos: meio de transporte comum em viagens mais longas no interior do país.

The rede or net, de Henry Chamberlain.
Gravura do livro *Views and costumes of the city and neighbourhood of Rio de Janeiro*, Londres, 1822. Lucia M. Loeb/Biblioteca Guita e José Mindlin.

Negros vendedores de carvão, milho, leite e capim: escravos e alforriados vendiam seu trabalho de forma avulsa.

Negros vendedores de carvão e vendedoras de milho.
Gravura do livro *Voyage pittoresque et historique au Brésil*,
Paris, 1834-1839.
Rio de Janeiro, cidade mestiça, Companhia das Letras, 2001.

Vendedores de leite e capim.
Gravura do livro *Voyage pittoresque et historique au Brésil*, Paris, 1834-1839.

Mercado de escravos no Rio de Janeiro: empresários proeminentes, os traficantes ajudaram a financiar a corte no Brasil.

The slave market, de Henry Chamberlain.
Gravura do livro *Views and costumes of the city and neighbourhood of Rio de Janeiro*, Londres, 1822.
Lucia M. Loeb/Biblioteca Guita e José Mindlin.

Mercado no Rio de Janeiro: a alimentação era precária e a limpeza da cidade, toda confiada aos urubus.

A market stall, de Henry Chamberlain.
Gravura do livro *Views and costumes of the city and neighbourhood of Rio de Janeiro*, Londres, 1822.
Lucia M. Loeb/Biblioteca Guita e José Mindlin.

Os "pretos de ganho": escravos que os donos exploravam como vendedores ambulantes nas ruas do Rio de Janeiro.

Pretos de ganho, de Henry Chamberlain.
Gravura do livro *Views and costumes of the city and neighbourhood of Rio de Janeiro*, Londres, 1822.
Lucia M. Loeb/Biblioteca Guita e José Mindlin.

A partida da corte do Rio de Janeiro para Lisboa, em 1821: se dependesse só dele, D. João VI teria ficado.

A partida da corte do Rio.
Gravura de Jean Baptiste Debret, do livro *Voyage pittoresque et historique au Brésil*, Paris, 1834-1839.
Rio de Janeiro, cidade mestiça, Companhia das Letras, 2001.

Coroação de D. Pedro I, por Debret: em apenas treze anos, a transformação da colônia num país independente.

A coroação de D. Pedro I.
Gravura de Debret, do livro *Voyage pittoresque et historique au Brésil*, Paris, 1834-1839.
Rio de Janeiro, cidade mestiça, Companhia das Letras, 2001.

movimento antibrasileiro, uma explosão de ressentimento, de orgulho ferido", escreveu o também historiador José Honório Rodrigues. O resultado, segundo ele, foi oposto ao esperado pelas Cortes porque "fortificaram o Brasil, sua consciência, seu sentimento nacional, sua unidade, sua indivisibilidade".[11]

Isso de modo algum significava que o país estivesse pronto. Ao contrário. Pobre, analfabeto e dependente de mão de obra escrava, o novo Brasil deixado por D. João ao seu filho D. Pedro I continuava anestesiado por três séculos de exploração colonial que haviam inibido a livre iniciativa e o espírito empreendedor. Os debates que cercaram a Independência já anteviam os enormes desafios que o país teria de enfrentar — e que, duzentos anos depois, ainda estão longe de serem superados. Na avaliação dos "pais" da Independência, o Brasil do começo do século XIX era um país perigosamente indomável, onde brancos, negros, mestiços, índios, senhores e escravos conviviam de forma precária, sem um projeto definido de sociedade ou nação. "Amalgamação muito difícil será a liga de tanto metal heterogêneo, [...] em um corpo sólido e político", escrevia já em 1813 o futuro Patriarca da Independência, José Bonifácio de Andrada e Silva, ao embaixador de Portugal na Inglaterra, D. Domingos de Sousa Coutinho.[12]

Na visão de José Bonifácio e outros líderes da época, se a Independência parecia inevitável, era preciso impedir a qualquer custo que o Brasil se tornasse uma república. Nesse caso, acreditavam eles, o conflito de interesses numa sociedade tão heterogênea poderia se revelar incontrolável. "A raça branca acabará em mãos de outras castas e a Província da Bahia desaparecerá para o mundo civilizado", afirmava, em 1823, o pensador Francisco de Sierra y Mariscal, ao analisar o movimento da Independência e seus desdobramentos no Nordeste brasileiro.[13]

Em 1821, um panfleto de autoria de José Antônio de Miranda circulou no Rio de Janeiro. Perguntava:

> *Como é possível fazer uma república de um país vastíssimo, desconhecido ainda em grande parte, cheio de florestas, infinitas, sem população livre, sem civilização, sem artes, sem estradas, sem relações mutuamente necessárias, com interesses opostos e com uma multidão de escravos, sem costumes, sem educação, nem civil nem religiosa e cheios de vícios e hábitos antissociais?*[14]

A solução proposta — que, afinal, triunfou — era manter a monarquia centralizada e com poderes fortes, capaz de impedir insurreições populares e movimentos separatistas. "O Brasil, contando de muitas províncias grandes, mui distantes e despovoadas, precisa para se aumentar, visto estar ainda na infância, de um centro de poder, de onde as providências se façam com energia e a força com prontidão", argumentava um panfleto anônimo publicado em Lisboa em 1822. "Ora, não há governo mais enérgico que o monárquico. [...] O caráter geral da Nação exclui claramente a forma republicana."[15]

Sentimentos dessa natureza fizeram com que o medo funcionasse como uma força política catalisadora, mantendo o país unido sob a Coroa no momento em que os regionalistas e interesses divergentes poderiam ter dividido a antiga colônia portuguesa. "Consumada a separação política", observou a historiadora Maria Odila Leite da Silva Dias, "não pareciam brilhantes para os homens da geração da independência as perspectivas da colônia para transformar-se em nação. [...] Eram bem conscientes da insegurança das tensões internas, sociais e raciais, da fragmentação, dos regionalismos, da falta de unidade que não dera margem ao aparecimento de uma consciência nacional capaz de dar força a um movimento revolucionário disposto a reconstruir a sociedade".[16]

O que se viu em 1822 foi, portanto, uma ruptura sob controle, ameaçada pelas divergências internas e pelo oceano de pobreza e marginalização criado por três séculos de escravidão e exploração colonial. Ao contrário dos Estados Unidos, onde a independência teve como motor a república e a luta pelos direitos civis e pela participação popular, no Brasil o sonho republicano estava restrito a algumas parcelas minoritárias da população. Quando apareceu nas rebeliões regionais, foi imediatamente reprimido pela Coroa. Por isso, o caminho escolhido em 1822 não era republicano nem genuinamente revolucionário. Era apenas conciliatório. Em vez de enfrentadas e resolvidas, as antigas tensões sociais foram todas adiadas e amortecidas.

Em nome dos interesses da elite agrária, a escravidão permaneceria como uma chaga na sociedade brasileira até sua abolição, em 1888, com a lei assinada por uma bisneta de D. João VI, a princesa Isabel. As divergências regionais reapareceriam de tempos em tempos, de forma violenta, como na Confederação do Equador, de 1824, na Guerra dos Farrapos, em 1835, e na Revolução Constitucionalista, em 1932. A participação popular nas decisões do governo se manteria como um conceito figurativo. Em 1881, quando a chamada Lei Saraiva estabeleceu, pela primeira vez, a eleição direta para alguns cargos legislativos, somente 1,5% da população tinha direito ao voto. Eram apenas os grandes comerciantes e proprietários rurais. Entre a enorme massa de excluídos estavam as mulheres, os negros, os mulatos, os pobres, os analfabetos e destituídos em geral.[17]

Heranças mal resolvidas em 1822, todos esses problemas permaneceriam, nos duzentos anos seguintes, assombrando o futuro dos brasileiros — como o fantasma de um cadáver insepulto.

28

A CONVERSÃO DE MARROCOS

O arquivista real Luiz Joaquim dos Santos Marrocos foi um dos milhares de portugueses ligados à corte que ficaram no Brasil depois da partida da família real. Exatamente um mês antes do embarque de D. João VI de volta para Portugal, ele escreveu a última das 186 cartas que enviou ao pai, Francisco José, e à irmã, Bernardina, desde que chegara ao Rio de Janeiro, em 1811. O tom é de lamento e de despedida. "Julgando-me de todo abandonado da sua lembrança, sem saber a causa de tão extraordinário procedimento, tenho suspendido por algum tempo a minha correspondência, visto que esta se fazia inútil", reclama.[1]

Pelo texto das cartas, observa-se que as relações entre o arquivista e a família haviam desandado já fazia tempo. Nos três primeiros anos após a chegada ao Rio de Janeiro, a troca de mensagens é intensa, amistosa e muito afetiva. Aos poucos, no entanto, a correspondência de Lisboa começa a escassear. "Há cinco navios sucessivos que Vossa Mercê não me dá gosto de suas notícias", queixa-se Marrocos ao pai em 1º de abril de 1814. "Nem a minha irmã tem se lembrado de me escrever."[2] Quatro meses mais tarde, já são onze os navios que chegam sem notícias. Marrocos diz "estranhar o silêncio de todos [...], como se eu já não existisse".[3]

O estremecimento de relações coincide com as mudanças no comportamento e nas opiniões do arquivista a respeito do Brasil e sua gente. Marrocos chega ao Rio de Janeiro criticando o clima, a paisagem, os hábitos e costumes dos brasileiros, reclamando de tudo e de todos. Gradativamente, o tom vai se modificando. Uma década mais tarde, ele já é um homem apaixonado pela cidade, pelo país e seu povo. Mais do que isso, decide ficar no Brasil e apoiar a Independência, contra a vontade dos seus conterrâneos portugueses e da própria família. Esse processo de transformação pessoal coincide com as mudanças que Brasil e Portugal viveram naquele notável período de sua história. Por isso, Marrocos tornou-se o paradigma do colonizador europeu capturado pelo redemoinho da história no começo do século XIX, que, surpreendido pelos acontecimentos, primeiro tenta reagir a eles. Depois se adapta e se transforma.

Como se disse no capítulo 6, quando o personagem apareceu neste livro, a comunicação entre o arquivista e a família é uma via de mão única. Só as cartas que ele enviou para Lisboa são conhecidas, porque foram preservadas pelo pai na Biblioteca Real da Ajuda. Marrocos, aparentemente, não fez o mesmo. Até hoje não se sabe o teor das respostas que teria recebido no Rio de Janeiro. O conteúdo das cartas despachadas de Lisboa para o Brasil é conhecido apenas de forma indireta, porque o arquivista reproduziu parte delas na correspondência enviada à família. É curioso que, apesar de nunca mais se corresponderem depois de 1821, o pai manteve intactas todas as cartas que recebeu do filho, transformando-as em documentos históricos preciosos da época de D. João VI no Brasil. Foi mais uma prova do zelo e do rigor com que essa família de bibliotecários tratava os papéis que julgava ser de interesse para as futuras gerações.[4]

Nas primeiras cartas enviadas à família, entre 1811 e 1813, Marrocos diz que o Brasil era o pior lugar do mundo, repleto de doença, sujeira, pessoas vagabundas, ignorantes e sem pudor. "A gente é indigníssima, soberba, vaidosa, libertina; os animais são feios, venenosos", afirma.[5] "Eu não gosto de prender-me nesta terra, que julgo para mim de degredo.[6] [...] Estou tão escandalizado com esse país, que dele nada quero, e quando daqui eu sair, não me esquecerei de limpar as botas nas bordas do cais, para não levar o mínimo vestígio desta terra. [...] Quando se trata das más qualidades do Brasil, é para mim matéria vasta de ódio e zanga, [...] e julgo que até dormindo praguejo contra ele."[7]

A partir de 1814, o tom das cartas é bem diferente. O Brasil se torna um lugar bonito, acolhedor, de gente simpática e trabalhadora. Numa correspondência despachada a 1º de novembro, Marrocos diz agradecer a Deus os benefícios de sua nova vida no Rio de Janeiro. "Vivo em paz, em abundância, e com aquelas comodidades de que tanto precisava, com uma boa casa, bem arranjada de tudo, com escravos e outras conveniências", explica.[8] "A aversão a este país [...] é um grande erro, de que há muito tempo me considero despido", corrige-se, depois de se referir à " boa face da minha situação, com que Deus me favoreceu".[9]

O motivo da mudança de Marrocos tinha um nome: Anna Maria de São Thiago Souza, uma carioca de 22 anos que conheceu e começou a namorar dois anos depois de chegar ao Brasil. Filha de um rico comerciante português com uma brasileira, Anna Maria vinha de uma família que, segundo Marrocos, era "gente muito limpa, honesta e abastada".[10] Nas cartas ao pai, o arquivista a descreve como "uma mulher santa", séria e dedicada, como igual não haveria nem mesmo em Portugal. Segundo ele, graças à supervisão da mãe, Anna Maria tinha escapado da preguiça e da ignorância que, na sua opinião, caracterizavam as filhas dos brasileiros. "Embora seja uma brasileira, é melhor do que muitas mulheres portuguesas", escreveu.[11] "Só tem o único defeito de ser carioca", ressalvou numa outra carta.[12]

Luiz Joaquim e Anna Maria casaram-se no dia 22 de setembro de 1814. A notícia só é comunicada à família dois meses mais tarde, em carta de 1º de novembro. Oficialmente, tiveram três filhos. Luiz Francisco, nascido em 8 de setembro de 1816, morreu uma semana depois, de infecção no umbigo, naquela época conhecida como "mal dos sete dias". Um ano e meio mais tarde, em 7 de março de 1818, nasceu Maria Tereza. Por fim, veio ao mundo Maria Luiza, em 13 de agosto de 1819.[13] Essa é a história oficial, construída com base nas cartas de Marrocos preservadas na Biblioteca da Ajuda em Lisboa. Mas, como se verá no capítulo seguinte, essa correspondência escondia ainda um segredo, que ficou guardado por duzentos anos.

Um aspecto curioso da conversão de Marrocos no Brasil está relacionado à escravidão e ao relacionamento dos brancos com os negros. Depois do nascimento da primeira filha, Maria Tereza, ele conta ao pai ter se recusado a contratar uma ama de leite negra, como era costume entre a elite do Rio de Janeiro. "Parece-me mais natural e decente que a criação seja feita pela mãe do que pelas negras, que me causam nojo e asco", explica numa das cartas.[14] Pouco antes do nascimento da segunda filha, porém, a posição de Marrocos a respeito do assunto muda radicalmente. "Acabo de comprar uma ama de leite negra para amamentar pelo preço de 179 200 réis", escreveu à irmã. Conta também ter levado para casa um menino de orfanato, recém-nascido, com o objetivo de assegurar a produção de leite da escrava até Anna, sua mulher, dar à luz.[15]

Na carta de 21 de julho de 1821, já citada na abertura do capítulo "A escravidão", ele comunica ao pai ter comprado um negro por 93 600 réis. Esse negro reaparece, nove meses mais tarde, numa de suas correspondências mais longas, escrita no dia 3 de abril de 1812. O arquivista conta ao pai ter usado a palmatória para punir o escravo uma única vez. "Só tem levado uma dúzia de palmatoadas por teimoso", afirma. "Mas quebrei-lhe o vício." Em seguida, passa a descrevê-lo de forma simpática: "É muito meu amigo, e eu não sou menos dele. É muito habilidoso e tem muito tino. Serve à mesa muito bem. Tem muito cuidado no asseio do meu vestido e calçado, escovando-o sempre. É muito caprichoso em andar asseado, e já tem muita roupa. É muito fiel, sadio e de grandes forças".[16]

Antes de encerrar a carta, Marrocos faz duas observações curiosas sobre o escravo. A primeira é que o negro "tem um grande rancor a mulheres e a gatos". A segunda é o hábito de observar o arquivista enquanto dorme para evitar que os mosquitos o ataquem. "Tem ele a singularidade de fazer-me sentinela ao pé de mim, quando estou dormindo a sesta, só com o fim de enxotar as moscas, para que não me acordem." Por fim, manifesta a esperança de que "ele venha a ser um bom escravo, sem pancada, e levado só pelo brio e amizade".[17]

Além de se casar e ter filhos, Marrocos enriqueceu e prosperou no Rio de Janeiro. Suas relações com a nobreza e o próprio D. João também se estreitaram, o que lhe deu uma projeção social muito maior do que tinha em Lisboa. Nas suas cartas, Marrocos relata ao pai que, devido à importância do seu trabalho na biblioteca, frequentava o Paço Real e beijava a mão do príncipe todos os dias. D. João visitava a biblioteca com frequência para consultar obras de artes e ciências.

Graças a essa proximidade, em 1811 Marrocos sugeriu ao príncipe regente que criasse uma biblioteca em Salvador com os livros duplicados da biblioteca do Rio de Janeiro. Era, segundo ele, uma forma de resolver dois problemas: propiciar aos baianos acesso à leitura e, ao mesmo tempo, dar um destino aos livros que, desde que chegaram de Lisboa, ainda permaneciam encaixotados — "todos minados pelo bicho cupim, achando-se por isso em pó imensas tapeçarias", segundo a explicação do arquivista. Preocupado com outros assuntos mais urgentes, D. João ignorou a sugestão, porém, sete anos mais tarde, em 1818, Marrocos renovou a proposta. Desta vez, o então recém-coroado rei D. João VI concordou e determinou o envio de 38 caixas de livros a Salvador. Graças a essa doação, a biblioteca baiana, criada em 1811, quase duplicou o tamanho do seu acervo.[18]

Uma história envolvendo o embaixador britânico, Lord Strangford, demonstra o quanto a biblioteca do Rio de Janeiro era importante para a Coroa portuguesa. Em 1815, ao retornar a Londres, depois de uma temporada de seis anos no Brasil, Strangford recusou o presente de doze barras de ouro que lhe fora oferecido por D. João. O rei não se importou com a recusa, mas ficou profundamente irritado quando soube que o embaixador tinha esquecido de devolver dois livros antigos que havia tomado de empréstimo da Real Biblioteca. Considerando-se pessoalmente ofendido, D. João fez uma queixa formal ao governo inglês e encarregou seu embaixador em Londres, Cipriano Ribeiro Freire, de recuperar as obras.[19]

Em 1813, dois anos depois de chegar ao Brasil, Marrocos era responsável pelos Manuscritos da Coroa, uma coleção de 6000 códices que, por determinação do príncipe regente, o arquivista organizou e catalogou. Eram papéis raros, cuja preservação a Coroa valorizava acima de tudo. Incluíam os textos originais de cartas, relatórios, despachos diplomáticos e outros documentos oficiais que remontavam ao início da história do império português. Em 1821, esses manuscritos voltaram a Lisboa junto com a corte. O restante do acervo da antiga Biblioteca Real permaneceu no Brasil e mais tarde foi comprado de Portugal por D. Pedro I para formar a base da atual Biblioteca Nacional do Rio de Janeiro. O preço pago por esses livros, de 800 contos de réis (cerca de 250 000 libras esterlinas na época), correspondia a 12,5% da indenização exigida pelo governo português para reconhecer a Independência brasileira.[20]

Em setembro de 1817, Marrocos deixou a biblioteca e foi nomeado oficial da Secretaria de Estado dos Negócios do Reino por Thomaz Antônio Villa Nova Portugal, o principal ministro e conselheiro do rei. Estreou a farda a que o novo cargo lhe dava direito em 6 de fevereiro de 1818, dia da cerimônia de aclamação de D. João VI. Voltou à rotina de dedicação aos livros em 22 de março de 1821, semanas antes da volta do rei a Portugal, promovido a encarregado da "direção e arranjamento" das reais bibliotecas, com ordenado anual de 500 000 réis, no lugar de frei Gregório José Viegas, nomeado bispo de Pernambuco.[21]

Depois da Independência, Marrocos tornou-se um alto funcionário do governo do imperador Pedro I. Em 1824, desligou-se definitivamente da biblioteca para assumir o cargo de oficial-maior da Secretaria de Estado dos Negócios do Império, cargo que ocupou até morrer. Seu nome aparece ao pé de dois textos importantes do Brasil independente: a primeira Constituição do império, de 1824, e a primeira lei de patentes, de 1830.[22] "Luiz Joaquim dos Santos Marrocos a fez", lê-se ao final de ambos os textos. A assinatura de Marrocos não significa ser ele o autor desses documentos. Foi apenas o escriba, encarregado de redigir os textos na linguagem burocrática e legal na qual se especializou, além de providenciar protocolo e divulgação na imprensa oficial.

Nas cartas escritas às vésperas do retorno de D. João VI a Lisboa, Marrocos tenta convencer a família a também se mudar para o Rio de Janeiro. O pai não aceita. Marrocos insiste e tenta entender as razões da recusa. "Será a pátria?", pergunta, referindo-se a Portugal. "Além de ser esse um frívolo pretexto de gente caduca e cheia de preocupações, ela (a pátria portuguesa) tem sido muito ingrata a quem lhe há consagrado desde os primeiros anos o fruto de todos os seus estudos e aplicações", acrescenta.

Nessa mesma carta, a mais longa de todas as 186 que escreveu, Marrocos insiste pela última vez:

> *Meu pai, este é o momento de decidir. Trata-se de um negócio da maior importância, que é a futura subsistência da nossa família, no meio de mil comodidades. Os primeiros passos para esse projeto parecem temíveis e muito difíceis, [...] mas são apenas momentâneos. As circunstâncias que se oferecem são todas favoráveis e concorrentes para este fim. [...] Saia pois de uma letargia tão desgraçada, em que há tantos anos tem vivido e gemido. Deixe uma terra que não lhe é próspera, e que o tem feito recuar na sua carreira, e venha gozar de dias mais descansados e mais alegres, desfrutando tudo o quanto o seu gênio possa apetecer.*[23]

Era um recado ao pai, mas valia para todos os portugueses e brasileiros naquele momento decisivo. Portugal era o passado, o velho, as ideias antigas, o sistema colonial e a decadência. O Brasil era o novo, o futuro, a riqueza, a prosperidade, a transformação. O fim da correspondência marcou a separação dos Marrocos entre esses dois mundos. "Criar uma família no Rio resultou (para Marrocos) numa transformação de filho em pai que se assemelhava à própria mudança do Brasil, de uma colônia a centro do império", observou a historiadora americana Kirsten Schultz.[24]

Marrocos morreu em 17 de dezembro de 1838, notícia registrada de forma lacônica na edição do dia seguinte pelo *Jornal do Commercio*: "Faleceu ontem o Sr. Luiz Joaquim dos Santos Marrocos, oficial-maior da Secretaria de Estado dos Negócios do Império". Foi sepultado na catacumba 85 da Igreja de São Francisco de Paula, no Rio de Janeiro.[25] Tinha 57 anos.

Com Marrocos morria um pedaço de Portugal que atravessara o Atlântico com a corte de D. João para nunca mais voltar. Ao chegar ao Brasil, em 1811, o arquivista real trazia na bagagem toda a pesada carga cultural que havia caracterizado os portugueses nos séculos anteriores. Era conservador, burocrata, supersticioso, preconceituoso, temeroso até a medula das mudanças que o aguardavam do outro lado do mundo, em meio ao clima adverso dos trópicos e uma gente pobre, inculta e analfabeta. Ao morrer, quase três décadas mais tarde, era um homem transformado. No Rio de Janeiro, envolvera-se na política, perdera o medo de conviver com as incertezas, descobrira o amor, a prosperidade e a esperança no futuro. Para isso, tivera de enfrentar a família e contestar o passado. Era um retrato perfeito e acabado do Brasil que ali nascia, com suas raízes profundamente fincadas em Portugal — mas diferente.

29

O SEGREDO

Para a maioria dos leitores, este livro terminou — ou deveria terminar — no capítulo anterior. O que vem a seguir interessa especialmente aos historiadores porque revela detalhes da vida do arquivista real Luiz Joaquim dos Santos Marrocos que até agora eles desconheciam. No contexto grandioso da mudança da corte portuguesa para o Brasil, são detalhes menores. Ainda assim, ajudam a reforçar o caráter fascinante e transitório da investigação dos fatos e personagens históricos que, mesmo duzentos anos depois, continuam a mudar.

No dia 15 de junho de 1814, uma criança chamada Joaquinna dos Santos Marrocos nasceu na cidade do Rio de Janeiro. Joaquinna é uma filha que o arquivista real teve antes do casamento e cuja existência manteve em sigilo nas 186 cartas que enviou do Rio de Janeiro para a família, em Lisboa. Por isso, nos últimos duzentos anos foi também ignorada por todos os livros de história, que tinham tal correspondência como única fonte no estudo desse personagem.

Aos quatro meses de idade, no dia 22 de novembro, Joaquinna foi batizada na Irmandade do Santíssimo Sacramento da Sé. As anotações de suas certidões de nascimento e batismo estão guardadas na forma de microfilme em um banco de dados que reúne mais de um bilhão de nomes na cidade de Salt Lake City, a sede fundadora dos mórmons nos Estados Unidos. Podem ser consultadas pela Internet no *site* www.familysearch.org, mantido pela Igreja de Jesus Cristo dos Santos dos Últimos Dias e considerado um dos maiores e mais completos serviços de genealogia do mundo. Os mórmons construíram esse gigantesco banco de dados porque acreditam que os antepassados podem ser redimidos do pecado pelo batismo, mesmo depois de mortos. Para isso, é necessário apenas que sejam corretamente identificados.

No serviço de genealogia dos mórmons americanos, Joaquinna aparece como filha de Luis Joaquim dos Santos Marrocos e de Anna Roza de São-Thiago. A grafia do nome do pai é exatamente igual à do arquivista real, descontando-se o S no lugar do Z de Luiz. A principal diferença está no nome do meio da mãe — Roza, em lugar de Maria. É, aparentemente, um equívoco de grafia. Há duzentos anos, era muito comum que escreventes de igrejas e cartórios errassem na transcrição de nomes em certidões de nascimento e batizado. Ainda assim, não há dúvidas de que se tratasse efetivamente do arquivista real e sua mulher. Estatisticamente, seria quase impossível que no Rio de Janeiro de 1814, uma cidade de apenas 60 000 habitantes, dos quais menos da metade eram brancos como a família do arquivista real, houvesse um casal homônimo.

A descoberta de que Luiz Joaquim dos Santos Marrocos teve uma filha quando ainda estava noivo, três meses antes do casamento, esclarece alguns enigmas existentes nas cartas do arquivista real, cujo conteúdo até agora os pesquisadores não tinham conseguido decifrar. O primeiro mistério é o tom de frieza e quase hostilidade com que a família recebe a notícia do casamento. Marrocos comunicou a novidade ao pai em carta de 1º de novembro de 1814, dois meses depois da cerimônia, realizada no Rio de

Janeiro. O pai reage à novidade de forma violenta. Acusa Marrocos de lhe faltar ao respeito "como um africano rombo e presumido americano" por ter feito o casamento sem avisá-lo ou pedir sua autorização, comportamento que considera "vil e incivil". A irmã o critica de ter se casado "de noite e às escuras, como se o povo fosse surdo e cego".[1]

O segundo enigma diz respeito a um aparente mal-entendido na troca de cartas no período que precede o casamento. Marrocos rebate as críticas da família dizendo que havia, sim, avisado com antecedência que pretendia se casar. Sustenta que teria tratado do assunto em duas cartas, uma para o pai e outra para a irmã, escritas no dia 23 de dezembro de 1813, nove meses antes da cerimônia. A família afirma que essa correspondência nunca chegou a Lisboa. Em novembro de 1815, Marrocos se defende, dizendo que não era sua culpa se as cartas haviam se extraviado. Curiosamente, nos arquivos da Biblioteca da Ajuda essas são as duas únicas cartas, de um total de 186, que não estão no original. São apenas cópias. Não se conhece o paradeiro dos textos originais.

Se a alegação da família estiver correta, ou seja, que nem pai nem irmã foram avisados previamente do casamento, o que teria levado Marrocos e Anna a se unirem quase em segredo, sem obedecer ao protocolo que exigia comunicação prévia a respeito de suas intenções? O aparecimento das certidões de nascimento e batismo de Joaquinna sugere que o matrimônio provavelmente foi decidido às pressas, devido a uma gravidez inesperada. O estremecimento de relações com a família coincide com a data do nascimento de Joaquinna.

O terceiro enigma, que reforça o primeiro e o segundo, está ligado a uma carta de novembro de 1814, data em que, a julgar pelas informações do banco de dados dos mórmons, a suposta filha já teria quatro meses. Nessa correspondência, Marrocos alerta a irmã para não dar crédito às fofocas e rumores que estão espalhando sobre ele no Rio de Janeiro e que podem chegar a Lisboa. "Estou rindo com a cegueira desta gente tola, condoendo-me do empenho com que à-toa pretendem penetrar no meu segredo, não dando satisfação a ninguém", escreve.[2]

Que fofocas poderia inspirar um homem de 33 anos, arquivista e burocrata do rei, conservador até a raiz do cabelo, no Rio de Janeiro de 1814? A explicação novamente parece estar em Joaquinna, o bebê nascido em junho daquele ano. Naquela época, uma gravidez fora do casamento era motivo de escândalo. Isso explicaria a expressão "como se o povo fosse surdo e cego", usada pela irmã de Marrocos na troca de correspondência. *Surdo e cego* de quê? As evidências contidas na troca de cartas indicam que a família, em Lisboa, poderia estar sabendo, por outras pessoas, de informações que Marrocos tentou esconder deliberadamente nas cartas.

O que teria acontecido com Joaquinna, o misterioso bebê de 1814? Além de suas certidões de nascimento e batismo, não há no banco de dados dos mórmons qualquer outra referência ao seu destino. Não se tem notícia se ela foi abandonada, morreu, sobreviveu, casou ou teve filhos. A chave da resposta está nos próprios documentos arquivados em Salt Lake City. O microfilme com as informações sobre Joaquinna dos Santos Marrocos faz parte de um conjunto documental denominado *batch* número C032065 do International Genealogical Index. É composto pelos nomes de 1855 meninas nascidas no Rio de Janeiro entre 1812 e 1816, com algumas poucas exceções do final do século XVIII.

A maioria dessas crianças aparece listada apenas com o primeiro nome. São centenas de Justinas, Honoratas, Inocências, Jezuinas, sem nenhuma referência de parentesco ou sobrenome familiar. Outras são registradas com sobrenomes genéricos, associados a datas, eventos e irmandades religiosas, como "do Espírito Santo", "da Conceição", "do Rosário" ou "do Evangelho". O único ponto em comum entre elas é que todas foram batizadas no

Santíssimo Sacramento da Sé — e isso explica todo o mistério. Santíssimo Sacramento era o nome de uma das irmandades religiosas mais antigas do Brasil colônia. Mantida por leigos de alta distinção social, tinha entre suas responsabilidades abrigar e dar assistência a crianças órfãs de mães solteiras de famílias abastadas. Era exatamente esse o caso da noiva de Marrocos. Anna Maria de São Thiago Souza pertencia a uma família rica, de legítima ascendência portuguesa e socialmente bem relacionada.

A conclusão óbvia é que, surpreendidos pela gravidez, Luiz Joaquim e Anna Maria preferiram entregar a criança recém-nascida aos cuidados de uma irmandade religiosa do que assumir a paternidade e se expor ao inevitável escândalo na corte. No Brasil de 2007, o nascimento de crianças fora do casamento é um fenômeno normal da vida, aceito e tolerado pela sociedade. A gravidez antes do casamento há muito tempo deixou de ser motivo de escândalo ou preocupação para as famílias envolvidas. Duzentos anos atrás era bem diferente. Na corte de D. João VI, a notícia de um filho gerado fora do casamento seria inaceitável. Para os pais, era sempre melhor escondê-lo e entregá-lo para adoção do que comprometer a reputação da família.

A entrega de crianças não desejadas para adoção era um hábito amplamente disseminado no Rio de Janeiro. Os orfanatos e alguns conventos tinham a chamada "roda dos enjeitados", instituição importada de Portugal, na qual era possível depositar um recém-nascido sem que a pessoa responsável por esse ato fosse identificada. Em 1823, a viajante inglesa Maria Graham visitou um asilo no Rio de Janeiro, cuja roda dos enjeitados havia recebido 10 000 crianças órfãs num período de nove anos. A maioria tinha morrido antes de encontrar um lar que as acolhesse.[3]

No caso de Joaquinna dos Santos Marrocos, é curioso observar que, apesar de todos os riscos envolvidos, os pais tenham registrado a filha não desejada com seu próprio sobrenome. Identificada com o número 587 no *batch* C032065 dos mórmons, Joaquinna é uma das raras crianças desse conjunto documental que aparecem com nome e sobrenome da família. É como se fosse uma pista silenciosa do seu segredo plantada para a posteridade.[4]

NOTAS

Introdução

1. Nessa categoria, de livro de fácil leitura e linguagem coloquial, merece crédito também *A longa viagem da biblioteca dos reis: do terremoto de Lisboa à Independência do Brasil*, da historiadora Lilia Moritz Schwarcz, professora da Universidade de São Paulo.

2. J. M. Pereira da Silva, *História da fundação do império brasileiro*, 1864, tomo 1, p. 5.

3. Nos treze anos em que a corte portuguesa permaneceu no Brasil, o valor da libra esterlina, a moeda padrão do comércio internacional na época, oscilou entre 3000 e 5000 réis, segundo informação do embaixador Joaquim de Souza Leão Filho, tradutor e autor das notas do livro de Ernst Ebel, *O Rio de Janeiro e seus arredores em 1824*, 1972, p. 14. Com base nessa referência é possível ter uma noção aproximada do valor de compra das moedas nesse período. O Parlamento britânico oferece pela Internet um serviço de atualização monetária da libra com base no seu poder de compra nos últimos três séculos. Por esse cálculo, o valor de uma libra esterlina em 1808 equivaleria hoje ao de 56 libras. Significa que uma mercadoria vendida no Rio de Janeiro nessa época por 4000 réis (aproximadamente uma libra), valeria hoje cerca de 220 reais ou 100 dólares americanos (em equivalência de poder de compra). O *Economic History Service* é um serviço gratuito de conversão de moedas antigas pela Internet criado por dois professores de Economia das universidades de Miami e de Illinois. Pode ser consultado em http://measuringworth.com/.

O www.globalfinancialdata.com oferece informação semelhante e mais detalhada, mas é pago (e muito caro). Para atualização do valor da libra esterlina, ver Robert Twigger, *Inflation: the value of the pound 1750-1998*, House of Commons Library, no *site* do Parlamento britânico em http://www.parliament.uk/commons/lib/research/rp99/rp99-020.pdf.

Capítulo 1 — A fuga

1. Para informações mais detalhadas sobre o poder do rei no regime absolutista, ver Albert Sorel, *Europe under the old regime: power, politics, and diplomacy in the eighteenth century*, 2004; e Geoffrey Bruun, *The Enlightened Despots*, 2005.
2. Na época em que D. José morreu, a vacina contra a varíola já era aplicada em vários países europeus. A rainha Maria I, porém, não autorizou que o filho mais velho e herdeiro do trono fosse vacinado, "por escrúpulos religiosos", segundo o historiador Pedro Calmon, em *O rei do Brasil, vida de D. João VI*, 1943, p. 34. Mais tarde, já sob a regência de D. João, toda a família real receberia a vacina.
3. Para uma descrição do Palácio de Mafra, ver Lilia Moritz Schwarcz, *A longa viagem da biblioteca dos reis*, p. 62, e Tobias Monteiro, *História do Império: a elaboração da Independência*, p. 168.
4. A BBC, rede de comunicações mantida pelo governo britânico, organizou um bom *site* de Internet — *British History: Empire and Sea Power* — para comemorar os duzentos anos da Batalha de Trafalgar, em 2005. Pode ser consultado em www.bbc.co.uk. Para uma análise aprofundada das consequências da vitória de Lord Nelson sobre a esquadra francesa e espanhola, ver Nam Rodger, *Trafalgar: the long-term impact*, no mesmo *site*.
5. Tobias Monteiro, *História do Império*, p. 20-1.
6. Ibidem, p. 55.

Capítulo 2 — Os reis enlouquecidos

1. Para mais informações sobre a doença e o comportamento dos reis George III e Maria I, ver Christopher Hibbert, *George III: a personal history*;

Marcus Cheke, *Carlota Joaquina, queen of Portugal*; e Vivian Green, *A loucura dos reis.*

2. Patrick Wilcken, *Empire adrift: the portuguese court in Rio de Janeiro, 1808-1821*, p. 57. A atualização monetária foi feita com base no estudo *Inflation: the value of the pound...*, de Robert Twigger.

3. "A rainha D. Maria I que, de há muito, vinha dando indícios de doença psíquica, foi acometida subitamente dum formal ataque de loucura quando assistia a um espetáculo no teatro do Paço de Salvaterra no dia 2 de fevereiro de 1792", escreve o historiador Ângelo Pereira, em *D João VI príncipe e rei*, p. 57.

4. Citado em H. A. L. Fisher, *Napoleon.*

5. Oliveira Lima, *D. João VI no Brasil*, p. 49.

6. A informação sobre o tamanho da dívida francesa após o governo de Luís XIV e o número de pessoas na corte de Versailles é de Winston Churchill, *The age of revolution: a history of the English speaking people.*

7. O número de livros sobre Napoleão são de Alistair Horne, no *audiobook The age of Napoleon.* Cameron Reilly em *Napoleon 101*, programa em *podcast* no *site* http://napoleon.thepodcastnetwork.com/, afirma que são 300 000 os livros em que Napoleão é o assunto principal.

8. Para uma análise detalhada sobre a estratégia militar de Napoleão e a capacidade de mobilização de tropas na França revolucionária, ver Gunther E. Rothenberg, *The Napoleonic Wars*, p. 18-47.

9. Alexandre Dumas, *Napoleão: uma biografia literária*, p. 37.

10. Alistair Horne, *The age of Napoleon* (*audiobook*).

Capítulo 3 — O plano

1. Oliveira Lima, *D. João VI no Brasil*, p. 43.

2. J. M. Pereira da Silva, em *História da fundação do império brasileiro*, p. 79-80, diz que, em 1806, Portugal importava do Brasil 14.153:752$891 e exportava para a colônia apenas 8.426:097$899,

3. Thomas E. Skidmore, *Uma história do Brasil*, p. 51.

4. O número do total de navios empregados no comércio com o Brasil e comentário de Costigan são citados por Kenneth Maxwell em *A devassa da devassa — a Inconfidência Mineira: Brasil e Portugal (1750-1808)*, p. 24.

5. Em 1640, um grupo de conselheiros reais preocupado com as constantes ameaças à autonomia de Portugal, incluindo o padre jesuíta Antônio Vieira, propôs a criação de um império nas Américas, para onde seria transferida a sede da monarquia. Vieira tinha uma visão messiânica do tema. Portugal, segundo ele, estava destinado a recriar na América o "Quinto Império", um reino bíblico previsto pelo profeta Daniel no Velho Testamento. Por defender essas ideias, foi investigado pela Inquisição e, mais tarde, censurado pelo papa. Para mais detalhes, ver Kirsten Schultz, *Tropical Versailles*, p. 17.

6. Citado por Kenneth Maxwell, *A devassa da devassa*, p. 19.

7. Oliveira Lima, *D. João VI no Brasil*, p. 45.

8. Carta ao príncipe regente, de 16 de agosto de 1803, reproduzida em Ângelo Pereira, *D. João VI príncipe e rei*, p. 127-36.

9. Oliveira Lima, *D. João VI no Brasil*, p. 16.

10. Em 1807, o Conselho de Estado era integrado por D. Antônio de Araújo de Azevedo, D. Rodrigo de Sousa Coutinho, D. João de Almeida de Mello e Castro, José Egydio Alves de Almeida (encarregado do Gabinete), João Diogo de Barros (secretário do Infantado), Thomaz Antônio Villa Nova Portugal (fiscal do Erário), Manuel Vieira da Silva (médico particular de D. João e autor do primeiro tratado de Medicina publicado no Brasil, em 1808), e os irmãos Francisco José e Matias Antônio de Sousa Lobato (guarda-roupas e assessores pessoais do príncipe). Para mais detalhes, ver Lilia Schwarcz, *A longa viagem da biblioteca dos reis*, p. 65.

11. Lilia Schwarcz, *A longa viagem da biblioteca dos reis*, p. 199.

12. Tobias Monteiro, *História do Império*, p. 23.

13. Lilia Schwarcz, *A longa viagem da biblioteca dos reis*, p. 204.

14. Oliveira Lima, *D. João VI no Brasil*, p. 47.

15. Alexandre José de Melo Moraes, *História da transladação da corte portuguesa para o Brasil em 1807*, p. 50.

16. Oliveira Lima, *D. João VI no Brasil*, p. 51-2.

17. Ibidem, p. 37.

18. Ibidem, p. 40.

19. Conforme René Chartrand, *Vimeiro 1808: Wellesley's first victory in the Peninsular War*, p. 17.

20. Para uma descrição dos erros e o estado de indigência do Exército francês na invasão de Portugal, ver René Chartrand, *Vimeiro 1808*; Charles

Esdaile, *The Peninsular War*; general Maximilien Sébastien Foy, *Junot's invasion of Portugal (1807-1808)*; David Gates, *The Spanish ulcer: a history of the Peninsular War*; Sir Charles Oman, *A history of the Peninsular War*; e Gunther E. Rothenberg, *The Napoleonic Wars*.

21. General Maximilien Sébastien Foy, *Junot's invasion of Portugal*, p. 57.
22. Sir Charles Oman, *A history of the Peninsular War*, p. 28.
23. Citado em Tobias Monteiro, *História do Império*, p. 59.
24. Sir Charles Oman, *A history of the Peninsular War*, p. 27.
25. Alan K. Manchester, *Presença inglesa no Brasil*, p. 72.
26. Sir Charles Oman, *A history of the Peninsular War*, p. 26.

Capítulo 4 — O império decadente

1. Júlio Bandeira, *O barroco de açúcar e de ouro*, na introdução de *Viagem ao Brasil nas aquarelas de Thomas Ender*, p. 15.
2. Kenneth H. Light, "Com os pés no mar", entrevista à *Revista de História*, da Biblioteca Nacional, nº14, de novembro de 2006, p. 48-53.
3. Joaquim Pedro de Oliveira Martins, *História de Portugal*, p. 519.
4. Oliveira Lima, *D. João VI no Brasil*, p. 25.
5. Atualizado pela inflação nos últimos duzentos anos, um franco de 1808 valeria hoje 4,07 euros, segundo o www.globalfinancialdata.com.
6. Os dados são de Marcus Cheke, *Carlota Joaquina, queen of Portugal*. Pereira da Silva, em *História da fundação do império brasileiro*, p. 77, afirma, com base nas estatísticas de 1801, que a população de Portugal era de 2 951 930 habitantes, incluindo 30 000 bispos, padres, freiras e seminaristas, enclausurados em 393 conventos.
7. Pedro Calmon, *O rei do Brasil, vida de D. João VI*, p. 34.
8. Maria Antonia Lopes, *Mulheres, espaço e sociabilidade*, 1989, citada em Francisca L. Nogueira de Azevedo, *Carlota Joaquina na corte do Brasil*, p. 54.
9. Citado em Luiz Edmundo, *Recordações do Rio antigo*, p. 68.
10. Oliveira Lima, *D. João VI no Brasil*, p. 23.
11. Lilia Schwarcz, *A longa viagem da biblioteca dos reis*, p. 86.
12. Sérgio Buarque de Holanda, *Raízes do Brasil*, p. 49.
13. Entrevista à revista *Veja*, edição 1967, 2 de agosto de 2006, p. 11.
14. Lilia Schwarcz, *A longa viagem da biblioteca dos reis*, p. 39.

15. Ibidem, p. 86.

16. Pandiá Calógeras, *Formação histórica do Brasil*, p. 60. A atualização monetária foi feita com base no artigo de Robert Twigger, *Inflation*... em http://www.parliament.uk/commons/lib/research/rp99/rp99-020.pdf.

17. Em *História do Império*, p. 499-500, Tobias Monteiro calcula o ouro enviado de Minas Gerais para Portugal em 35 687 arrobas, ou 535 305 quilos.

18. Pandiá Calógeras, *Formação histórica do Brasil*, p. 60.

19. Citado em Lilia Schwarcz, *A longa viagem da biblioteca dos reis*, p. 87.

20. Para uma descrição dos prejuízos provocados pelo terremoto de Lisboa, ver Lilia Schwarcz, *A longa viagem da biblioteca dos reis*, cap. 1.

21. Oliveira Martins, *História de Portugal*, p. 494 e 496.

22. Lilia Schwarcz, *A longa viagem da biblioteca dos reis*, p. 161.

23. A política de neutralidade e não interferência em assuntos alheios era tão forte em Portugal que pautaria, por herança, o relacionamento do Brasil com o resto do mundo mesmo depois da Independência. Até hoje é uma linha importante da política externa brasileira.

24. Alan K. Manchester, *Presença inglesa no Brasil*, p. 17.

25. Oliveira Martins, *História de Portugal*, p. 575.

26. Alan K. Manchester, *Presença inglesa no Brasil*, p. 18.

27. Winston Churchill, *The age of revolution: a history of the English speaking people, audiobook*.

28. Oliveira Lima, *D. João VI no Brasil*, p. 29.

Capítulo 5 — A partida

1. A descrição do tempo em Lisboa no dia da partida é baseada nas do tenente da Marinha britânica Thomas O'Neill em *A concise and accurate account of the proceedings*..., p. 22, e do historiador português Ângelo Pereira em *Os filhos d'El-Rei D. João VI*, p. 113.

2. Thomas O'Neill, *A concise and*..., p. 16.

3. As informações sobre o número de navios que acompanharam a família real portuguesa ao Brasil são controvertidas. Com base nos diários de bordo, o historiador Kenneth H. Light afirma que, no primeiro dia de viagem, o comandante da nau inglesa *Hibernia* contou um total de 56 navios. Seriam 31 navios de guerra, dos quais treze ingleses e dezoito portugueses, mais 25

navios mercantes. Nas suas memórias, o almirante Sidney Smith fala em "uma multidão de grandes navios mercantes armados". Na versão de Lord Strangford seriam "diversos brigues, chalupas e corvetas armados, e alguns navios do Brasil", totalizando "cerca de 36 velas ao todo". O historiador Alexandre de Melo Moraes relaciona oito naus (*Príncipe Real, Martim de Freitas, Príncipe do Brasil, D. João de Castro, D. Henrique, Alfonso de Albuquerque, Rainha de Portugal e Medusa*), quatro fragatas (*Minerva, Urânia, Golphinho e Thelis*), três brigues (*Lebre, Voador, Vingança*) e uma escuna (*Carioca*) e muitos navios mercantes, além das naus inglesas.

4. Oliveira Martins, *História de Portugal*, p. 516.

5. O número de pessoas que acompanharam D. João é também polêmico. Alguns historiadores falam em até 15 000 pessoas. O arquiteto carioca Nireu Cavalcanti, autor de *O Rio de Janeiro setecentista*, acha a cifra exagerada. Com base na lista de passageiros que desembarcaram no porto do Rio de Janeiro entre 1808 e 1809, calcula que foram apenas 444. O historiador Kenneth H. Light discorda. Segundo ele, só o número de tripulantes seria entre 6 000 e 7 000. Nos cálculos de Light, apenas a nau *Príncipe Real* transportava 1054 pessoas. Na sua opinião, seria razoável um número total entre 10 000 e 15 000 pessoas. O problema é que, como não havia uma lista oficial dos passageiros, é praticamente impossível saber quantas pessoas realmente viajaram. Além disso, nem todas desembarcaram no Rio de Janeiro. Alguns navios atracaram na Paraíba, no Recife, em Salvador e em outras cidades costeiras. A comparação do número de passageiros com a população de Lisboa é de Patrick Wilcken, *Empire adrift*, p. 30.

6. Lilia Schwarcz, *A longa viagem da biblioteca dos reis*, p. 217.

7. A informação é de Robert Hughes, *The fatal shore*, citado por Patrick Wilcken, *Empire adrift*, p. 266.

8. Alan K. Manchester, *Presença inglesa no Brasil*, p. 70.

9. Patrick Wilcken, *Empire adrift*, p. 21.

10. Thomas O'Neill, *A concise and...*, p. 10.

11. Patrick Wilcken, *Empire adrift*, p. 14.

12. Ibidem, p. 23.

13. Oliveira Lima, *D. João VI no Brasil*, p. 53.

14. Citado em Francisca L. Nogueira de Azevedo, *Carlota Joaquina na corte do Brasil*, p. 60.

15. Patrick Wilcken, *Empire adrift*, p. 26-7.

16. Lilia Schwarcz, *A longa viagem da biblioteca dos reis*, p. 213 e 451.

17. O relato é da duquesa de Abrantes, mulher do general Junot, que o historiador pernambucano Oliveira Lima diz não ser inteiramente digna de crédito. Citado em Oliveira Lima, *D. João VI no Brasil*, p. 53.

18. Luiz Norton, *A corte de Portugal no Brasil*, p. 35.

19. Foy, *Junot's invasion of Portugal*, p. 45-6.

20. Ibidem, p. 46; e Melo Moraes, *História da transladação...*, p. 55-6.

21. Oliveira Martins, *História de Portugal*, p. 517.

22. Patrick Wilcken, *Empire adrift*, p. 25.

23. Francisca L. Nogueira de Azevedo, *Carlota Joaquina na corte do Brasil*, p. 65.

24. Jurandir Malerba, *A corte no exílio*, p. 20 e 224. Tobias Monteiro, em *História do Império*, nota 13 do capitulo 3, p. 65, cita ofício do ministro dos Estados Unidos em Lisboa, informando que os diamantes levados pela corte eram calculados em 100 milhões de dólares e o dinheiro e a prata, em 30 milhões.

25. Oliveira Lima, *D. João VI no Brasil*, p. 16.

26. Kirsten Schultz, *Tropical Versailles*, p. 69.

27. Melo Moraes, *História da transladação...*, p. 62.

28. Richard Bentley, *Memoirs of Admiral Sidney Smith*, citado em Francisca L. Nogueira de Azevedo, *Carlota Joaquina na corte do Brasil*, p. 65.

29. Patrick Wilcken, *Empire adrift*, p. 10.

30. Ibidem, p. 28.

31. Kenneth H. Light, *The migration of the royal family of Portugal to Brazil in 1807/08*, sem numeração de páginas.

32. Kenneth H. Light, "Com os pés no mar". Entrevista à *Revista de História*, da Biblioteca Nacional, edição nº 14, de novembro de 2006, p. 48-53.

33. Os dados sobre a redução da população portuguesa durante a Guerra Peninsular, descrita em mais detalhes no capítulo "Portugal abandonado" deste livro, são de Oliveira Martins, *História de Portugal*, p. 527.

Capítulo 6 — O arquivista real

1. A Biblioteca Thomas Jefferson tinha só 3000 volumes em agosto de 1814, quando foi incendiada durante a invasão da capital dos Estados Unidos

por tropas britânicas. A comparação entre as duas bibliotecas é de Robert Stevenson, *A neglected Johannes de Garlandia manuscript (1486) in South America*, em http://www.jstor.org/.

2. As informações sobre a vida de Luiz Joaquim dos Santos Marrocos em Portugal e seu trabalho na Real Biblioteca são de Rodolfo Garcia na apresentação de *Cartas de Luiz Joaquim dos Santos Marrocos, escritas do Rio de Janeiro à sua família em Lisboa, de 1811 a 1821.*

3. Luiz Joaquim dos Santos Marrocos, *Cartas...*, p. 78.

4. O livro de Fernão Lopez de Castanheda pode ser encontrado no catálogo *on-line* da Biblioteca da Universidade de Navarra, Humanidades, Fondo Antiguo, em http://www.unav.es/biblioteca/.

5. Além da obra de F. E. Foderé, Marrocos traduziu do francês o *Tratado de higiene aplicada à terapia*, de Barbier, em dois volumes. Mais tarde, já no Brasil, traduziu o *Tratado da polícia de saúde, terrestre e marítima, ou Higiene militar e naval*, também de Foderé.

6. Rodolfo Garcia, *Cartas...*, p. 7-8.

7. Oliveira Martins, *História de Portugal*, p. 498.

8. Citado em Jurandir Malerba, *A corte no exílio*, p. 130.

9. O comentário de Ratton é de 1755, citado em Lilia Schwarcz, *A longa viagem da biblioteca dos reis*, p. 45.

10. Citado em Lilia Schwarcz, *A longa viagem da biblioteca dos reis*, p. 165.

11. Ângelo Pereira, *D João VI príncipe e rei*, p. 48.

12. Alan K. Manchester, *Presença inglesa no Brasil*, p. 61.

13. Pedro Calmon, *O rei do Brasil, vida de D. João VI*, p. 8.

14. Oliveira Martins, *História de Portugal*, p. 494.

15. *Dicionário histórico de Portugal*, em www.arqnet.pt/dicionario.

16. Oliveira Martins, *História de Portugal*, p. 514.

17. Para informações detalhadas sobre as origens da Real Biblioteca e seu caráter simbólico para a monarquia portuguesa, ver Lilia Schwarcz, *A longa viagem da biblioteca dos reis*, capítulos 1 e 2.

18. Rodolfo Garcia, *Cartas...*, p. 7.

Capítulo 7 — A viagem

1. Patrick Wilcken, *Empire adrift*, p. 39.

2. Para mais informações sobre o combate ao escorbuto e a precariedade das viagens marítimas nos séculos XVIII e XIX, ver Stephen R. Bown, *The age of scurvy: how a surgeon, a mariner and a gentleman helped Britain win the Battle of Trafalgar.*

3. Luiz Joaquim dos Santos Marrocos, *Cartas...*, p. 38.

4. Para a história e a organização da Marinha britânica, ver David Howarth, *British sea power: how Britain became sovereign of the seas*; Brian Lavery, *Nelson's navy: the ships, men and organization (1793-1815)*; Niall Ferguson, *Empire: how Britain made the modern world.*

5. Kenneth Light, *The migration...*, sem numeração de páginas.

6. Como a maioria das estatísticas e números da época, a quantidade de passageiros a bordo de cada navio da esquadra portuguesa é motivo de controvérsia. O número 1054 é de Kenneth Light, baseado em carta que o capitão James Walker, comandante do navio britânico *Bedford*, enviou de Salvador ao secretário do almirantado em Londres, William Wellesley-Pole, no dia 31 de janeiro de 1808. Segundo Light, só a tarefa de amarrar a embarcação, levantar ferros e guardar seu cabo exigiria uma tripulação de 385 homens.

7. Patrick Wilcken, *Empire adrift*, p. 50.

8. Alan K. Manchester, *Presença inglesa no Brasil*, p. 73.

9. Tobias Monteiro, *História do Império*, p. 67.

10. O inventário é do almirante Sidney Smith, comandante da esquadra inglesa, em carta ao almirantado em Londres, escrita no dia 1º de dezembro de 1807 e citada por Maria Graham em *Diário de uma viagem ao Brasil.*

11. Patrick Wilcken, *Empire adrift*, p. 35.

12. Melo Moraes, *História da transladação...*, p. 59.

13. Patrick Wilcken, *Empire adrift*, p. 31.

14. Melo Moraes, *História da transladação...*, p. 62.

15. Kenneth Light, "Com os pés no mar", em *Revista de História*, da Biblioteca Nacional, nº 14, novembro de 2006, p. 48-53.

16. Kenneth Light, "A viagem da família real para o Brasil", artigo para o jornal *Tribuna de Petrópolis*, novembro de 1997.

17. Carta do capitão James Walker de 6 de janeiro de 1808 a William Wellesley-Pole, secretário do almirantado britânico, transcrita em Kenneth Light, *The migration...*, sem numeração de páginas.

18. Kenneth Light, "A viagem da família real para o Brasil", em *Tribuna de Petrópolis*, novembro de 1997.

19. A informação sobre a dispersão da esquadra durante a tempestade e o acidente com o marinheiro Geo Green são dos diários de bordo do capitão James Walker, transcritos por Kenneth Light, em *The migration...*, sem numeração de páginas.

20. Carta ao príncipe regente, transcrita por Ângelo Pereira, *D. João VI príncipe e rei*, p. 183-5.

21. Ângelo Pereira, *Os filhos d'El-Rei D. João VI*, p. 113.

22. Kenneth Light, *The migration...*, sem número de páginas.

23. Kenneth Light, "A viagem da família real para o Brasil", em *Tribuna de Petrópolis*, novembro de 1997.

24. J. J. Colledge, *Ships of the Royal Navy*, 2006.

25. A edição original do livro de Thomas O'Neill é hoje uma das maiores raridades no mundo dos bibliófilos. Um dos poucos exemplares pode ser encontrado na Biblioteca Mindlin, em São Paulo.

26. Thomas O'Neill, *A concise and accurate account of the proceedings...*, p. 11-2.

27. Ibidem, p. 60-1.

28. Ibidem, p. 14.

29. Ibidem, p. 17-20.

30. O historiador Ângelo Pereira afirma que, se não viesse para o Brasil, o duque de Cadaval teria sido nomeado presidente da Regência, encarregada de administrar Portugal e negociar com as tropas francesas depois da partida da corte. O duque preferiu acompanhar D. João e embarcou na nau *D. João de Castro*, na qual "sofreu todas as privações, tanto de roupas, como de víveres", segundo Pereira. "Toda a jornada passou muito doente, e faleceu na Bahia, dando sempre um exemplo heróico de firmeza de alma e de amor ao seu soberano." Ângelo Pereira, *Os filhos d'El Rey...*, p. 115.

Capítulo 8 — Salvador

1. Essa é a versão de Melo Moraes, *História da transladação...*, p. 66-7.

2. Kenneth Light, "A viagem da família real para o Brasil", em *Tribuna de Petrópolis*, novembro de 1997.

3. Os bergantins eram pequenas embarcações rápidas, usadas pelos portugueses nas tarefas de reconhecimento costeiro e transporte tático e de ligação entre o cais e os navios de maior porte fundeados ao largo. Tinham entre dez e dezenove bancos e podiam ser equipados com um ou dois mastros de vela. Também eram utilizados como meio de transporte cerimonial. Um deles, usado na chegada de D. João ao Brasil em 1808, está hoje exposto no Museu da Marinha, no Rio de Janeiro. Para mais informações sobre as embarcações portuguesas no período colonial, ver Fernando Gomes Pedrosa (coordenador), *Navios, marinheiros e arte de navegar: 1139-1499*, Lisboa, p. 63-5.

4. Ângelo Pereira, *D. João VI príncipe e rei*, p. 113.

5. A bordo da nau *Medusa* viajavam os ministros Antônio de Araújo, José Egydio e Thomaz Antônio.

6. Como se verá no próximo capítulo, as comunicações no interior da colônia eram ainda mais lentas e precárias. Uma informação despachada de Lisboa levava meses para chegar a São Paulo ou Rio Grande do Sul.

7. Melo Moraes, *História da transladação...*, p. 67.

8. Para uma descrição detalhada da chegada e do desembarque em Salvador, ver Melo Moraes, *História da transladação...*, p. 67, e Pedro Calmon, *O rei do Brasil, vida de D. João VI*, p. 123-9.

9. A informação de que D. João desembarcou pela manhã é de Pedro Calmon. Melo Moraes diz que o desembarque teria acontecido entre 4 e 5 horas da tarde.

10. Maria Graham, *Diário de uma viagem ao Brasil*, p. 144.

11. O dado é de Nireu Cavalcanti, *O Rio de Janeiro setecentista*, p. 258, baseando-se numa lista das trinta maiores cidades do mundo no começo do século XIX feita pelo historiador português A. H. Oliveira Marques.

12. Para uma descrição de Salvador e as razões estratégicas de sua localização, ver C. R. Boxer, *A idade de ouro do Brasil*, p. 124.

13. Johann Moritz Rugendas, *Viagem pitoresca pelo Brasil (tradução da edição francesa de 1835)*, p. 52.

14. C. R. Boxer, *A idade de ouro do Brasil*, p. 124.

15. Ibidem, p. 126.

16. Ibidem, p. 124.
17. Maria Graham, *Diário de uma viagem ao Brasil*, p. 145.
18. Ibidem, p. 148.
19. Citado em C. R. Boxer, *A idade de ouro Brasil*, p. 129.
20. C. R. Boxer, *A idade de ouro do Brasil*, p. 132-4.
21. Patrick Wilcken, *Empire adrift*, p. 66.
22. Lilia Schwarcz, *A longa viagem da biblioteca dos reis*, p. 229-30.
23. Nelson Werneck Sodré, *As razões da Independência*, p. 139.
24. Alan K. Manchester, *Presença inglesa no Brasil*, p. 75.
25. Melo Moraes, *História da transladação...*, p. 59.
26. Ibidem, p. 74.
27. Patrick Wilcken, *Empire adrift*, p. 68.

Capítulo 9 — A colônia

1. Citado em J. F. de Almeida Prado, *D. João VI e o início da classe dirigente no Brasil*, p. 134.

2. *Correio Braziliense* se escreve com z e não com s porque mantém a forma ortográfica usual da época. Pela mesma razão, a palavra *portuguêz* era geralmente escrita com z, conforme Adriano da Gama Cury, *Correio Braziliense: ortografia e linguagem*, artigo para o *site* Observatório da Imprensa, em observatorio.ultimosegundo.ig.com.br.

3. José Honório Rodrigues, *Independência: revolução e contra-revolução*, p. 52.

4. Oliveira Lima, *D. João VI no Brasil*, p. 55-6.

5. Pandiá Calógeras, *Formação histórica do Brasil*, p. 76.

6. *Revista do Instituto Histórico e Geográfico Brasileiro*, 1861, citada em Silvia Hunold Lara, *Campos da violência*

7. Alcide D'Orbigny, *Viagem pitoresca através do Brasil*, p. 43.

8. Fernando Novais, *História da vida privada*, volume 1, p. 20, baseando-se em dados coletados por Dauril Alden.

9. O censo de 1819, o primeiro no governo de D. João VI, calculou a população brasileira em 3 596 132 habitantes, sem contar cerca de 800 000 indígenas. Os escravos eram 1 107 389. Minas Gerais, a província mais populosa, tinha 631 885 habitantes, sendo 463 345 pessoas livres e 168 543

escravas. Em seguida vinha o Rio de Janeiro, com 510 000 moradores, dos quais 23% eram escravos, e Bahia e Pernambuco, com 477 912 e 371 465 habitantes, respectivamente. Pandiá Calógeras, *Formação histórica do Brasil*, p. 63-4.

10. Nelson Werneck Sodré, *Formação histórica do Brasil*, p. 158. Fernando Novais, em *História da vida privada*, volume 1, p. 20, dá o número preciso de 2 931 000 para a população de Portugal em 1801, o que significa que a metrópole e a colônia tinham número de habitantes equivalentes na virada do século.

11. Thomas Skidmore, *Uma história do Brasil*, p. 46.

12. Oliveira Lima, *D. João VI no Brasil*, p. 160.

13. Roberto Pompeu de Toledo, *A capital da solidão*, p. 247.

14. Jorge Caldeira, *Mauá: empresário do Império*, p. 36.

15. Mara Ziravello, *Brasil 500 Anos*, p. 91.

16. Alcir Lenharo, *As tropas da moderação*, p. 58.

17. Sérgio Buarque de Holanda, *Raízes do Brasil*, p. 12.

18. Francisco Adolfo de Varnhagen, *História geral do Brasil*, vol. V, p. 82.

19. Oliveira Lima, *D. João VI no Brasil*, p. 91; e Jorge Caldeira, *Mauá: empresário do Império*, p. 41 e 46.

20. John Mawe, *Viagens ao interior do Brasil*, p. 212.

21. Varnhagen, *História geral do Brasil*, vol. V, p. 79.

22. Oliveira Lima, *D. João VI no Brasil*, p. 94.

23. John Mawe, *Viagens ao interior do Brasil*, p. 52. Para mais informações sobre Mawe, ver o capítulo “Os viajantes” neste livro.

24. No censo de 1798, São Paulo tinha 21 304 habitantes. Mesmo considerando a então recente separação da Vila de Atibaia, era praticamente a mesma população apurada no primeiro censo oficial, de 1765, de 20 873 habitantes, incluindo os escravos. Roberto Pompeu de Toledo, *A capital da solidão*, p. 239 e 256.

25. Roberto Pompeu de Toledo, *A capital da solidão*, p. 136.

26. O texto deste parágrafo é de J. F. de Almeida Prado, *Thomas Ender: pintor austríaco na corte de D. João VI no Rio de Janeiro*, p. 35.

27. Ibidem, p. 67.

28. Para a descrição do comércio do Rio de Janeiro na época de D. João VI, ver Alcir Lenharo, *Tropas da moderação*, p. 25 e seguintes.

29. J. F. de Almeida Prado, *Thomas Ender*, p. 240.

30. Ibidem, p. 240.

31. John Mawe, *Viagens ao interior do Brasil*, p. 164.

32. Ibidem, p. 138.

33. Pandiá Calógeras, *Formação histórica do Brasil*, p. 60.

34. Ibidem, p. 60.

35. Citado em Warren Dean, *A ferro e fogo*, p. 114.

36. Alcide D'Orbigny, *Viagem pitoresca através do Brasil*, p. 145.

37. Varnhagen, *História geral do Brasil*, vol. V, p. 61.

38. John Mawe, *Viagens ao interior do Brasil*, p. 127 e seguintes.

39. Nireu Cavalcanti, *O Rio de Janeiro setecentista*, p. 169.

40. Maria Odila da Silva Dias, *A interiorização da metrópole*, p. 42-3.

41. Jorge Caldeira, *Mauá*, p. 140.

42. Varnhagen, *História geral do Brasil*, vol. V, p. 23.

43. Para censura no Brasil colônia, ver Isabel Lustosa, "Insultos impressos: o nascimento da imprensa no Brasil", em Jurandir Malerba (organizador), *A Independência brasileira: novas dimensões*, p. 242.

44. Ronaldo Vainfas, *Dicionário do Brasil colonial*, p. 139-40.

45. Roderick J. Barman, *Brazil: the forging of a nation*, p. 51.

46. Ibidem, p. 52. A informação de que D. João era leitor assíduo do *Correio* é de Oliveira Lima, *D. João VI no Brasil*, p. 166.

47. A informação é de Magalhães Jr., no prefácio do livro de José Presas, *Memórias secretas de D. Carlota Joaquina*.

48. Jurandir Malerba, *A corte no exílio*, p. 26.

49. Silvia Hunold Lara, *Campos da violência*, p. 35.

50. Thomas Skidmore, *Uma história do Brasil*, p. 55.

51. Para as punições dos inconfidentes mineiros e os réus da Revolta dos Alfaiates, ver Kenneth Maxwell, *A devassa da devassa*.

52. Para a história do "Processo dos Távora", ver Silvia Hunold Lara, *Campos da violência*, p. 92; e Lilia Schwarcz, *A longa viagem da biblioteca dos reis*, p. 100-1.

53. Thomas H. Holloway, *Polícia no Rio de Janeiro*, p. 44.

54. Maria Odila Leite da Silva Dias, *A interiorização da metrópole*, p. 27.

Capítulo 10 — O repórter Perereca

1. Luis Gonçalves dos Santos, *Memórias para servir à história do reino do Brasil...*, p. 18-9.

2. Luis Gonçalves dos Santos nasceu em 1767 e morreu em 1844. Além dos relatos sobre a vida na corte no Rio de Janeiro, foi um polemista a favor da independência, escreveu obras místicas e travou um longo debate com o padre Diogo Feijó a respeito do celibato do clero, conforme *A vida na corte*, em www.camara.gov.br.

3. A explicação é de Lilia Schwarcz, *A longa viagem da biblioteca dos reis*, p. 240.

4. A expressão é de João Luis Ribeiro Fragoso, *Homens de grossa aventura: acumulação e hierarquia na praça mercantil do Rio de Janeiro (1790-1830)*.

5. Luis Gonçalves dos Santos, *Memórias...*, p. 4-5.

6. Lilia Schwarcz, *A longa viagem da biblioteca dos reis*, p. 236-7.

7. Ibidem, p. 238-9.

8. Luis Gonçalves dos Santos, *Memórias...*, p. 16.

9. Ibidem, p. 18-9.

10. Ibidem, p. 21.

11. Pedro Calmon, *O rei do Brasil, vida de D. João VI*, p. 131.

12. Tobias Monteiro, *História do Império*, p. 82-3.

13. "Quando as vissem chegar tonsuradas, todo o belo sexo do Rio de Janeiro haveria de tomar a operação como requinte da moda e, dentro em pouco tempo, as fartas cabeleiras das cariocas caíram, uma a uma devastadas à tesoura." Tobias Monteiro, *História do Império*, p. 67.

14. Luis Gonçalves dos Santos, *Memórias...*, p. 25.

15. Ibidem, p. 24.

16. Tobias Monteiro, *História do Império*, p. 83.

17. A informação de que Amaro Velho da Silva sustentava um dos varões do pálio de D. João é do Padre Perereca, em *Memórias...*, p. 26; a de que Amaro era um dos grandes traficantes é de João Luis Fragoso, em *Homens de grossa aventura...* p. 182 e 258-9. Segundo Fragoso, o inventário *post-mortem* de Amaro avalia sua fortuna em 948:934$770, o que fazia dele um dos homens mais ricos do Brasil. O inventário da sua esposa, Leonarda Maria da Silva, em

1825, somava o equivalente a 61 620 libras esterlinas e 254 escravos em dois engenhos na cidade de Campos, na região norte do Rio de Janeiro.

18. Luiz Norton, *A corte de Portugal no Brasil.*
19. Jurandir Malerba, *A corte no exílio*, p. 233.
20. Citado em Kirsten Schultz, *Tropical Versailles*, p. 106.
21. Alexandre de Melo Moraes, *História da transladação...*, p. 95.
22. Citado em Oliveira Lima, *D. João VI no Brasil*, p. 79. Oliveira Lima cita todos os valores em réis ou francos. A atualização monetária foi feita com ajuda do sistema de conversão de moedas antigas do Parlamento britânico, listado nas fontes eletrônicas da Bibliografia.

Capítulo 11 — Uma carta

1. Rodolfo Garcia, na apresentação de *Cartas...*
2. Para facilitar a compreensão, o texto da carta foi editado e adaptado para a ortografia do português atual.
3. Luiz Joaquim dos Santos Marrocos, *Cartas...*, p. 29.

Capítulo 12 — O Rio de Janeiro

1. John Mawe, *Viagens ao interior do Brasil*, 1978.
2. Os cálculos são baseados nos relatos do naturalista George Gardner e do viajante Rudy Bauss, citados em Luciana de Lima Martins, *O Rio de Janeiro dos viajantes: o olhar britânico*, p. 70.
3. Luciana de Lima Martins, *O Rio de Janeiro dos viajantes*, p. 71.
4. *Charles Darwin's Beagle Diary*, citado em Luciana de Lima Martins, *O Rio de Janeiro dos viajantes*, p. 126.
5. John Luccock, *Notas sobre o Rio de Janeiro e partes meridionais do Brasil...*, p. 23.
6. O título original da obra de John Luccock é *Notes on Rio de Janeiro and and Southern parts of Brazil.* As citações usadas neste livro são de uma tradução editada em 1942 pela Livraria Martins.
7. John Luccock, *Notas...*, p. 29.
8. Manolo Garcia Florentino, *Em costas negras*, p. 31 e seguintes.

9. Citado em Jean Marcel Carvalho França, *Outras visões do Rio de Janeiro colonial*, p. 260.

10. Oliveira Lima, *D. João VI no Brasil*, p. 78.

11. Alexander Caldecleugh, *Travels in South America during*..., p. 36.

12. Jurandir Malerba, *A corte no exílio*, p. 129.

13. Citado por Luiz Felipe Alencastro, "Vida privada e ordem privada no Império", em *História da vida privada no Brasil*, vol. 2, p. 67.

14. Citado em Jurandir Malerba, *A corte no exílio*, p. 152.

15. Citado em Jean Marcel Carvalho França, *Outras visões do Rio de Janeiro colonial*, p. 266.

16. John Luccock, *Notas*.. , p. 81-2.

17. Ibidem, p. 83-4.

18. Citado em Eduardo Dias, *Memórias de forasteiros de aquém e além-mar*, 1946, p. 114.

19. John Luccock, *Notas*..., p. 29-31.

20. Gastão Cruls, *Aparência do Rio de Janeiro*.

21. Jurandir Malerba, *A corte no exílio*, p. 132.

22. Rubens Borba de Moraes, na apresentação do livro de Luccock, *Notas*..., citando dados da *Gazeta Extraordinária do Rio de Janeiro* de 25 de fevereiro de 1811.

23. Henry Marie Brackenridge, *Voyage to South America*..., p. 116.

24. Leila Mezan Algranti, *O feitor ausente*, p. 144.

25. John Mawe, *Viagens ao interior do Brasil*, p. 98.

26. Ernst Ebel, *O Rio de Janeiro e seus arredores em 1824*, p. 13.

27. J. Parrish Robertson e William Parrish, *Letters on Paraguay; comprising an account of a four years residence in that republic under the government of the Dictator Francia*, citado em Leila Mezan Algranti, *O feitor ausente*, p. 144.

28. John Luccock, *Notas*..., p. 35.

29. Melo Moraes, *A história da transladação*..., p. 441.

30. Nireu Cavalcanti, *O Rio de Janeiro setecentista*, p. 193.

31. Thomas O'Neill, *A concise and accurate*...

32. Nireu Cavalcanti, *O Rio de Janeiro setecentista*, p. 420 e 422.

33. Leila Mezan Algranti, *O feitor ausente*, p. 26.

34. Ibidem, p. 30, com base nos relatos de John Luccock em 1808 e no censo de 1821.

Capítulo 13 — D. João

1. A história, contada por Vieira Fazenda em *Antiqualhas*, vol. II, p. 307-8, é citada por Magalhães Jr. nas notas do livro de José Presas, *Memórias secretas de D. Carlota Joaquina.*

2. James Henderson, *A History of Brazil...*, p. 75, e Tobias Monteiro, *História do Império*, p. 91.

3. Oliveira Martins, *História de Portugal*, p. 536.

4. Citado em Tobias Monteiro, *História do Império*, p. 91.

5. Ângelo Pereira, *D. João VI príncipe e rei*, p. 157, com base em pintura de Pellegrini de 1805, acervo do Museu de Arte Antiga de Portugal.

6. Luiz Norton, *A corte de Portugal no Brasil*, p. 124.

7. Pandiá Calógeras, *Formação histórica do Brasil*, p. 84.

8. Lilia Schwarcz, *A longa viagem da biblioteca dos reis*, p. 189.

9. Oliveira Martins, *História de Portugal*, p. 536.

10. Oliveira Lima, *D. João VI no Brasil*, p. 578.

11. Ângelo Pereira, *D. João VI príncipe e rei*, p. 91.

12. Pedro Calmon, *O rei do Brasil*, p. 21.

13. Carta de 13 de agosto de 1805, citada em Varnhagen, *História geral do Brasil*, vol. V, p. 91.

14. Para a história do caso de D. João com Eugênia José de Menezes, ver Tobias Monteiro, *História do Império*, p. 96-103.

15. Alberto Pimental, *A última corte do absolutismo*, p. 64, citado em Tobias Monteiro, *História do Império*, p. 100.

16. Patrick Wilcken, *Empire adrift*, p. 174; Tobias Monteiro, *História do Império*, p. 97.

17. Vieira Fazenda, *Antiqualhas*, vol. II, p. 307-8, citado por Magalhães Jr.

18. José Presas, *Memórias secretas de D. Carlota Joaquina*, 1940.

19. Vieira Fazenda, *Antiqualhas*, vol. II, p. 307-8, citado por Magalhães Jr.

20. Theodor von Leithold, Ludwig von Rango, *O Rio de Janeiro visto por dois prussianos em 1819.*

21. Oliveira Martins, *História de Portugal*, p. 536.

22. Citado em Almeida Prado, *D. João VI e o início da classe dirigente no Brasil*, p. 79.

23. Pedro Calmon, *O rei do Brasil*, p. 76-7.

24. Tobias Monteiro, *História do Império*, p. 91.

25. Kirsten Schultz, *Tropical Versailles*, p. 25.

26. Tobias Monteiro, *História do Império*, p. 231.

27. Ibidem.

28. Para mais detalhes sobre os papéis dos condes de Linhares e da Barca e de Thomaz Antônio no governo de D. João, ver Oliveira Lima, *D. João VI no Brasil*, p. 150-2.

29. Jurandir Malerba, *A corte no exílio*, p. 204.

30. Pedro Calmon, *O rei do Brasil*.

31. Oliveira Lima, *D. João VI no Brasil*, p. 577.

32. Ibidem, p. 31.

Capítulo 14 — Carlota Joaquina

1. Ronaldo Vainfas, *Dicionário do Brasil colonial*, p. 102.

2. A descrição é de Pedro Calmon, *O rei do Brasil*, p. 28. A informação sobre as marcas de varíola são de Marcus Cheke, *Carlota Joaquina, queen of Portugal*, p. 2.

3. Citado em Pedro Calmon, *O rei do Brasil*, p. 29.

4. Tobias Monteiro, *História do Império*, p. 86.

5. Oliveira Lima, *D. João VI no Brasil*, p. 177.

6. Ronaldo Vainfas, *Dicionário do Brasil colonial*, p. 103.

7. Pedro Calmon, *O rei do Brasil*, p. 30.

8. Marcus Cheke, *Carlota Joaquina, queen of Portugal*, p. 2.

9. Lilia Schwarcz, *A longa viagem da biblioteca dos reis*, p. 193.

10. Henry Marie Brackenridge, *Voyage to South America...*, p. 131-3.

11. Pedro Calmon, *O rei do Brasil*, p. 32.

12. R. Magalhães Jr., nas notas de José Presas, *Memórias secretas de D. Carlota Joaquina.*

13. Oliveira Lima, *D. João VI no Brasil*, p. 74 e 23.

14. J. F. de Almeida Prado, *D. João VI e o início da classe dirigente no Brasil*, p. 157; Tobias Monteiro, *História do Império*, p. 94.

15. José Presas, *Memórias secretas de D. Carlota Joaquina*, p. 55-62.

16. Para a história de José Presas, ver R. Magalhães Junior, no prefácio de *Memórias secretas de D. Carlota Joaquina*

17. Correspondência nos arquivos do Castelo do conde D'Eu transcrita em Tobias Monteiro, *História do Império*, p. 216.

18. Marcus Cheke, *Carlota Joaquina, queen of Portugal*, p. 81.

19. Oliveira Lima, *D. João VI no Brasil*, p. 692.

20. Tobias Monteiro, *História do Império*, p. 106.

21. Citado por R. Magalhães Jr., em notas de José Presas, *Memórias secretas de D. Carlota Joaquina*

Capítulo 15 — O ataque ao cofre

1. Luiz Felipe Alencastro, "Vida privada e ordem privada no Império", em *História da vida privada no Brasil*, vol. 2, p. 12.

2. John Armitage, *História do Brasil*, p. 32.

3. Luiz Felipe Alencastro, "Vida privada e...", p. 12.

4. Jurandir Malerba, *A corte no exílio*, p. 236.

5. James Henderson, *A History of the Brazil...*, p. 82.

6. Ibidem, p. 63.

7. Santiago Silva de Andrade, "Pondo ordem na casa", em *Revista de História* da Biblioteca Nacional, nº 11, agosto de 2006.

8. Ibidem.

9. Jurandir Malerba, *A corte no exílio*, p. 240.

10. Lilia Schwarcz, *A longa viagem da biblioteca dos reis*, p. 387-423.

11. Lenira Menezes Martinho e Riva Gorenstein, *Negociantes e caixeiros na sociedade da independência*, p.148.

12. Fernando Carlos Cerqueira Lima e Elisa Muller, *Moeda e crédito no Brasil: breves reflexões sobre o primeiro Banco do Brasil (1808-1829)*, Instituto de Economia da Universidade Federal do Rio de Janeiro, em www.revistatemalivre.com/MoedaeCredito.html.

13. Em 1820, os depósitos metálicos somavam 1315 contos de réis, enquanto os bilhetes em circulação totalizavam 8070 contos. Em 1821, o balanço do Banco do Brasil revelou seu estado de quase falência, com um saldo devedor de 6016 contos, conforme Carlos Manuel Peláez e Wilson Suzigan, *História monetária do Brasil*, p. 12.

14. Citado em Nelson Werneck Sodré, *As razões da Independência*, p. 149.

15. Oliveira Lima, *D. João VI no Brasil*, p. 84.
16. Citado em Nelson Werneck Sodré, *As razões da Independência*, p. 148.
17. Santiago Silva de Andrade, "Pondo ordem na casa", em *Revista de História*, da Biblioteca Nacional, agosto de 2006.
18. Maria Graham, *Diário de uma viagem ao Brasil*, p. 272.
19. Tobias Monteiro, *História do Império*, p. 274.
20. Ibidem, p. 309.
21. Ibidem, p. 273.
22. Citado em Nelson Werneck Sodré, *As razões da Independência*, p. 150.

Capítulo 16 — A nova corte

1. João Luis Ribeiro Fragoso, *Homens de grossa aventura*, p. 288 e 294.
2. Jurandir Malerba, *A corte no exílio*, p. 216.
3. Pedro Calmon, *O rei do Brasil*, p. 149.
4. John Armitage, *História do Brasil*, p. 33.
5. Autor anônimo, *Relação das festas que se fizeram...*, p. 15.
6. Jurandir Malerba, *A corte no exílio*, p. 278.
7. Ibidem, p. 231-2.
8. Ibidem, p. 249.
9. Ibidem, p. 280.
10. João Luis Ribeiro Fragoso, *Homens de grossa aventura*, p. 288.
11. Citado em Tobias Monteiro, *História do Império*, p. 245.
12. James Henderson, *A history of Brazil...*, p. 82.
13. Henry Marie Brackenridge, *Voyage to South America...*, p. 122.
14. APDG, *Sketches of Portuguese life...*, p. 176.
15. James Henderson, *A history of Brazil...*, p. 63-4.
16. Jurandir Malerba, *A corte no exílio*, p. 184.
17. Ibidem, p. 186.

Capítulo 17 — A senhora dos mares

1. Alan K. Manchester, *Presença inglesa no Brasil*, p. 78.

2. Citado por Rubens Borba de Moraes, na apresentação de John Luccock, *Notas...*, p. 8.

3. Nireu Cavalcanti, *O Rio de Janeiro setecentista*, p. 258.

4. Peter Ackroyd, *London: the biography..., audiobook.*

5. Gunther E. Ruthenberg, *The Napoleonic Wars*, p. 25.

6. Peter Ackroyd, *London: the biography..., audiobook.*

7. Jorge Caldeira, *Mauá: empresário do Império*, p. 160.

8. Kenneth H. Light, "Com os pés no mar", em *Revista de História*, da Biblioteca Nacional, nº 14, de novembro de 2006, p. 48-53. A informação de que a Marinha dos Estados Unidos tinha apenas seis navios é de Richard Zacks, *The Pirate Coast, audiobook.*

9. *British history: empire and sea power*, em www.bbc.co.uk.

10. Kenneth Light, "A viagem da família real para o Brasil", em *Tribuna de Petrópolis*, novembro de 1997.

11. José Presas, *Memórias secretas de D. Carlota Joaquina.*

12. Alan K. Manchester, *Presença inglesa no Brasil*, p. 80.

13. Ibidem, p. 88.

14. Ibidem, p. 81 e 87.

15. Ibidem, p. 87.

16. Ibidem, p. 89.

17. Ibidem, p. 103.

18. Ibidem, p. 92.

19. Rubens Borba de Moraes, na apresentação de John Luccock, *Notas...*, citando dados da *Gazeta Extraordinária do Rio de Janeiro* de 25 de fevereiro de 1811.

20. Kirsten Schultz, *Tropical Versailles*, p. 210.

21. Alan K. Manchester, *Presença inglesa no Brasil*, p. 95.

22. Ibidem, p. 94.

23. John Mawe, *Viagens ao interior do Brasil*, p. 210 e seguintes.

24. *L'Empire du Brésil: souvenirs de voyage par J. J. E. Roy*, citado por Rubens Borba de Morais na apresentação de John Luccock, *Notas...*

25. John Mawe, *Viagens ao interior do Brasil*, p. 218.

Capítulo 18 — A transformação

1. Luiz Joaquim dos Santos Marrocos, *Cartas...*, p. 444.
2. Pedro Calmon, *O rei do Brasil.*
3. Varnhagen, *História geral do Brasil*, vol. V, p. 112.
4. Jorge Miguel Pereira, "Economia e política na explicação da independência do Brasil", em Jurandir Malerba (organizador), *A Independência brasileira: novas dimensões*, p. 77-84.
5. Maria Odila Leite da Silva Dias, *A interiorização da metrópole*, p. 87.
6. Alcir Lenharo, *Tropas da moderação...*, p. 59-60.
7. Maria Odila Leite da Silva Dias, *A interiorização da metrópole*, p. 36.
8. Ibidem, p. 86.
9. Oliveira Lima, *D. João VI no Brasil*, p. 174.
10. Warren Dean, *A ferro e fogo*, p. 140.
11. John Armitage, *História do Brasil*, p. 35.
12. Citado em Lilia Schwarcz, *A longa viagem da biblioteca dos reis*, p. 253.
13. Jurandir Malerba, *A corte no exílio*, p. 145.
14. John Mawe, *Viagens ao interior do Brasil*, p. 137.
15. Citado em Varnhagen, *História geral do Brasil*, vol. V, p. 99.
16. Tobias Monteiro, *História do Império*, p. 221.
17. Oliveira Lima, *D. João VI no Brasil*, p. 170.
18. O prédio projetado por Grandjean de Montigny para sediar a academia levaria dez anos para ficar pronto e seria inaugurado só em 1826, já no governo de D. Pedro I.
19. Oliveira Lima, *D. João VI no Brasil*, p. 171.
20. Citado em Luiz Norton, *A corte de Portugal no Brasil*, p. 145.
21. Theodor von Leithold e Ludwig von Rango, *O Rio de Janeiro visto por dois prussianos em 1819.*
22. Jurandir Malerba, *A corte no exílio*, p. 226.
23. Citado em Leila Mezan Algranti, *D. João VI: os bastidores da Independência*, p. 39.
24. Henry Marie Brackenridge, *Voyage to South America...*, p. 113-55.
25. Para uma descrição das mudanças no Rio de Janeiro na chegada da corte, ver Jurandir Malerba, *A corte no exílio*, p. 165 e seguintes; para os reflexos dessas mudanças e anúncios da *Gazeta do Rio de Janeiro*, ver Delso Renault, *O Rio antigo nos anúncios de jornais.*

26. Francisco Gracioso e J. Roberto Whitaker Penteado, *Propaganda brasileira.*

27. Jurandir Malerba, *A corte no exílio*, p. 167-8.

28. Ernst Ebel, *O Rio de Janeiro e seus arredores em 1824*, p. 71.

29. Alexander Caldcleugh, *Travels in South América...*, p. 64.

Capítulo 19 — O chefe da polícia

1. Como todas as estatísticas do período, também neste caso os números são controvertidos. Oliveira Lima calcula em 110 000 habitantes a população da cidade em 1817. James Henderson estima que em 1821 seriam 150 000, número que Kirsten Schultz reduz para 80 000.

2. Luiz Joaquim dos Santos Marrocos, *Cartas...*, p. 163.

3. A expressão é de Francis Albert Cotta, "Polícia para quem precisa", *Revista de História*, da Biblioteca Nacional, dezembro 2006, p. 65.

4. Para uma descrição das funções de Paulo Fernandes Viana, ver Kirsten Schultz, *Tropical Versailles*, p. 105; e Thomas Holloway, *Polícia no Rio de Janeiro*, p. 46-7.

5. Jurandir Malerba, *A corte no exílio*, p. 264.

6. Oliveira Lima, *D. João VI no Brasil*, p. 156.

7. Jurandir Malerba, *A corte no exílio*, p. 132.

8. Ibidem, p. 137.

9. Citado em Kirsten Schultz, *Tropical Versailles*, p. 106.

10. Citado em Maria Odila Leite da Silva Dias, *A interiorização da metrópole*, p. 134.

11. Leila Mezan Algrantri, *O feitor ausente*, p. 168.

12. Jurandir Malerba, *A corte no exílio*, p. 134.

13. Leila Mezan Algranti, *O feitor ausente*, p. 169.

14. Kirsten Schultz, *Tropical Versailles*, p. 125.

15. Citado em Leila Mezan Algranti, *O feitor ausente*, p. 171.

16. Kirsten Schultz, *Tropical Versailles*, p. 111-2.

17. Leila Mezan Algranti, *O feitor ausente*, p. 76.

18. Kirsten Schultz, *Tropical Versailles*, p. 109.

19. Ibidem, p. 108.

20. Citado em Leila Mezan Alegranti, *O feitor ausente*, p. 39.

21. Thomas Holloway, *Polícia no Rio de Janeiro*, p. 48-9.

22. Domingos Ribeiro dos Guimarães Peixoto, *Aos sereníssimos príncipes reais...*, p. 2.

23. Manuel Vieira da Silva, *Reflexões sobre alguns dos meios...*, p. 12.

24. Guimarães Peixoto, *Aos sereníssimos príncipes reais...*, p. 2. O texto original foi editado, para facilitar a compreensão.

25. Manuel Vieira da Silva, *Reflexões sobre alguns dos meios...*, p. 8.

26. As reformas urbanas que Viana colocou em andamento no Rio de Janeiro estavam quase meio século atrasadas em relação às capitais europeias. Em 1785, já havia um sistema de iluminação pública em Londres, postos de polícia e uma patrulha de 68 homens que durante a noite percorriam a pé as ruas da cidade. Conforme J. J. Tobias, *Crime and industrial society in the nineteenth century.*

Paulo Fernandes Viana, *Abreviada demonstração dos trabalhos da polícia...*, citado em Leila Mezan Alegranti, *O feitor ausente*, p. 37.

Capítulo 20 — A escravidão

1. Para mais informações sobre o Mercado do Valongo e as pesquisas arqueológicas no bairro da Gamboa, ver www.pretosnovos.com.br

2. A estimativa é de Sir Henry Chamberlain, *Views and costumes of the city and neighbourhood of Rio de Janeiro*, capítulo "The slave market", sem numeração de página; Mary Karasch, em *A vida dos escravos no Rio de Janeiro: 1808-1850*, catalogou 225 047 desembarcados entre 1800 e 1816, o que daria uma média anual de 14 000.

3. Maria Graham, *Diário de uma viagem ao Brasil*, p. 254.

4. James Henderson, *A history of Brazil...*, p. 74.

5. Henry Chamberlain, *Views and costumes...*, capítulo "The slave market", sem numeração de página.

6. Ronaldo Vainfas, em *Dicionário do Brasil colonial*, p. 555, alerta que os números sobre o tráfico no Brasil são imprecisos, de 3,3 milhões até 8 milhões. Robert Conrad, em *Tumbeiros: o tráfico de escravos para o Brasil*, estima em 5,6 milhões, assim distribuídos: 100 000 no século XVI, 2 milhões no século XVII, mais 2 milhões no século XVIII, e 1,5 milhão no século XIX. João Luis Ribeiro Fragoso, em *Homens de grossa aventura*, p. 181, diz

que só entre 1811 e 1830 foram realizadas 1 181 viagens de navios negreiros da África para o Rio de Janeiro nas quais foram transportados 489 950 escravos. Para mais informações sobre o tema, ver também Philip D. Curtin, *The Atlantic slave trade*, Wisconsin University Press, citado em Manolo Garcia Florentino, *Em costas negras*, p. 59; e Thomas Skidmore, *Uma história do Brasil*, p. 33.

7. Manolo Garcia Florentino, *Em costas negras*, p. 59.

8. Alan K. Manchester, *Presença inglesa no Brasil*, p. 148.

9. João Luis Ribeiro Fragoso, *Homens de grossa aventura*, p. 181.

10. Manolo Garcia Florentino, *Em costas negras*, p. 146.

11. A informação é de Chamberlain, *Views and costumes...* Atualização monetária feita com base no poder de compra da libra esterlina e na taxa de câmbio do real no começo de 2007, usando como referência o artigo de Robert Twigger, *Inflation: the value of the pound...*

12. Manolo Garcia Florentino, *Em costas negras*, p. 125.

13. Ibidem, p. 154.

14. Para o cálculo da taxa de mortalidade no tráfico negreiro, ver Ronaldo Vainfas, *Dicionário do Brasil colonial*, p. 556; e Manolo Garcia Florentino, *Em costas negras*, p. 149-54.

15. Manolo Garcia Florentino, *Em costas negras*, p. 149.

16. Ian Baucom, *Specters of the Atlantic*, 2005.

17. Para mais informações sobre as doações dos traficantes de escravos e as recompensas que receberam de D. João, ver Manolo Garcia Florentino, *Em costas negras*, p. 221-2; Jurandir Malerba, *A corte no exílio*, p. 231-50; e João Luis Ribeiro Fragoso, *Homens de grossa aventura*, p. 288-94.

18. Atualização monetária feita com base no poder de compra da libra esterlina e na taxa de câmbio do real no começo de 2007, usando como referência Robert Twigger, *Inflation: the value of the pound...*

19. Jean Marcel Carvalho França, *Outras visões do Rio de Janeiro colonial*, p. 277.

20. Luiz Joaquim dos Santos Marrocos, *Cartas...*, p. 35.

21. Ibidem, p. 440.

22. Almeida Prado, *Thomas Ender*, p. 34.

23. André João Antonil, *Cultura e opulência do Brasil por suas drogas e minas*, p. 269.

24. Jean Marcel Carvalho França, *Visões do Rio de Janeiro colonial*, p. 154.

25. Citado em Jean Marcel Carvalho França, *Outras visões do Rio de Janeiro colonial*, p. 264.

26. Sérgio Buarque de Holanda, *Raízes do Brasil*, p. 59.

27. Ernst Ebel, *O Rio de Janeiro e seus arredores*, p. 29.

28. John Luccock, *Notas...*, p. 44.

29. Leila Mezan Algranti, *O feitor ausente*, p. 65-73.

30. Silvia Hunold Lara, *Campos da violência*, p. 45.

31. Ibidem, p. 73-7.

32. Citado em Eduardo Dias, *Memórias de forasteiros*, p. 140-2.

33. James Henderson, *A history of Brazil*, p. 73.

34. C. R. Boxer, *A idade de ouro do Brasil*, p. 158-9.

35. Leila Mezan Algranti, *O feitor ausente*, p. 181.

36. Francisco Gracioso e J. Roberto Whitaker Penteado, *Propaganda brasileira*, p. 23.

37. Theodor von Leithold e Ludwig von Rango, *O Rio de Janeiro visto por dois prussianos em 1819*, p. 44.

38. Estimativa com base nos levantamentos feitos por Silvia Hunold Lara nos registros do distrito da Vila de São Salvador dos Guaitacazes, na zona norte do atual Estado do Rio de Janeiro, em *Campos da violência*, p. 295-322.

39. Leila Mezan Algranti, *O feitor ausente*, p. 106.

40. John Mawe, *Viagens ao interior do Brasil*, p. 155.

41. Silvia Hunold Lara, *Campos da violência*, p. 249.

42. Ronaldo Vainfas, *Dicionário do Brasil colonial*, p. 31 e 116.

43. Leila Mezan Algranti, *O feitor ausente*, p. 107.

Capítulo 21 — Os viajantes

1. Rubens Borba de Moraes e William Berrien, *Manual bibliográfico de estudos brasileiros*, p. 592-627, citado em Leonardo Dantas Silva, *Textos sobre o Recife*, em www. fundaj.gov.br.

2. Almeida Prado, *Thomas Ender*, p. 3.

3. Henry Marie Brackenridge, *Voyage to South America...*, p. 113.

4. Conforme Leonardo Dantas Silva, *Textos sobre o Recife*, em www. fundaj.gov.br/docs/rec/rec02.html.

5. Luiz Edmundo, *Recordações do Rio antigo*, p. 47-50.

6. Ibidem, p. 64.

7. É o caso de Robert Harvey, autor de *Cochrane: the life and exploits of a fighting captain*, cujas informações são usadas como referência neste livro.

8. As informações sobre Maria Graham são da apresentação de *Diário de uma viagem ao Brasil*, Brasiliana.

9. Para mais informações sobre a vida e a obra de Henry Koster, ver Eduardo Dias, *Memórias de forasteiros: aquém e além-mar*, p. 30-50.

10. Citado em Warren Dean, *A ferro e fogo*, p. 132.

11. James Henderson, *A history of Brazil*, p. 76.

12. William John Burchell, *Rio de Janeiro's most...*, p. 8.

13. Warren Dean, *A ferro e fogo*, p. 141.

14. Para informações sobre a passagem de Saint-Hilaire por São Paulo, ver Roberto Pompeu de Toledo, *A capital da solidão*, p. 269 e 278.

15. Oliveira Lima, *D. João VI no Brasil*, p. 71.

16. Alcide D'Orbigny, *Viagem pitoresca através do Brasil*, p. 51-6.

Capítulo 22 — O Vietnã de Napoleão

1. Citado em Sir Charles Oman, *A history of the Peninsular War*, p. 500.

2. Patrick Wilcken, *Empire adrift*, p. 10.

3. Maximilien Sébastien Foy, *Junot's invasion of Portugal*, p. 82.

4. Foram 25 000 soldados na primeira leva, com Junot, em 1807, e mais 4000 enviados como reforços em 1808, segundo Sir Charles Oman, *A history of the Peninsular War*, vol. I, p. 206.

5. Maximilien Sébastien Foy, *Junot's invasion of Portugal*, p. 188.

6. Ibidem, p. 98.

7. Sir Charles Oman, *A history of the Peninsular War*, p. 106.

8. Gunther E. Rothenberg, *The Napoleonic Wars*, p. 141.

Capítulo 23 — A república pernambucana

1. Pelo critério de poder de compra nos Estados Unidos, um dólar de 1808 valeria atualmente cerca de quinze dólares, segundo o *Economic History*

Service, simulador de conversão de moedas antigas criado por dois professores de Economia das universidades de Illinois e Miami, em http://measuringworth.com/.

2. Humberto França, "Pernambuco e os Estados Unidos", no *Diário de Pernambuco*, 2 de maio de 2006.

3. As informações sobre os quatro bonapartistas recrutados nos Estados Unidos são do historiador Amaro Quintas, citadas por Humberto França, "Pernambuco e os Estados Unidos", no *Diário de Pernambuco* de 2 de maio de 2006.

4. Roderick J. Barman, *Brazil: the forging of a nation*, p. 61.

5. Citado por Rodolfo Garcia nas anotações de Varnhagen, *História geral do Brasil*, vol. V, 1956, p. 150.

6. Manuel Correia de Andrade, *A revolução pernambucana de 1817*, p. 4-5.

7. Varnhagen, *História geral do Brasil*, p. 152.

8. Citado em Eduardo Dias. *Memórias de forasteiros de aquém e além-mar*, p. 41.

9. Maria Graham, *Diário de uma viagem ao Brasil*, p. 62-3.

10. Lilia Schwarcz, *A longa viagem da biblioteca dos reis*, p. 321.

11. Humberto França, "Pernambuco e...".

12. Como Cabugá em 1817, Manuel de Carvalho Paes de Andrade, líder da Confederação do Equador, foi aos Estados Unidos em 1824 pedir apoio ao presidente Monroe e uma esquadra para defender o porto do Recife. Voltou de mãos vazias.

13. Citado em Maria Odila Leite da Silva Dias, *A interiorização da metrópole*, p. 131.

14. Manuel Correia de Andrade, *A revolução pernambucana de 1817*, p. 19.

15. Tobias Monteiro, *História do Império*, p. 240.

16. Varnhagen, *História geral do Brasil*, p. 164.

17. Tobias Monteiro, citando Tollenare in *História do Império*, p. 68.

18. Manuel Correia de Andrade, *A revolução pernambucana de 1817*, p. 21.

19. Oliveira Lima, *D. João VI no Brasil*, p. 17.

20. Citado por Wilson Martins no prefácio de Oliveira Lima, *D. João VI no Brasil*, p. 17.

21. Lilia Schwarcz, *A longa viagem da biblioteca dos reis*, p. 321.

22. Preço semelhante Pernambuco pagaria em 1824, na Confederação do Equador, quando perdeu mais uma comarca, a de São Francisco, repartida entre as províncias da Bahia e de Minas Gerais.

Capítulo 24 — Versailles tropical

1. O termo Versailles Tropical é usado por alguns historiadores, como Oliveira Lima e Kirsten Schultz, para definir esse período da corte no Brasil, numa referência ao esplendor do palácio erguido por Luís XIV nos arredores de Paris.
2. Jurandir Malerba, *A corte no exílio*, p. 91.
3. Ibidem, p. 55. Tobias Monteiro, *História do Império*, p. 178, citando dados do *Correio Braziliense*, afirma que as despesas teriam sido ainda maiores. Segundo ele, só o baile teria custado 2 milhões de francos.
4. Um franco francês de 1808 valeria hoje 4,07 euros, segundo o *Global Financial Data*, em www.globalfinancialdata.com.
5. Tobias Monteiro, *História do Império*, p. 172.
6. Johann Moritz Rugendas, *Viagem pitoresca pelo Brasil*, p. 22.
7. Ernst Ebel, *O Rio de Janeiro e seus arredores em 1824*, p. 63.
8. John Luccock, *Notas...*, p. 176.
9. Citado em Luiz Edmundo, *Recordações do Rio antigo*, p. 64.
10. Citado em Patrick Wilcken, *Empire adrift*, p. 211.
11. A descrição dos preparativos e da chegada da princesa ao Rio de Janeiro são de Jurandir Malerba, *A corte no exílio*, p. 68.
12. Citado em Tobias Monteiro, *História do Império*, p. 183.
13. Citado em Lilia Schwarcz, *A longa viagem da biblioteca dos reis*, p. 322.
14. Henry Marie Brackenridge, *Voyage to South America...*, p. 121.
15. Lilia Schwarcz, *A longa viagem da biblioteca dos reis*, p. 323.
16. Henry Marie Brackenridge, *Voyage to South America...*, p. 149-51.
17. A descrição da rotina de D. João VI é de Pedro Calmon, *O rei do Brasil*, p. 227.
18. Tobias Monteiro, *História do Império*, p. 95.
19. Pedro Calmon, *O rei do Brasil*, p. 227.
20. Tobias Monteiro, *História do Império*, p. 96. Monteiro baseia seu relato nas descrições de Américo Jacobina Lacombe, que Almeida Prado,

em *Thomas Ender*, p. 102, diz ser "mexeriqueiro" e não confiável como fonte.

Capítulo 25 — Portugal abandonado

1. Maximilien Sébastien Foy, *Junot's invasion of Portugal*, p. 48.
2. Ibidem, p. 57.
3. Citado em Varnhagen, *História geral do Brasil*, vol. V, p. 59.
4. Luiz Norton, *A corte de Portugal no Brasil*, p. 38.
5. Maximilien Sébastien Foy, *Junot's invasion of Portugal*, p. 72.
6. Atualização monetária feita com base no serviço *Global Financial Data*, segundo o qual um franco de 1808, atualizado pela inflação, valeria hoje 4,07 euros, em www.globalfinacialdata.com.
7. Sir Charles Oman, *A history of the Peninsular War*, p. 28.
8. Citado em Tobias Monteiro, *História do Império*, p. 188.
9. Maximilien Sébastien Foy, *Junot's invasion of Portugal*, p. 62.
10. Oliveira Martins, *História de Portugal*, p. 525.
11. Ibidem, p. 527.
12. Citado em Lilia Schwarcz, *A longa viagem da biblioteca dos reis*, p. 223.
13. Sir Charles Oman, *A history of the Peninsular War*, p. 207.
14. Tobias Monteiro, *História do Império*, p. 201-2.
15. Ibidem, p. 208.
16. Ibidem, p. 211.
17. Maria Odila Leite da Silva Dias, *A interiorização da metrópole*, p. 16.
18. Oliveira Martins, *História de Portugal*, p. 526.
19. Oliveira Lima, *D. João VI no Brasil*, p. 251-2.
20. Maria Odila Leite da Silva Dias, *A interiorização da metrópole*, p. 13.
21. Ibidem, p. 22.
22. Pedro Calmon, *O rei do Brasil*, p. 183.
23. Tobias Monteiro, *História do Império*, p. 241.
24. Mara Ziravello, *Brasil 500 anos*, p. 334-5.
25. Lilia Schwarcz, *A longa viagem da biblioteca dos reis*, p. 348-9.
26. Ibidem, p. 349-50.
27. Citado por José Murilo de Carvalho, "O motivo edênico no imaginá-

rio social brasileiro", *Revista Brasileira de Ciências Sociais*, vol. 13, nº 31, outubro de 1998.

28. Tobias Monteiro, *História do Império*, p. 281.

Capítulo 26 — O retorno

1. Oliveira Lima, *D. João VI no Brasil*, p. 686.
2. Tobias Monteiro, *História do Império*, p. 294.
3. Ibidem, p. 297.
4. Lilia Schwarcz, *A longa viagem da biblioteca dos reis*, p. 354.
5. Thomas E. Skidmore, *Uma história do Brasil*, p. 59.
6. Citado em José Honório Rodrigues, *Independência: revolução e contra-revolução*, p. 44.
7. Tobias Monteiro, *História do Império*, p. 271.
8. Oliveira Lima, *O movimento da Independência*, capítulo II: "A sociedade brasileira. Nobreza e povo".
9. Maria Graham, *Diário de uma viagem ao Brasil*, p. 76.
10. Pereira da Silva, *História da fundação do império brasileiro*, vol. 5, p. 145.
11. Oliveira Martins, *História de Portugal*, p. 532.
12. José Honório Rodrigues, *Independência: revolução e contra-revolução*, p. 90.
13. Tobias Monteiro, *História do Império*, p. 377.
14. Oliveira Martins, *História de Portugal*, p. 538.

Capítulo 27 — O novo Brasil

1. Citado em Patrick Wilcken, *Empire adrift*, p. 257.
2. Oliveira Lima, *D. João VI no Brasil*, p. 21.
3. Wilson Martins, no prefácio de Oliveira Lima, *D. João VI no Brasil*, p. 16.
4. Os delegados brasileiros foram eleitos na proporção de um para cada grupo de 30 000 habitantes com base na população brasileira estimada na época da chegada da corte ao Brasil, conforme Lilia Schwarcz, *A longa viagem da biblioteca dos reis*, p. 362.

5. Andréa Slemian, "Outorgada sim, mas liberal", em *Revista de História*, da Biblioteca Nacional, nº 15, dezembro de 2006, p. 52-7.

6. Roderick J. Barman, *Brazil: the forging of a nation*, p. 40-1.

7. Citado em Oliveira Lima, *D. João VI no Brasil*, p. 56.

8. Oliveira Lima, *D. João VI no Brasil*, p. 689.

9. Alan K. Manchester, *Presença inglesa no Brasil*, p. 75.

10. Sérgio Buarque de Holanda, *A herança colonial: sua desagregação*, p. 13, citado em Maria Odila Leite da Silva Dias, *A interiorização da metrópole*, p. 11.

11. José Honório Rodrigues, *Independência: revolução e contra-revolução*, p. 137.

12. Citado em Maria Odila Leite da Silva Dias, *A interiorização da metrópole*, p. 136.

13. Francisco de Sierra y Mariscal, "Ideias sobre a revolução do Brasil e suas consequências", *Anais da Biblioteca Nacional*, citado em Maria Odila, *A interiorização da metrópole*, p. 24.

14. José Antônio de Miranda, *Memória constitucional e política*, citado em Maria Odila Leite da Silva Dias, *A interiorização da metrópole*, p. 135-6.

15. Citado em Maria Odila Leite da Silva Dias, *A interiorização da metrópole*, p. 137.

16. Maria Odila Leite da Silva Dias, *A interiorização da metrópole*, p. 17.

17. Ibidem, p. 149.

Capítulo 28 — A conversão de Marrocos

1. Luiz Joaquim dos Santos Marrocos, *Cartas...*, p. 434.

2. Ibidem p. 193.

3. Ibidem, p. 211.

4. Para as mais informações sobre os originais das cartas de Luiz Joaquim dos Santos Marrocos, ver catálogos temáticos da Biblioteca Nacional da Ajuda, em http://www.ippar.pt/sites_externos/bajuda/index.htm.

5. Luiz Joaquim dos Santos Marrocos, *Cartas...*, p. 68.

6. Ibidem, p. 41.

7. Ibidem, p. 112-3.

8. Ibidem, p. 218.

9. Ibidem, p. 375-84.
10. Ibidem, p. 218.
11. Ibidem, p. 179.
12. Ibidem, p. 213.
13. Rodolfo Garcia, na apresentação de *Cartas...*, p. 12-3.
14. Luiz Joaquim dos Santos Marrocos, *Cartas...*, p. 320.
15. Ibidem, p. 369.
16. Ibidem, p. 73.
17. Ibidem, p. 74.
18. Lilia Schwarcz, *A longa viagem da biblioteca dos reis*, p. 282.
19. Varnhagen, *História geral do Brasil*, vol. V, p. 106.
20. Lilia Schwarcz, *A longa viagem da biblioteca dos reis*, p. 400.
21. Ibidem, p. 285.
22. A lei sem número de 28 de agosto de 1830, redigida por Marrocos, "concede privilégio ao que descobrir, inventar ou melhorar uma industrial útil e um prêmio ao que introduzir uma indústria estrangeira, e regula sua concessão". Pode ser consultada na íntegra no site do Instituto Nacional de Propriedade Industrial, em www.inpi.gov.br.
23. Luiz Joaquim dos Santos Marrocos, *Cartas...*, p. 375-84.
24. Kirsten Schultz, *Tropical Versailles*, p. 78.
25. O sepultamento de Marrocos está registrado no livro nº 4 dos Assentamentos de Óbitos da Venerável Ordem Terceira dos Mínimos de São Francisco de Paula, folha 62, assentamento 218, conforme Rodolfo Garcia na introdução de *Cartas...*, p. 16-7.

Capítulo 29 — O segredo

1. Luiz Joaquim dos Santos Marrocos, *Cartas...*, p. 249-55.
2. Ibidem, p. 214.
3. Maria Graham, *Diário de uma viagem ao Brasil*, p. 345.
4. Os arquivos da Cúria do Rio de Janeiro apontam o nascimento de mais duas filhas do casal Marrocos. Neste caso, porém, não há surpresa nem segredo: ambas nasceram em datas posteriores à interrupção da correspondência do arquivista real com a família em Lisboa. Por isso, nunca foram identificadas pelos historiadores. As duas crianças são identificadas nos regis-

tros apenas como Maria. Uma nasceu em 2 de março de 1829. A outra, em 12 de julho de 1834. Nas certidões de nascimento, a mãe já aparece como o sobrenome do marido: Anna Maria de Souza Marrocos. Incluindo Joaquinna, nascida em 1814, o casal Marrocos teve, portanto, seis filhos — e não três como informavam os livros de História até hoje.

BIBLIOGRAFIA

Fontes impressas:

A. P. D. G. *Sketches of Portuguese life, manners, costume, and character illustrated by twenty coloured plates by A. P. D. G.* Londres (impresso por Geo. B. Whittaker), 1826.

Abreu, Capistrano de. *Capítulos da história colonial.* 6. edição. Prefácio e anotações de José Honório Rodrigues. Rio de Janeiro: Civilização Brasileira, 1976.

Algranti, Leila Mezan. *D. João VI*: bastidores da Independência. São Paulo: Ática, 1987.

____. *O feitor ausente*: estudos sobre a escravidão urbana no Rio de Janeiro (1808-1822). Petrópolis: Vozes, 1988.

Anderson, M. S. *The ascendancy of Europe (1815-1914).* Harlow, Essex: Pearson Longman, 2003.

Andrade, Manuel Correia de. *A revolução pernambucana de 1817.* São Paulo: Ática, 1995.

____; Cavalcanti, Sandra Melo; Fernandes, Eliane Moury (organizadores). *Formação histórica da nacionalidade brasileira*: Brasil 1701-1824. Recife: Massangana, 2000.

Andrade, Santiago Silva de. Pondo ordem na casa. *Revista de História* da Biblioteca Nacional do Rio de Janeiro, nº 11, agosto de 2006.

Antonil, André João (João António Andreoni). *Cultura e opulência do Brasil por suas drogas e minas*. São Paulo: Nacional, 1967.

Armitage, John. *História do Brasil*: desde o período da chegada da família de Bragança, em 1808, até a abdicação de D. Pedro I, em 1831, compilada à vista dos documentos públicos e outras fontes originais formando uma continuação da *História do Brasil*, de Southey. Belo Horizonte: Itatiaia; São Paulo: Edusp, 1981.

Aubry, Octave. *Napoléon*. Paris: Flammarion, 1961.

Azevedo, Francisca L. Nogueira de. *Carlota Joaquina na corte do Brasil*. Rio de Janeiro: Civilização Brasileira, 2003.

Barman, Roderick J. *Brazil*: the forging of a nation, 1798-1852. Stanford, Califórnia: Stanford University Press, 1988.

Barrow, John. *The life and correspondence of admiral Sir William Sidney Smith*. Londres: Richard Bentley, 1848. 2 vol.

Baucom, Ian. *Specters of the Atlantic*. Nova York: Duke University Press, 2005.

Bentley, Richard. *Memoirs of admiral Sidney Smith*. Londres: K.C.B.I. & C, 1839.

Blanning, T. C. W. *The Nineteenth Century*: Europe (1789-1914). Oxford: Oxford University Press, 2000.

Bown, Stephen R. *The age of scurvy*: how a surgeon, a mariner and a gentleman helped Britain win the Battle of Trafalgar. Chinchester, West Sussex: Summersdale Publishers, 2003.

Boxer, C. R. *A idade de ouro do Brasil*. São Paulo: Nacional, 1963.

Brackenridge, Henry Marie. *Voyage to South America, performed by order of the American Government in the years of 1817 and 1818 in the Fragate Congress*. Baltimore (impresso por John D. Toy), 1819.

Brandão, Darwin; Silva, Motta e. *Cidade do Salvador*: caminho do encantamento. São Paulo: Nacional, 1958.

Burchell, William John. *Rio de Janeiro's most beautiful panorama (1825)*. Rio de Janeiro: Instituto Histórico e Geográfico Brasileiro, 1966.

Burne, Jerome (editor); Legrand, Jacques (idealizador e coordenador). *Chronicle of the world*: the ultimate record of world history. Londres: Dorling Kindersley, 1996.

Caldcleugh, Alexander. *Travels in South America during the years of 1819-20-21; containing an account of the present state of Brazil, Buenos Ayres, and Chile*. Londres: John Murray, 1825.

Caldeira, Jorge. *Mauá*: empresário do Império. São Paulo: Companhia das Letras, 1995.

Calmon, Pedro. *História do Brasil (volume IV)*. Rio de Janeiro: José Olympio, 1959.

____. *O rei do Brasil*: vida de D. João VI. São Paulo: Nacional, 1943.

Calógeras, J. Pandiá. *Formação histórica do Brasil*. São Paulo: Nacional, 1957.

Cardoso, Rafael. *Castro Maya, colecionador de Debret*. São Paulo: Capivara; Rio de Janeiro: Museu Castro Maya, 2003.

Carvalho, José Murilo de. O motivo edênico no imaginário social brasileiro. *Revista Brasileira de Ciências Sociais*, vol. 13, nº 31, outubro de 1998.

Carvalho, Marieta Pinheiro. *Uma ideia de cidade ilustrada*: as transformações urbanas da nova corte portuguesa (1808-1821). Tese de Mestrado. Rio de Janeiro: Universidade do Estado do Rio de Janeiro (UERJ), 2003.

Cavalcanti, Nireu. *O Rio de Janeiro setecentista*: a vida e a construção da cidade, da invasão francesa até a chegada da corte. Rio de Janeiro: Jorge Zahar, 2004.

Chamberlain, Sir Henry. *Views and costumes of the city and neighbourhood of Rio de Janeiro, Brazil from drawings taken by Lieutenant Chamberlain, of the Royal Artillary during the years of 1819 and 1820*. Londres: Columbia Press, 1822.

Chartrand, René. *Vimeiro 1808: Wellesley's first victory in the Peninsular War*. Londres: Praeger, 2001.

Cheke, Marcus. *Carlota Joaquina, queen of Portugal*. Londres: Sidgwick and Jackson, 1947.

Colledge, J. J. *Ships of the Royal Navy*: the complete record of all fighting ships from the 15th century to the present. Londres: Greenhill Books, 2006.

Conrad, Robert. *Tumbeiros*: o tráfico de escravos para o Brasil. São Paulo: Brasiliense, 1985.

Costa, A. Celestino da. *Lisboa, a evolução de uma cidade*. Lisboa: Câmara Municipal de Lisboa, 1951.

Cota, Francis Albert. Polícia para quem precisa. Artigo sobre a polícia imperial nas imagens de Debret e Rugendas em *Revista de História*, da Biblioteca Nacional, nº14, de novembro de 2006, p. 64-8.

Cruls, Gastão. *Aparência do Rio de Janeiro*. Rio de Janeiro: José Olympio, 1952.

Dean, Warren. *A ferro e fogo*: a história e a devastação da mata atlântica brasileira. São Paulo: Companhia das Letras, 1996.

Debret, Jean-Baptiste. *Caderno de viagem*. Texto e organização Julio Bandeira. Rio de Janeiro: Sextante, 2006.

____. *Un français à la cour du Brésil (1816-1831)*. Rio de Janeiro: Museus Castro Maya/Chácara do Céu, 2000.

____. *Voyage pittoresque et historique au Brésil*. Paris: Firmin Didot, 1839.

Dias, Eduardo. *Memórias de forasteiros de aquém e além-mar*: Brasil séculos XVI-XVIII e século XIX até a independência. Lisboa: Clássica, 1946. 2 vol.

Dias, Maria Odila Leite da Silva. *A interiorização da metrópole e outros estudos*. São Paulo: Alameda, 2005.

D'Orbigny, Alcide. *Viagem pitoresca através do Brasil*. Apresentação de Mário Guimarães Ferri. Belo Horizonte: Itatiaia; São Paulo: Edusp, 1976.

Dumas, Alexandre. *Napoleão*: uma biografia literária. Rio de Janeiro: Jorge Zahar, 2004.

Ebel, Ernst. *O Rio de Janeiro e seus arredores em 1824*. São Paulo: Nacional, 1972.

Edmundo, Luiz. *A corte de D. João VI no Rio de Janeiro*. Rio de Janeiro: Imprensa Nacional, 1939.

____. *O Rio de Janeiro no tempo dos vice-reis (1763-1808)*. Brasília: Senado Federal, 2000.

____. *Recordações do Rio antigo*. Rio de Janeiro: A Noite, 1950.

Ender, Thomas. *Viagem ao Brasil nas aquarelas de Thomas Ender (1817-1818)*. Apresentada por Robert Wagner e Júlio Bandeira. Petrópolis: Kapa, 2000.

Esdaile, Charles. *The Peninsular War*. Nova York: Palgrave Macmillan, 2003.

Faoro, Raymundo. *Os donos do poder*. Porto Alegre: Globo; São Paulo: Edusp, 1975.

Ferguson, Niall. *Empire*: how Britain made the modern world. Londres: Penguin Books, 2004.

Ferrez, Gilberto. *As cidades de Salvador e Rio de Janeiro no século XVIII*. Rio de Janeiro: Instituto Histórico e Geográfico Brasileiro, 1963.

Florentino, Manolo Garcia. *Em costas negras*: uma história do tráfico atlântico entre a África e o Rio de Janeiro (séculos XVIII e XIX). Rio de Janeiro: Arquivo Nacional, 1995.

Foy, General Maximilien Sébastien. *Junot's invasion of Portugal (1807-1808)*. Tyne and Wear: Worley, 2000 (fac-símile da edição de 1829).

Fragoso, João Luis Ribeiro. *Homens de grossa aventura*: acumulação e hierarquia na praça mercantil do Rio de Janeiro (1790-1830). Rio de Janeiro: Arquivo Nacional, 1992.

França, Jean Marcel Carvalho. *Visões do Rio de Janeiro colonial (1531-1800)*. Rio de Janeiro: EdUERJ; José Olympio, 1999.

____. *Outras visões do Rio de Janeiro colonial (1582-1808)*. Rio de Janeiro: José Olympio, 2000.

Garcia, Rodolfo. *Ensaio Sobre a história política e administrativa do Brasil (1500-1810)*. Rio de Janeiro: José Olympio, 1956.

____. *Escritos avulsos*. Rio de Janeiro: Biblioteca Nacional, Divisão de Publicações e Divulgação, 1973.

Gates, David. *The Spanish ulcer*: a history of the Peninsular War. Cambridge, Massachusetts: Da Capo, 2001.

Glover, Gareth. *From Corunna to Waterloo*: the letters and journals of two napoleonic hussars, 1801-1816. Londres: Greenhill, 2007.

Gracioso, Francisco; Whitaker Penteado, J. Roberto. *Propaganda brasileira*. São Paulo: ESPM; Mauro Ivan Marketing Editorial, 2004.

Graham, Maria. *Diário de uma viagem ao Brasil*. São Paulo: Brasiliana, 1956.

Green, Vivian. *A loucura dos reis*. Rio de Janeiro: Ediouro, 2006.

Hazlewood, Nick. *The queen's slave trader*: Jack Hawkyns, Elizabeth I, and the trafficking in human souls. Nova York: Harper Collins, 2004.

Henderson, James. *A History of Brazil comprising its geography, commerce, colonization, aboriginal inhabitants*. Londres: Longman, 1821.

Hibbert, Christopher. *George III*: a personal history. Londres: Penguin Books, 1999.

Holanda, Sérgio Buarque de. *História geral da civilização brasileira*. São Paulo: Difel, 1967.

____. *Raízes do Brasil*. Rio de Janeiro: José Olympio, 1987.

Holanda, Sérgio Buarque de. *Visão do paraíso*: os motivos edênicos no descobrimento e colonização do Brasil. São Paulo: Nacional, 1977.

Holloway, Thomas H. *Polícia no Rio de* Janeiro: repressão e resistência numa cidade do século XIX. Rio de Janeiro: Editora FGV, 1997.

Howarth, David. *British sea power*: how Britain became sovereign of the seas. Londres: Robinson, 2003.

Karasch, Mary. *A vida dos escravos no Rio de Janeiro (1808-1850)*. São Paulo: Companhia das Letras, 2000.

Kennedy, Paul. *Ascensão e queda das grandes potências*: transformação econômica e conflito militar de 1500 a 2000. Rio de Janeiro: Campus, 1989.

Lacombe, Américo Jacobina. *Introdução ao estudo da história do Brasil*. São Paulo: Nacional; Edusp, 1973.

Landes, David S. *A riqueza e a pobreza das nações*: por que algumas são tão ricas e outras são tão pobres. Rio de Janeiro: Campus, 1998.

Lara, Silvia Hunold. *Campos da violência*: escravos e senhores na capital do Rio de Janeiro 1750-1808. Rio de Janeiro: Paz e Terra, 1988.

Lavery, Brian. *Nelson's Navy*: the ships, men and organization (1793-1815). Annapolis: Naval Institute Press, 1989.

Leithold, Theodor von; Rango, Ludwig von. *O Rio de Janeiro visto por dois prussianos em 1819*. São Paulo: Nacional, 1966.

Lenharo, Alcir. *As tropas da moderação*: o abastecimento da corte na formação política do Brasil (1808-1842). São Paulo: Símbolo, 1979.

Lévi-Strauss, Claude. *Tristes trópicos*. São Paulo: Companhia das Letras, 1996.

Light, Kenneth H. *The migration of the royal family of Portugal to Brazil in 1807/08*. Rio de Janeiro: Kenneth H. Light, 1995.

____. Com os pés no mar. Entrevista à *Revista de História*, da Biblioteca Nacional, nº 14, de novembro de 2006, p. 48-53.

Lima, Manuel de Oliveira. *D. João VI no Brasil (1808)*. 3. ed. Rio de Janeiro: Topbooks, 1996.

____. *O movimento da independência (1821-1822)*. São Paulo: Melhoramentos; Conselho Estadual de Cultura, 1972.

Lisboa, Karen Macknow. *A nova Atlântida de Spix e Martius*: natureza e civilização na viagem pelo Brasil (1817-1820). São Paulo: Hucitec; Fapesp, 1997.

Luccok, John. *Notas sobre o Rio de Janeiro e partes meridionais do Brasil, tomadas durante uma estada de dez anos nesse país, de 1808 a 1818*. São Paulo: Martins, 1942.

Malerba, Jurandir. *A corte no exílio*: civilização e poder no Brasil às vésperas de Independência (1808 a 1822). São Paulo: Companhia das Letras, 2000.

____. (organizador). *A Independência brasileira*: novas dimensões. Rio de Janeiro: Editora FGV, 2006.

Manchester, Alan K. *Presença inglesa no Brasil*. São Paulo: Brasiliense, 1973.

Marrocos, Luiz Joaquim dos Santos. *Cartas de Luiz Joaquim dos Santos Marrocos, escritas do Rio de Janeiro à sua família em Lisboa, de 1811 a 1821*. Rio de Janeiro: Anais da Biblioteca Nacional, 1934.

Martinho, Lenira Menezes; Gorenstein, Riva. *Negociantes e caixeiros na sociedade da independência*. Rio de Janeiro: Prefeitura da Cidade do Rio de Janeiro, 1992. (Coleção Biblioteca Carioca, vol. 24).

Martins, Joaquim Pedro de Oliveira. *História de Portugal.* Lisboa: Guimarães, 1977.

Martins, Luciana de Lima. *O Rio de Janeiro dos viajantes*: o olhar britânico (1800-1850). Rio de Janeiro: Jorge Zahar, 2001.

Maxwell, Kenneth. *A devassa da devassa*: a Inconfidência Mineira: Brasil e Portugal (1750-1808). São Paulo: Paz e Terra, 2005.

Mawe, John. *Viagens ao interior do Brasil.* Belo Horizonte: Itatiaia; São Paulo: Edusp, 1978.

Mendonça, Marcos Carneiro de. *O Intendente Câmara*: Manuel Ferreira Bethencourt e Sá, intendente-geral das minas e dos diamantes (1764-1835). São Paulo: Nacional, 1958.

Monteiro, Tobias. *História do Império*: a elaboração da Independência. Belo Horizonte, Itatiaia; São Paulo: Edusp, 1981. vol. 1 e 2.

Moraes, Alexandre José de Melo. *História da transladação da corte portuguesa para o Brasil em 1807.* Rio de Janeiro: Livraria da Casa Imperial de E. Dupont, 1872.

Moraes, Rubens Borba de; Berrien, William. *Manual bibliográfico de estudos brasileiros.* Rio de Janeiro: Gráfica Editora Souza, 1949.

Norton, Luiz. *A corte de Portugal no Brasil.* São Paulo: Nacional, 1938.

Novais, Fernando (coordenador). *História da vida privada no Brasil: cotidiano e vida privada na América portuguesa.* Organização Laura de Mello e Souza. São Paulo: Companhia das Letras, 1997.

____. *Portugal e o Brasil na crise do antigo sistema colonial (1777-1808).* São Paulo: Hucitec, 1979.

Oman, Sir Charles. *A history of the Peninsular War.* Londres: Greenhill, 2004.

O'Neill, Richard (editor). *Patrick O'Brian's Navy*: the illustrated companion to Jack Aubrey's world. Londres: Salamander, 2004.

O'Neill, Thomas. *A concise and accurate account of the proceedings of the squadron under the command of admiral Sir William Sidney Smith in the effecting the scape of the Royal Family of Portugal to the Brazil on november, 29, 1807; and also the suffering of the royal fugitives during their voyage from Lisbon to Rio Janeiro with a variety of other interesting and authentic facts.* Londres (impresso por J. Barfield), 1810.

Peixoto, Domingos Ribeiro dos Guimarães (cirurgião da câmara do rei). *Aos serenísssimos príncipes reais do Reino Unido de Portugal e do Brasil, e Algarves, os senhores Pedro de Alcântara e D. Carolina Jozefa Leopoldina, oferece, em sinal de gratidão, amor, respeito, e reconhecimento estes prolongamentos, ditados pela obediência, que servirão às observações, que for dando das moléstias do país, em cada trimestre.* Rio de Janeiro: Impressão Régia, 1820.

Peláez, Carlos Manuel; Suzigan, Wilson. *História monetária do Brasil.* Brasília: Editora da UnB, 1981.

Pereira, Ângelo. *D. João VI príncipe e rei*: a retirada da família real para o Brasil (1807). Lisboa: Empresa Nacional de Publicações, 1953.

____. *Os filhos d'El-Rei D. João VI.* Lisboa: Empresa Nacional de Publicidade, 1946.

Prado, J. F. de Almeida. *D. João VI e o início da classe dirigente no Brasil (1815-1889).* São Paulo: Nacional, 1968.

____. *Thomas Ender*: pintor austríaco na corte de D. João VI no Rio de Janeiro. São Paulo: Nacional, 1955.

Presas, José. *Memórias secretas de D. Carlota Joaquina.* Rio de Janeiro: Irmãos Pongetti, 1940.

Relação das festas que se fizeram no Rio de Janeiro quando o príncipe regente N. S. e toda a sua real família chegaram pela primeira vez a'quela capital, ajuntando-se algumas particularidades igualmente curiosas, e que dizem respeito ao mesmo objeto. Lisboa: Impressão Régia, 1810.

Renault, Delso. *O Rio antigo nos anúncios de jornais (1808-1850).* Rio de Janeiro: CBBA/Propeg, 1985.

Rodrigues, José Honório. *Independência*: revolução e contra-revolução. Rio de Janeiro: Francisco Alves, 1975.

Rothenberg, Gunther E. *The Napoleonic Wars.* Londres: Harper Collins, 1999.

Rugendas, Johann Moritz. *Viagem pitoresca pelo Brasil (tradução da edição francesa de 1835).* Rio de Janeiro: Revista da Semana, 1937.

Saint-Hilaire, Auguste de. *Viagem à província de São Paulo e resumo das viagens ao Brasil, Província Cisplatina e Missões do Paraguai.* São Paulo: Martins, 1945.

Santos, Luis Gonçalves dos. *Memórias para servir à história do reino do Brasil, divididas em três épocas da felicidade, honra, e glória; escritas na corte do Rio de Janeiro no ano de 1821, e oferecidas à S. Magestade Elrei nosso senhor D. João VI.* Lisboa: Impressão Régia, 1825. tomos I e II.

Schultz, Kirsten. *Tropical Versailles*: empire, monarchy, and the portuguese royal court in Rio de Janeiro, 1808-1821. Nova York: Routledge, 2001, [Ed. Brás.: Versalhes tropical. Rio de Janeiro: 2008.]

Schwarcz, Lilia Moritz. *A longa viagem da biblioteca dos reis*: do terremoto de Lisboa à Independência do Brasil. São Paulo: Companhia das Letras, 2002.

Shyllon, F. O. *Black slaves in Britain*. Londres: Oxford University Press, 1974.

Silva, J. M. Pereira da. *História da fundação do império brasileiro*. Rio de Janeiro: B. L. Garnier, 1864. 7 vol.

Silva, Manuel Vieira da. *Reflexões sobre alguns dos meios propostos por mais conducentes para melhorar o clima da cidade do Rio de Janeiro*. Rio de Janeiro: Impressão Régia, 1808.

Silva, Maria Beatriz Nizza da. *Vida privada e cotidiano no Brasil*. Lisboa: Estampa, 1993.

Skidmore, Thomas E. *Uma história do Brasil*. São Paulo: Paz e Terra, 1998.

Soares, Carlos Eugênio Líbano. *A capoeira escrava e outras tradições rebeldes do Rio de Janeiro (1808-1850)*. São Paulo: Ed. da Unicamp, 2001.

Sodré, Nelson Werneck. *As razões da Independência*. Rio de Janeiro: Graphia, 2002.

Sodré, Nelson Werneck. *Formação histórica do Brasil*. Rio de Janeiro: Graphia, 2002.

Spix, Johann Baptist von; Martius, Carl Friedrich Phillip von. *Viagem pelo Brasil (1817-1820)*. São Paulo: Melhoramentos, 1968.

Toledo, Roberto Pompeu de. *A capital da solidão*: uma história de São Paulo das origens a 1900. Rio de Janeiro: Objetiva, 2003.

Vainfas, Ronaldo (organizador). *Dicionário do Brasil colonial (1500-1808)*. Rio de Janeiro: Objetiva, 2001.

Varnhagen, Francisco Adolfo de. *História geral do Brasil*: antes de sua separação e independência de Portugal (volume V). Revisão e notas de Rodolfo Garcia. São Paulo: Melhoramentos, 1956.

____. *História da Independência do Brasil*. São Paulo: Melhoramentos, 1957.

Wilcken, Patrick. *Empire adrift*: the portuguese court in Rio de Janeiro, 1808-1821. London: Bloomsbury, 2004. [Ed. bras.: *Império à deriva*: a corte portuguesa no Rio de Janeiro, 1808-1821. Rio de Janeiro: Objetiva, 2005].

Ziravello, Mara (organizadora). *Brasil 500 anos*. São Paulo: Nova Cultural, 1999.

Fontes eletrônicas:

Ackroyd, Peter. *London*: the biography — trade and enterprise (*audiobook*). Audible, 2004.

Bergreen, Laurence. *Over the edge of the world*: Magellan's terrifying circumnavigation of the globe (*audiobook*). Harper Collins, 2004.

Bragg, Melvyn. *The adventure of English*: the biography of a language (*audiobook*). BBC WW, 2005.

Bruun, Geoffrey. *The Enlightened Despots* (*audiobook*). Audio Connoisseur, 2005.

Churchill, Winston. *The age of revolution*: a history of the English speaking people (*audiobook*). BBC WW, 2006.

Correspondência de Luís Joaquim dos Santos Marrocos para seu pai Francisco José dos Santos Marrocos. Catálogos temáticos da Biblioteca Nacional da Ajuda, em http://www.ippar.pt/sites_externos/bajuda/index.htm.

Cury, Adriano da Gama. *Correio Braziliense*: ortografia e linguagem. *Site Observatório da Imprensa*, em observatorio.ultimosegundo.ig.com.br.

Dicionário histórico de Portugal, em www.arqnet.pt/dicionario.

Economic History Service, serviço (gratuito) de conversão de moedas antigas pela Internet criado por dois professores de Economia das universidades de Illinois, em Chicago, e Miami, em http://measuringworth.com/.

Fisher, H. A. L. *Napoleon* (*audiobook*). Audio Connoisseur, 2004.

França, Humberto. Pernambuco e os Estados Unidos. Artigo publicado no *Diário de Pernambuco* de 2 de maio de 2006 e reproduzido no *site* da Fundação Joaquim Nabuco, em www.fundaj.gov.br.

Global Financial Data, serviço (pago) especializado em séries históricas de diferentes moedas pela Internet, em www.globalfinancial

Harvey, Robert. *Cochrane*: the life and exploits of a fighting captain (*audiobook*). Books on Tape, 2005.

Horne, Alistair. *The Age of Napoleon* (*audiobook*). Recorded Books, 2005.

Laqueur, Thomas. *History 5*: European civilization from the renaissance to the present. Programa em *podcast* com 26 aulas de 1h 20 cada, em média, da Universidade da Califórnia em Berkeley em http://webcast.berkeley.edu/courses/archive.php?seriesid= 1906978348.

Lee, Christopher. *The sceptred isle*: empire (*audiobook*). BBC WW, 2005.

Lima, Fernando Carlos Cerqueira; Muller, Elisa. *Moeda e crédito no Brasil*: breves reflexões sobre o primeiro Banco do Brasil (1808-1829). Instituto de Economia da Universidade Federal do Rio de Janeiro, em www.revistatemalivre.com/MoedaeCredito.html.

O Arquivo Nacional e a História Luso-Brasileira, em www.historiacolonial.arquivonacional.gov.br.

O Exército português em finais do Antigo Regime, em http://www.arqnet.pt/exercito/principal.html.

Portal Arqueológico dos Pretos Novos, *site* de Internet com informações sobre o Mercado do Valongo e os cemitérios de escravos no Rio de Janeiro, em www.pretosnovos.com.br.

Reilly, Cameron. *Napoleon 101*. Programa em *podcast* sobre Napoleão Bonaparte com onze episódios de 1h 30 cada, em http://napoleon.thepodcastnetwork.com/.

Rodger, Nam. *Trafalgar*: the long-term impact, artigo para o *site* de Internet *British History*: empire and sea power, em www.bbc.co.uk.

Silva, Leonardo Dantas. *Textos sobre o Recife*, artigo para o *site* da Fundação Joaquim Nabuco, em www.fundaj.gov.br/docs/rec/rec02.html.

Soares, Márcio de Sousa. *Médicos e mezinheiros na corte imperial*: uma herança colonial. Scientific Eletronic Library Online em http://www.scielo.br/.

Sorel, Albert. *Europe under the old regime*: power, politics, and diplomacy in the eighteenth century (*audiobook*). Audio Connoisseur, 2004.

Twigger, Robert. *Inflation*: the value of the pound 1750-1998. House of Commons Library, no *site* de Internet do Parlamento britânico em http://www.parliament.uk/commons/lib/research/rp99/rp99-020.pdf.

Zacks, Richard. *The Pirate Coast*: Thomas Jefferson, the first marines, and the secret mission of 1805 (*audiobook*). Blackstone Audiobooks, 2005.

O EDITOR, A PROFESSORA E O BIBLIÓFILO

Este livro é o resultado de dez anos de investigação jornalística. É também uma homenagem a três pessoas cujo apoio, estímulo e orientação foram imprescindíveis para que eu o escrevesse. A primeira foi Tales Alvarenga, amigo e colega editor, precocemente falecido em 2006. A segunda é a professora e historiadora Maria Odila Leite da Silva Dias. A terceira, o acadêmico e bibliófilo José Mindlin.

Em 1997, Tales Alvarenga era diretor de redação da revista *Veja* e eu, seu editor executivo. Inspirado por uma experiência bem-sucedida nas comemorações do primeiro centenário da Proclamação da República, Tales encomendou-me uma série de especiais históricos, que seriam distribuídos com a edição regular de *Veja* como brinde para seus assinantes e compradores de banca. O projeto incluiria o Descobrimento, a fuga da família real portuguesa para o Brasil e a Independência. Desses três, apenas o primeiro foi publicado, no ano 2000, e distribuído no Brasil e em

Portugal junto com as revistas *Veja* e *Visão*, sob o título *A Aventura do Descobrimento*.

Quanto ao especial sobre D. João VI, Tales decidiu cancelá-lo por falta de "gancho", expressão que, no vocabulário das redações, significa motivo ou oportunidade para que uma reportagem seja publicada. O plano mudou, mas eu segui em frente, movido pela paixão que o tema e os personagens me despertaram. Nesses dez anos, li e pesquisei mais de 150 livros e fontes impressas e eletrônicas sobre o assunto, em lugares tão variados quanto as bibliotecas do acadêmico José Mindlin, em São Paulo, Nacional do Rio de Janeiro, Nacional da Ajuda, em Lisboa, e do Congresso Americano, em Washington.

Na fase inicial deste trabalho de pesquisa, tive como orientadora a professora Maria Odila Leite da Silva Dias. Minha vizinha no bairro de Higienópolis, em São Paulo, foi ela quem me indicou o primeiro livro da centena e meia de fontes consultadas: o clássico *Dom João VI no Brasil*, do diplomata e historiador pernambucano Manuel de Oliveira Lima, que li em 1997. Doutora pela Universidade de São Paulo (USP) e professora de Pós-Graduação da Pontifícia Universidade Católica (PUC) de São Paulo, Maria Odila é autora de vários livros e artigos sobre a história brasileira. O mais recente deles, *A interiorização da metrópole*, de 2005, tornou-se referência no estudo das razões que levaram à Independência. Maria Odila é também considerada a maior autoridade na obra do historiador Sérgio Buarque de Holanda. Em meados de 2007, o currículo da pesquisadora no *site* do Conselho Nacional de Desenvolvimento Científico e Tecnológico (CNPq) registrava 81 orientações de dissertações de mestrado e teses de doutorado concluídas ou em andamento.

Ao bibliófilo José Mindlin, eleito para a Academia Brasileira de Letras em 2006, devo o acesso a sua extraordinária biblioteca. Situada no bairro do Brooklin, em São Paulo, guarda a maior coleção particular de livros do Brasil, com mais de 38 000 títulos raros e antigos, que incluem a primeira edição de *Os lusíadas*, de Camões (1572). Ali, aos cuidados das bibliotecárias Cristina Antunes, Elisa Nazarian e Rosana Gonçalves, responsáveis pelo acervo e pela agenda de Mindlin, passei muitas manhãs inesquecíveis de pesquisa e tive a oportunidade de consultar, entre outras raridades, o primeiro tratado de Medicina publicado no Brasil, em 1808, de autoria de Manuel Vieira da Silva, e a edição original de *A concise and accurate account of the proceedings* [...], do tenente da Marinha britânica Thomas O'Neill, publicada em Londres em 1810 — ambas relacionadas na Bibliografia, ao final deste livro.

ÍNDICE ONOMÁSTICO

Este livro foi composto em Minion
para a Editora Planeta do Brasil
em maio de 2014.